“十三五”应用型本科旅游管理专业精品规划教材

导游服务技能

主　编　黄　凯　丁　杰

副主编　吴春焕　张莹莹

参　编　彭　慧　李梦然

中国财富出版社

图书在版编目（CIP）数据

导游服务技能 / 黄凯，丁杰主编．—北京：中国财富出版社，2015.5
（“十三五”应用型本科旅游管理专业精品规划教材）
ISBN 978-7-5047-5669-5

Ⅰ.①导…　Ⅱ.①黄…②丁…　Ⅲ.①导游—旅游服务—高等学校—教材　Ⅳ.①F590.63

中国版本图书馆 CIP 数据核字（2015）第 079595 号

策划编辑　王淑珍　　　　责任印制　方朋远
责任编辑　王淑珍　　　　责任校对　梁　凡

出版发行　中国财富出版社
社　　址　北京市丰台区南四环西路 188 号 5 区 20 楼　　邮政编码　100070
电　　话　010-52227568（发行部）　　010-52227588 转 307（总编室）
　　　　　010-68589540（读者服务部）　　010-52227588 转 305（质检部）
网　　址　http：//www.cfpress.com.cn
经　　销　新华书店
印　　刷　北京京都六环印刷厂
书　　号　ISBN 978-7-5047-5669-5/F·2360
开　　本　787mm×1092mm　1/16　　版　　次　2015 年 5 月第 1 版
印　　张　15.25　　印　　次　2015 年 5 月第 1 次印刷
字　　数　316 千字　　定　　价　35.00 元

前　言

本书是针对如何培养导游人员的操作技能技巧来编写的，介绍导游职业的基本技能，侧重实际操作，定位为导游专业、旅游管理专业、涉外旅游管理专业的核心教材，以培养高素质的、具有实践能力、创造能力、就业能力和创业能力的导游人才为目标，使其与《旅游概论》、《导游基础知识》、《旅游政策与法规》、《旅行社经营管理》、《旅游市场销营管理》等衔接，并和后续课程有机地结合和运用，成为旅游专业的核心教材。

针对导游工作岗位，本书全面介绍了导游服务基础，地陪、全陪及景点讲解员的导游操作训练，使读者很容易了解导游员应具备的基本素质、工作规范和服务技巧；熟悉导游服务流程和服务标准；掌握导游服务的各种方法和技能，能够独立处理带团过程中的一般事件和突发事件，达到可以独立完成导游服务任务的目的。在编写过程中，选择了很多典型案例。为了便于学习，每个项目之后还附有练习题，并提供了案例供大家分析。本书既可作为旅游专业的教材，还可供导游从业人员自学及训练使用。

本书由黄凯、丁杰担任主编，吴春焕、张莹莹任副主编。具体分工：黄凯（北京农学院）负责大纲制订及统稿，编写项目一；丁杰（北京经济管理职业学院）编写项目三、项目四、项目八；吴春焕（北京联合大学旅游学院）编写项目六、项目七；张莹莹（北京农学院）编写项目二；彭慧（北京农学院）编写项目五；李梦然（北京农学院）参与资料收集整理及项目一部分编写工作。

因时间仓促，本书难免存在疏漏不当之处，敬请读者批评指正。

编　者

2014 年 11 月

目　录

项目一　导游服务概述

学习目标

1. 知识目标

了解导游服务的产生与发展，理解导游服务的地位及作用。

2. 能力目标

掌握导游服务的范围、性质与特点，对导游服务的发展趋势有清晰的认识。

任务导入

导游服务是旅游服务中的一个重要组成部分，从旅游业形成和发展初期的向导服务发展到今天集向导服务、导游讲解和生活照料于一身的综合服务，经历了一个漫长的历程。在旅游业形成和发展初期，导游服务随着消遣性旅游活动的出现而产生；在现代，导游服务随着大众旅游活动的兴起而发展。

任务一　导游服务的产生与发展

一、古代：原始化导游服务

人类历史上，原始导游服务究竟出现于何时，已无从可考。然而，根据中国历史的查考，为旅行者当"向导"可视为原始导游的最初形态。当时，充当"向导"者一般都是同旅游者邂逅的车夫、当地居民和店小二，没有雇佣关系，一般以"盘缠"和"酒钱"的形式，由"问者"根据路途的长短酌情支付。

中国古代原始导游服务的另一种类型就是"陪臣"、"书童"、"家奴"和"仆从"。他们的共同特点是有固定的服务对象，对主人的旅行全程陪同，实行全方位的私家旅行生活服务。

"书童"、"家奴"和"仆从"则主要受雇于富人或富人子弟出门读书，当主人出行时他们全程陪同，照料主人整个旅途的生活起居。

我们把古代的“向导”、“陪臣”等划分为原始导游服务，是由于受当时社会生产力发展水平的限制，旅游没有成为人们的一种自主意识和普遍需求，因而导游服务也不可能成为具有广泛意义的一种社会化行为，更不可能成为一种职业。所以，它不具有现代意义的导游属性，而只是导游服务的一种早期雏形。

二、近代：职业化导游服务

17 世纪中叶至 18 世纪中叶，是人类历史的又一个重大变革时期。其间，英国发生了工业革命，并蔓延到整个欧洲。工业革命，促进了社会生产力的重大变革，新兴的资产阶级、工人阶级的出现和新型商业城市的崛起，将人类的历史推进到一个崭新的发展阶段。

新的历史发展时期，必然会引发人们新的需求。由于以蒸汽机为代表的现代交通工具的出现，旅游消费成为 19 世纪西方发达国家富人阶层的一大时尚，出生在英国一个贫寒家庭的托马斯·库克敏锐地意识到这一消费现象的出现，于 1841 年 7 月包租了一列火车，运送 570 人从莱斯特前往拉巴夫勒参加禁酒大会，获得成功。托马斯·库克组织的这次活动被公认为是世界上第一次商业性旅游活动，于是，他本人也就成为旅行社代理业务的创始人。

由于众所周知的原因，旅行社业务和导游服务在中国起步较晚。1840 年，西方殖民主义的大炮轰开了中国的大门。随后，英国通济隆旅游公司（前身即托马斯·库克父子旅游公司）、美国运通旅游公司等在中国开设了办事处，组织旅游活动。这样，到 20 世纪初，中国的旅游市场完全被英、美、日、法等外国旅行机构所垄断。

为了打破这种局面，1923 年 8 月，上海商业储备银行总经理陈光甫先生在银行中创设了旅游部，这样就出现了中国第一批导游员。

1927 年 6 月 1 日，陈光甫先生将附设在自家银行的旅游部迁出，正式成立“中国旅游社”，成为中国历史上第一家旅行社。

新中国成立后，党和政府非常重视旅游事业，旅游的发展经历了由官方接待到商业运作两个阶段。1949 年 11 月成立了“华侨服务社”。

1954 年 4 月，中国国际旅行社成立。

1974 年，中国旅行社成立。

1980 年 6 月，中国青年旅行社成立，我国旅行社业从而形成了既有分工，又有合作，也有竞争的三足鼎立的格局。

三、现代：规范化和个性化导游服务

现代旅游的迅猛发展，旅游服务质量，特别是导游服务质量引起了各国政府的高度重视，纷纷采取措施，制定旅游服务质量标准，对导游员实行资格认证制度和工作考核制度，从而实现了规范化服务与管理。

1978 年党的十一届三中全会，决定中国实行改革开放。从 1984 年以后，旅行社外联权开始下放，于是全国各地掀起了旅行社的组建热潮，与此同时，全国导游人员达到 2.5 万多人。

为了加强对导游服务的管理，我国政府和旅游行政管理部门加快了制定导游服务管理行政法规的步伐，具体如下：

1978 年国家旅游局颁布了《旅游涉外人员守则》。

1987 年国家旅游局分成了经国务院批准的《导游人员管理暂行规定》（1999 年正式颁布）。

1989 年国家旅游局决定在全国范围内举行导游资格考试。

1994 年国家旅游局颁布了《导游员职业等级标准（试行）》，并于次年决定分初级、中级、高级和特级四个行等级，对全国持证导游员实行等级评定。

1995 年，国家技术监督局颁布了《导游服务质量》，这是建国以来国家颁布的第一个导游服务标准，从 1996 年 6 月 1 日开始正式实施。

1997 年 3 月 13 日，国家旅游局又颁布了《旅行社国内旅游服务质量要求》行业标准，该标准从 1997 年 7 月 1 日起实施。导游服务国家标准和行业标准的颁布，标志着我国导游服务在政府的引导和管理下，已经完全走上规范化的发展轨道。

1999 年 5 月，国务院颁布了《导游人员管理条例》。

2002 年 1 月，国家旅游局又颁布了《导游人员管理实施办法》，从而使我国对导游人员管理的政策法规日臻完善。

任务二　导游服务的范围、性质与特点

一、导游服务的范围

导游服务范围是指导游人员向旅游者提供服务的领域。导游服务的范围十分广泛，可以说贯穿于旅游活动的全过程及其各个方面。归纳起来，分为以下五大类：

（一）讲解服务

指旅游者在目的地旅行期间的沿途讲解服务、参观旅游现场的导游讲解及座谈、访问和某些参观点的口译服务。

（二）生活服务

指旅游者入出境迎送、旅途生活照料及上下站联系等，以确保旅游者各项旅游活

动的顺利进行，包括食、住、行、游、购、娱等活动的具体安排实施。

（三）安全服务

指确保旅游者在旅游行程中的安全，包括关心旅游者的身心健康，保护旅游财物不受损失。

（四）咨询服务

指导游向旅游者提供各类技术、知识性问题的回答，包括旅游机构、政策法规、通信交通等。

（五）问题处理

导游帮助旅游者处理和解决临时发生的问题和困难，如游客生病、走失和团队突发事故等旅游故障和问题。

二、导游服务的性质

导游服务的性质因国家和地区的不同，其政治属性也不同。在资本主义制度下，导游人员由于长期受资本主义社会环境影响，资本主义思想熏陶，在向游客提供导游服务时，往往会自觉或不自觉地传播资本主义人生观价值观和伦理道德，使导游服务有形或无形地带有资本主义色彩。但导游服务的政治属性在世界各国或地区都是存在的，区别是在不同的社会制度下，政治性质不同而已。除此之外世界各国的导游服务还具有以下共同属性：

（一）社会性

旅游活动是一种社会现象，在促进社会物质文明和精神文明建设中起着十分重要的作用。在旅游活动中，导游人员处于旅游接待工作的中心位置，接待着四海宾朋、八方游客，推动世界上这一规模最大的社会活动。所以导游人员所从事的工作本身就具有社会性。并且，导游工作是一种社会职业，对大多数导游人员来说，它又是一种谋生的手段。

（二）文化性

作为导游服务的实际承担者，导游工作者是主体。行话说："看景不如听景"。锦绣山川、艺术宝库、文化古迹，只有加上导游人员的解说、指点，再穿插动人的故事，才能活起来，才能引起游客更大的兴趣，使人增长知识、领略到异乡风情，享受到审美的乐趣。限于语言和生存环境等方面的不同，游客同旅游目的地之间往往存在很大的文化差异，导致交流和欣赏的障碍。为了加强旅游的美感和愉悦程度，游客们迫切地需要导游的引导和服务，需要导游跨越不同的文化范畴，弥合文化差异。导游服务的文化性主要体现在以下两方面：

1. 导游服务是传播文化的重要渠道

导游人员的导游讲解翻译、与游客的日常交谈，以致一言一行都在影响着游客，都在扩大着一个国家（或地区）及其民族的传统文化和现代文明的影响。导游人员为来自世界各国、各民族的游客服务，通过引导和生动、精彩的讲解给游客以知识、乐趣和美的享受。同时也对各国、各民族的传统文化和现代文明进行兼收并蓄，有意无意间传播着异国文化。

2. 导游服务是审美和求知的媒介

游客要通过旅游去认识过去不曾接触或不曾了解过的事物，以期得到求知欲望的满足。这几乎要从零开始。我们知道，山水风光或文物古迹的欣赏价值，并不是孤立地存在，它总是与一定的自然、地理、历史、艺术等条件和特点相联系，是一种完美地融合在一起的客观实体。在这方面，有无指导大不相同。导游讲解服务能循循善诱地指导游客以最佳的方式，或最合适的角度去欣赏某一名胜古迹、历史故事、神话传说，能妙趣横生地向游客介绍当地的风俗习惯、掌故趣谈、风味特产等，使游客得到自然美和艺术美的享受，并且在潜移默化中增长知识。由此可见，导游服务起着沟通和传播精神文明、为人类创造精神财富的作用，直接或间接地起着传播一个国家（或地区）及其民族的传统文化和现代文化的作用。

（三）服务性

导游服务，顾名思义是一种服务工作。导游服务与第三产业的其他服务一样，属于非生产劳动，是一种通过提供一定的劳务活动，提供一定的服务产品，创造特定的使用价值的劳动。与一般服务工作不同的是，导游服务不是一般的简单服务，它围绕游客展开，通过翻译、讲解、安排生活、组织活动等形式，工作内容涉及旅途中的交通、住宿、饮食、娱乐、购物、票证、货币和其他各方面的生活需求等，给游客提供全方位、全过程的服务。导游人员除具有丰富的专业知识外，还应具备一定的社会活动能力、应变能力以及独立处理问题的工作能力。导游人员有时像幼儿园的阿姨，有时像学生，有时又是指挥员、服务员、保安员、联络员等。因此，导游服务是一种复杂的、高智能的服务，是高级的服务。导游服务的代表性体现在以下几方面：

第一，导游服务可以提高旅途生活质量。旅游不同于平常的简单休息，它是人类的一种高级消闲休息形式，是在旅游动机的主导下进行的有目的的享受性、休闲性、娱乐性、提高性的活动，其基本特点之一就是异地性。游客身处陌生的环境，如果没有导游人员的服务，他（她）就会茫然不知所向，只好盲目游览、疲于奔命，不但不能达到精神休息的目的，还会因为过分疲劳和无奈破坏旅游情绪。对于年迈体弱者，没有导游服务，还会直接影响自己的身体健康。游客要自己安排自己的食、住、行，势必会分散游览观光的精力，也会影响旅游观光的顺利进行。有了导游人员的服务，游客就可获得事半功倍的旅游效果。即使那些旅游经验丰富而不需要导游的人也往往离不开物化的导游（即旅游指南和各种旅游地的指示）。

第二，导游服务可以促进文化交流，满足心理需求。人是群居动物，渴求一种归属感。游客身处他乡异地，满目陌生，很可能希望有人对当地情况非常熟悉，可以对其在精神上进行抚慰、生活上尽心关照。热情的导游人员，能消除游客在旅游中出现的拘谨心理和寂寞感，增强安全感。同时，不熟悉当地的语言和风俗，也会给旅游带来不少麻烦。旅游生活中常有因对当地风俗不了解或因语言不通而造成误会的情况发生。有时甚至因不熟悉情况，冒犯当地居民的风俗习惯而发生不愉快的事情，使人极为扫兴。因此，帮助游客避免上述现象发生的任务，就责无旁贷落在了导游人员的肩上。

（四）经济性

导游服务是导游人员通过向游客提供劳务而创造特殊使用价值的劳动。在商品经济条件下，这种劳动通过交换而具有交换价值，在市场上表现为价格。

今天，越来越多的国家和学者承认：旅游业是国民经济的重要组成部分，是具有独立特色的经济部门，是无烟的朝阳产业。导游的工作对象是游客，通过协调、组织、迎送、翻译、讲解、代理等形式为游客服务。目的在于引导游客，便利游客，满足游客的相应旅游需求，实现旅游企业的经济目标，获取相应的个人经济收入，体现个人的人生和社会价值。因此，导游工作一般具有经济性，由各级各类旅行社提供的导游服务，是旅游部门工作的组成部分。导游服务的经济性主要表现在以下诸方面：

1. 优质服务、直接创收

旅行社是现代旅游业的龙头行业。旅行社的产品开发能力、促销能力、接待能力如何对整个旅游业的发展意义重大。旅行社组合的旅游产品在形式上是通过签订旅游合同销售出去的，但实际上，旅游产品不同于一般的有形商品，它的销售是多次性的，贯穿于旅游全过程，通过提供综合性服务来实现，而导游服务在其中起着举足轻重的作用。产品的设计是为了接待，宣传和销售的效果需要通过接待来实现。会计业务的顺利进行依赖于接待工作的顺利完成，依赖于导游的协调和回款。导游人员直接为游客服务，为他们提供语言翻译服务、导游讲解服务、旅行生活服务以及各种代办服务，收取服务费和手续费。旅行社的产品最终是通过导游工作生产和提供出来的。因此，导游服务是旅行社产品的最终生产者和提供者，它直接为国家建设创收外汇、回笼货币、积累资金。

2. 扩大客源、间接创收

游客是旅游业生存和发展的先决条件。没有游客，发展旅游业无从谈起，导游人员也就没有了服务对象。所以，世界许多国家和地区的政府为支持旅游业的发展，不惜投入大量资金和人力在国内外进行大规模的广告宣传和促销活动以招徕游客。

然而，与广告宣传相比，另一种更为有效的宣传方式则是游客的“口头宣传”（word of mouth），即游客在旅游目的地参观访问之后，回去向其亲朋好友讲述他在旅游地所受到的接待、旅游经历和体验。这种“口头宣传”不仅向游客周围的人传播了旅游目的地的旅游信息，提高了旅游目的地和旅行社的知名度，而且在一定程度上会对其他游客今后的旅游流向产生影响。因为，游客的亲身体验比任何广告宣传更可靠，更令人信服。所以，导游人员向游客提供优质的导游服务，在招徕回头客，扩大客源，以及间接创收方面都起着不可忽视的作用。

3. 因势利导、促销商品

商品和旅游纪念品的开发、生产和促销是发展旅游业的重要组成部分。各国、各地对此都非常重视，并将其视作争夺游客的魅力因素和增加旅游收入的重要手段。据统计，在国际旅游总消费中，用于购物的部分约占50%，在新加坡、中国香港等国家和地区的旅游总收入中，销售商品和纪念品的收入甚至已超过了上述比例，在促销商品过程中，导游人员的作用举足轻重。

4. 增进了解、促进经济交流

在不同国家都会有来自世界各地的游客，在这些游客中，不乏科学家、教授及方方面面的专家和经济界人士，他们中有人希望借旅游之机与各地的同行接触，相互交流信息；或想通过参观访问，了解合作的可能性以及投资的环境。因此，导游人员在与游客交往过程中要做一个有心人，设法了解他们的愿望，并不失时机地向旅行社报告，在有关领导的指示下积极牵线搭桥，促进地区间的科技、经济交流与合作，为国家和本地的现代化建设作出应有的贡献。

三、导游服务的特点

导游服务是旅游服务中具有代表性的工作，处在旅游接待的前沿。随着时代的发展，导游工作的特点也会随之发生变化，其特点归纳起来有以下几点：

（一）独立性强

导游服务工作独当一面。在旅游者整个旅游活动过程中，往往只有导游人员与游客朝夕相处，时刻照顾他们吃、行、游、购、娱等方面的需求，独立地提供各项服务，特别在回答游客政策性很强的问题或处理突发性事故时，常常要当机立断、独立决策，事后才能向领导和有关方面汇报。导游的讲解也是比较独特的，因为在同一景点，导游要根据不同游客的不同特性、不同时机进行针对性的导游讲解，以满足他们的精神享受。这是每位导游人员都必须努力完成的任务，其他人无法替代。

（二）脑体高度结合

导游服务是一项脑力劳动与体力劳动高度结合的服务性工作。由于旅游活动涉及面广，这就要求导游人员具有丰富而广博的知识，如此才能使导游服务工作做到尽善尽美，精益求精。除了掌握导游工作程序外，导游人员还必须具有一定的政治、经济、历史、地理、天文、宗教、民俗、建筑、心理学、美学等方面的基本知识，还必须了解我国当前的大政方针和旅游业的发展状况及其有关的政策法规，掌握旅游目的地主要游览点、旅游线路的基本知识。同时，还要了解客源国（或地区）的政治倾向、社会经济、风土民情、宗教信仰、禁忌等。导游人员在进行景观讲解、解答游客的问题时，都需要运用所掌握的知识和智能来应对，这是一种艰苦而复杂的脑力劳动。所以导游人员要不断学习，不仅在学校里学，而且还要在实践中学，努力扩大知识面，使自己成为"万事通"，并尽力掌握一两门专业知识，成为游客敬佩的导游艺术家。另外，导游人员的工作量也相当大，除了在旅行游览过程中进行介绍、讲解，还要随时随地应游客的要求，帮助解决问题，事无巨细，也无分内与分外。尤其是旅游旺季时，导游人员往往会连轴转，整日、整月陪同游客，无论严寒酷暑长期在外作业，体力消耗大，又常常无法正常休息。因此，要求导游人员必须具备高度的事业心和良好的体质。

（三）客观要求复杂多变

导游服务工作具有一定的规程，如接站、送站、旅途服务和各方面关系的接洽、协调等，按照一定的程序进行工作，具有相对的规范性和便利性。但导游服务中面对更多的是不确定性和未知性，客观要求复杂多变。即使是预定的日程和规程范围内，具体的情况可能千差万别，意外的情况也可能随时出现，游览中各种矛盾可能集中显现。因此，导游人员必须具备应对各种可能和偶然情况的能力。归纳起来，导游服务的复杂性主要有以下几方面：

1. 服务对象复杂

导游服务的对象是游客，他们来自五湖四海，不同国籍、民俗、肤色的人都有，职业、性别、年龄、宗教信仰和受教育的情况各异，性格、习惯、爱好等各不相同。导游人员面对的就是这样一个复杂的群体，而且每一次接待的游客都互不相同，这就更增加了服务对象的复杂性。

2. 游客需求多种多样

导游人员除按接待计划安排和落实旅游过程中的行、游、住、食、购、娱基本活动外，还有责任满足或帮助游客随时随地提出的各种个别要求，以及解决或处理旅游中随时出现的问题和情况，如会见亲友、传递信件、转递物品、游客患病、游客走失、游客财物被窃及证件丢失等。而且由于对象不同、时间场合不同、客观条件不同，同样的要求或问题也会出现在不同的情况下，需要导游人员审时度势、判断准确并妥善处理。

3. 接触的人员多，人际关系复杂

导游人员的工作是与人打交道的工作，其服务的进行触及方方面面的关系和利益。抛开导游人员是旅游目的地国家（或地区）的代表不谈，如前所述，导游人员还是旅行社的代表，他们既要维护旅行社利益，又代表着游客的利益，除天天接触游客之外，在安排和组织游客活动时还要同饭店、餐馆、旅游点、商店、娱乐、交通等部门和单位的人员接洽、交涉，以维护游客的正当权益，这自然是一项复杂的工作。单就游客而言，他们由于来自不同的国家，有着不同的旅游心愿和文化背景，他们的旅游需求基本一致却又各具特色，导游人员能够面对游客提供"CS 服务"已是难能可贵。但良好的旅途感受是综合的，导游人员还要处理和协调导游人员中全陪、地陪与外方领队的关系，争取各方面的支持和配合。虽然导游人员面对的这方方面面的关系是建立在共同目标基础之上的合作关系，然而每一种关系的背后都有各自的利益，落实到具体人员身上，情况就更为复杂。因此，导游人员需要具备"十八般武艺"来面对纷繁复杂的人际关系。

4. 要面对各种物质诱惑和"精神污染"

导游人员常年直接接触各方游客，直接面对各色各样的意识形态、政治经济、文化观点、价值观念和生活方式，有时还会面临金钱、色情、利益、地位的不断诱惑，耳濡目染，直接面对精神污染的机会大大多于常人。常言道“近朱者赤，近墨者黑”，导游人员如果缺乏高度的自觉性和抵抗力，往往容易受其影响。所以身处这种氛围中的导游人员需要有较高的政治思想水平，坚强的意志和高度的政治警惕性，始终保持清醒头脑，防微杜渐，自觉抵制“精神污染”。

（四）跨文化性

导游服务是传播文化的重要渠道，起着沟通和传播文明、为人类创造精神财富的作用。各类游客来自不同的国家和地区、不同的民族、不同的文化背景。导游人员必须在各种文化的差异中，甚至在各民族、各地区文化的碰撞中工作，应尽可能多地了解中外文化之间的差异，圆满完成文化传播的任务。

跨文化旅游实例：安道尔旅游，安道尔是位于法国、西班牙交界的比利牛斯山脉中心的袖珍小国，国土面积464平方千米，人口两万人，但却聚集着最现代化的高大建筑和最古老的斜屋顶农舍，既存有青铜时代的见证物，如布鲁希斯岩石，新石器时代人类祖先存放工具的玛金民达洞穴，又矗立着60多座古罗马式大教堂和被当作现代法庭的用红赫石砌垒的古堡。

一位安道尔作家说：“在安道尔旅行，不是在空间里活动，而是在时间里漫游。安道尔人似乎同时生活在几个时代，即从中世纪一直到20世纪的整个漫长的岁月。”

任务三　导游服务的地位与作用

一、导游服务的地位

旅行社、饭店和交通是现代旅游业的三大支柱，其中处于核心地位的是旅行社。旅行社的业务主要有五大项，即旅游产品的开发、旅游产品的促销、旅游产品的销售、旅游服务的采购与旅游接待（包括团体和散客）。根据马克思的生产与再生产原理，旅行社的前四项业务属于产品的生产和交换，后一项业务属于产品的消费，即游客购买旅游产品后到旅游目的地进行消费。旅游接待过程即是实现旅游产品的消费过程。如果我们把旅游接待过程看作是一条环环相扣的链条（从迎接游客入境开始，直到欢送游客出境为止），那么，向游客提供的供宿、餐饮、交通、游览、购物、娱乐等服务分别是这根链条中的一个个环节。正是导游服务把这些环节连接起来，使相应服务部门的产品与服务的销售得以实现，使游客在旅游过程的种种需要得以满足，使旅游目的地的旅游产品得以进入消费。所以，导游服务虽然只是旅游接待服务中的一种服务，然而与旅游接待服务中的其他服务，如住宿服务、餐饮服务、购物服务相比，无疑居于主导地位。

二、导游服务的作用

（一）纽带作用

导游服务在各项旅游服务中所起的纽带作用具体表现为如下几个方面：

第一，承上启下。导游人员是国家方针政策的宣传者和具体执行者，代表旅行社执行旅游计划，为游客安排和落实食、住、行、游、购、娱等各项服务并处理旅游期间可能出现的各种问题。同时，游客的意见、要求、建议乃至投诉，其他旅游服务部门在接待工作中出现的问题及他们的建议和要求，一般也通过导游人员向旅行社转递直至上达旅游行政管理部门。

第二，连接内外。导游人员既代表接待旅行社的利益，要履行合同，实施旅游接待计划，又肩负着维护游客合法权益的责任，代表游客与各旅游接待部门进行交涉，提出合理要求，对违反合同的行为进行必要的干预，为游客争取正当利益。另外，导游人员有责任向游客介绍中国，帮助他们尽可能多地了解我们的国家、人民、社会、文化和风俗民情以及国家的有关政策、法令等，同时又要多与游客接触，进行调查研究，了解外国，了解游客。

第三，协调左右。导游服务与其他各项旅游服务的服务对象是共同的，因而在目标上、根本利益上是一致的。然而，在服务内容上又各有区别，各部门、各单位又有各自的利益，这种情况决定了它们之间既有相互依存、相互合作的一面，又有相互制约、相互牵制的一面。导游人员作为旅行社派出的代表，对饭店、餐馆、游览点、交通部门、商店、娱乐场所等企业提供的服务在时间上、质量上起着重要的协调作用。因为旅游服务中任何一个环节出现问题，都会影响到整个旅游服务质量。因此，导游人员既有义务协助有关旅游服务提供者，同时也有责任对这些部门的服务提出意见和建议，以使游客与旅行社签订的旅游合同得到履行。

（二）标志作用

导游服务质量对旅游服务质量的高低起标志性作用。导游服务质量包括导游讲解质量、为游客提供生活服务的质量以及各项旅游活动安排落实的质量。导游人员与游客朝夕相处，因此，游客对导游人员的服务接触最直接，感受最深切，对其服务质量的反应也最敏感。旅游服务中其他服务质量虽然也很重要，对游客的旅游活动也会有影响，但除特殊情况外，由于接触时间短，游客的印象一般不如对导游服务质量印象深刻。一般来说，如果导游服务质量高，可以弥补其他旅游服务质量的某些欠缺，而导游服务质量低劣却是无法弥补的。因此，游客旅游活动的成败更多地取决于导游服务质量。导游服务质量的好坏不仅关系到整个旅游服务质量的高低，甚至关系着国家或地区旅游业的声誉。

（三）反馈作用

在消费过程中，游客会根据自己的需要对旅游产品的规格、质量、标准等作出这样或那样的反应。而导游人员在向游客提供导游服务过程中，由于处在接待游客的第一线，同游客交往和接触的时间最长，对游客关于旅游产品方面意见和需求最了解。导游人员可充分利用这种有利条件，根据自己的接待实践，综合游客的意见，反馈到旅行社有关部门，促使旅游产品的设计、包装、质量得到不断改进和完善，从而更好地满足游客的需要。

（四）扩散作用

如前所述，导游服务质量对旅游服务质量起着标志性作用，因而导游服务质量的高低在很大程度上决定着旅游产品的使用价值。游客往往通过导游人员带领游客进行旅游活动的情况来判断旅游产品的使用价值。如果导游服务质量高，令游客感到满意，游客会认为该旅游产品物有所值，在满载而归后，往往会以其亲身体验向亲朋好友进行义务宣传，从而扩大了旅游产品的销路。

任务四　导游服务的原则和集体

一、导游服务的原则

导游服务原则是导游工作必须始终遵守的基本规则，它既是导游员的优质服务的前提，又是处理各种问题的基本原则，也是衡量导游员服务态度、服务质量及工作能力的重要标准。

（一）宾客至上原则（维护游客权益的原则）

第一，“宾客至上”是服务业的座右铭，它意味着“顾客第一”，没有游客，就没有服务的对象，换句话说，没有游客，导游人员的服务价值就无从体现；旅游产品就没有了购买者，旅行社就没有了收益，导游与旅游企业就不能生存。

第二，宾客至上表现为对顾客的尊重，全心全意为游客服务。导游人员为游客提供的不是有形商品，而是综合服务。如果导游不负责、不进行导游服务或导游服务作得不好，就是对顾客的大不敬。就是违背宾客至上的原则。

（1）客人进出起坐有接应；

（2）客人举手投足有响应；

（3）客人提出问题有答应；

（4）客人不便困苦有照应；

（5）客人配合感谢有回应。

第三，宾客至上表现在处理某些问题时，要最大限度地维护游客的合法权益，保护他们人身财产和消费产品的合法权益。不能过多的强调自己的困难，更不能以个人的情绪对待或左右游客，而应尽可能地满足游客的合理要求。

第四，“四不方针”：不为销售悲喜、不为言语表现、不为不洁躲闪、不为无名懊悔。

（二）规范化服务与个性化服务相结合的原则

（1）规范化服务又称标准化服务。指的是导游服务必须遵守《导游人员管理条例》（1999 年 10 月），达到国家和行业规定的标准。即 1995 年 12 月《导游服务质量标准》国家标准；1997 年 7 月《旅行社国内旅游服务质量要求》行业标准。

（2）个性化服务又称特殊服务。指的是导游在执行两个标准和旅行社对游客的约定的基础上，针对游客的合理要求而提供的服务，故又名个性化服务。如大件行李的托运、返程票的退改、就医、会见等单向委托服务。

（三）按计划运行的原则

导游是旅行社就外派执行对客约定和接待计划的专门人员，只有严格执行接待计划的义务也只有不折不扣执行计划，按计划运行，才能保证质量、尊重游客、维护游客权力，否则将造成一系列严重后果。违反此原则属于重大过失行为。特殊情况下，接待计划的临时变更，必须得到旅行社顾客等相关方面的同意，并按程序批准签字后方能办理。

二、导游服务的集体

旅游团队的导游服务工作繁重复杂，不是一个人所能完成的，而是由一个集体共同完成的。这个导游服务集体一般由全程陪同导游人员、地方陪同导游人员和旅游团领队组成（国内旅游团的导游服务集体由全陪、地陪组成），有时还包括景区景点导游人员。在工作时，他们还需要旅行社相关部门、司机和其他旅游接待部门的密切合作，才能保证团队旅游活动的顺利进行。

（一）导游服务集体的任务

导游服务集体的主要任务是实施旅游接待计划，为旅游者提供导游讲解服务和相关的生活服务。他们还是旅游服务各方面关系的协调者和旅游过程中各种问题的主要处理者。

（二）导游服务集体成员之间的关系

导游服务集体中，全陪、地陪和领队代表着三个方面，维护着各自代表的旅行社的利益，他们有各自的职责，有明确的分工；他们的脾性各异，作风不一，工作方式不同，对一些问题的观点往往相左，所以，出现一些矛盾和麻烦是正常现象。

但是，导游服务集体成员之间应该是协作共事关系。导游人员之间的分工协作、相互补充具有十分重要的意义，这是旅游企业的需要，是导游服务工作的需要，也是提高导游服务质量、圆满完成接待任务的根本保证，是旅游活动成功的关键。

（三）导游服务集体协作共事的基础

全陪、地陪和领队之间的协作不仅必要，而且存在协作的必要基础。

（1）导游服务集体三成员代表着各自旅行社的利益，但是他们有共同的服务对象：同一旅游团的旅游者；有共同的工作任务：实施旅游接待计划；也有共同的努力目标：组织好旅游活动，让旅游者获得心理上的最大满足，物质上、精神上的最大享受，从而提高旅游企业的声誉，为旅游业的发展作出贡献。

（2）导游服务集体三成员之间的合作共事实际上就是国内组团社、地方接待社和境外组团社之间的合作共事。旅游企业之间的良好合作共事关系的前提是平等互利、互守信用和为旅游者提供优质服务，而且是由全陪、地陪和领队友好合作、共同高质量接待旅游团来具体体现的。因此，导游服务集体三成员之间没有任何理由势不两立、相互拆台。

全陪和地陪之间更有共同的国家利益，有维护中国旅游业声誉的共同目标，有必须执行的国家方针政策，因此更没有理由不协作共事。

（3）互相尊重、互相体谅、求同存异是人际关系，特别是涉外关系中应共同遵循的基本准则之一。导游人员应该是最懂人际关系、最会处理人际关系的人，尊重人、理解人、体谅人又是导游人员的必备素质。

（4）全陪、地陪和领队在工作中可能会出现一些矛盾，甚至争论，但他们必须执行旅游企业之间、旅游企业与旅游者之间签订的合同，必须落实合同规定的内容。

就是说，执行旅游合同是导游服务集体三成员的共同任务，是他们协作共事的基本基础。

任务五 导游服务的发展趋势

旅游活动的发展趋势对导游服务产生影响并提出新的要求，导游服务工作将出现以下几种趋势：

一、导游服务高知识化

从国际旅游经营者看来，导游工作是通过提供高级劳务赚取外汇、获得高收入的商业活动。而且商业性趋势越来越明显。但是，从导游工作性质上看，它是一种知识密集型的服务工作，即通过导游的讲解来传播文化、传递知识，促进世界各国的文化交流。随着人们的文化修养不断提高，更加重视知识更新，文化旅游、专业旅游、科研考察旅游将越来越多。这就对导游服务工作提出更高的知识要求。

因此，导游人员为了顺应这种趋势，必须不断提高自身的文化修养，深化导游讲解内容，使导游讲解更具有科学性、专业性和理论性。这样，导游才能较深入地与旅游者谈论一些专业问题，并且有可能成为某一领域的专家。所以，导游不光要是通才，还要成为专家。

二、导游手段科技化

现代旅游业激烈的国际竞争和服务质且的要求不断提高，促使导游服务的工作手段呈现科技化趋势。随着通信技术的发展，出现了网络手机、笔记本电脑、便携式DVD，远红外线遥控放音系统等超现代的移动视听手段，将来还会有更先进的科技手段运用到导游服务工作中来。这些先进的导游手段在游览前或游览现场可激发旅游者游兴，引导旅游者参观游览，解答一些专业性和学术性很强的问胚。这不仅可以让旅游者看到旅游景观的现状，还进一步了解其历史沿革和相关知识，起到深化实地导游讲解和以点带面的作用，进而成为导游服务工作中不可或缺的辅助手段。因此，导游必须学会使用它们，并在导游服务中灵活运用，与实地口语导游相互配合，使导游讲解效果更佳。

三、导游方法多样化

在旅游论坛活动中，旅游者追求自我价值实现的意识越来越强，从而使参与性旅游活动迅速发展起来。旅游者参加各种竞赛，参与各类节庆活动，与当地居民一起活动、生活，在旅游目的地学习当地语言、各种手艺和技能，甚至参加一些探险活动等。这要求导游不仅会讲解，而且能动手演示，与旅游者一起参加各种活动。

旅游活动多样化发展，大致塑造出未来的导游形象应该是：能说会道、能歌善舞、多才多艺、勇敢机智、动手能力强、有强壮的体魄，坚忍不拔的毅力，吃苦耐劳的精神；与旅游者一起回归大自然，一起参加各种竞赛，甚至去探险。总之，今后的导游是全能型的，不仅能熟练运用各种导游讲解方法，还能掌握参与各种旅游活动的方式方法。有了这样的导游人员，旅游者才能获得一种不同寻常的体验。

四、导游服务对象成熟化

随着旅游业的发展，旅游者的自我保护意识逐渐增强，关注经济利益，保护自己的旅游权益，如物质上与精神上的损失赔偿权。旅游者根据自己的喜好和经济能力，自主选择组合旅游产品，主动与导游员讨论各种问题和现象，这表明导游服务的对象越来越成熟，导游应能向他们提供充满个性化和特殊化的导游服务。

项目二　导游人员

学习目标

1. 知识目标

了解导游人员的概念和分类、素质要求及权利和义务；

理解地陪和全陪的基本职责及如何管理导游人员。

2. 能力目标

掌握导游人员的分类、素质要求及权利和义务。

任务导入

一位导游员陪同日本客人在一家商店购物。有一位客人看到了一件玉雕，很喜欢，拿在手上问身边的导游员："这玉雕怎么样?"导游员说："很好，你买一个吧!"听了这话，这位客人似乎不悦，犹豫了一阵，最后没有买。如果你是该导游员，你将如何应答?

任务一　导游人员的概念和分类

一、导游人员概念

依照《导游人员管理条例》的规定取得导游证，接受旅行社的委派，为旅游者提供向导、讲解及相关旅游服务的人员，称之为导游人员。

这个概念具有三层含义：

（1）从事导游业务的资格：按规定参加导游资格考试、取得导游证。

（2）从事导游活动的前提：经旅行社委派。

（3）导游业务活动内容：向旅游者提供向导、讲解及相关旅游服务。

二、导游人员资格考试和导游证

（一）导游人员资格考试

《导游人员管理条例》规定：凡希望从事导游业务活动的人都必须按规定参加导游人员资格考试，考试合格者，由国务院旅游行政管理部门委托省、自治区、直辖市人民政府旅游行政部门颁给导游人员资格证书。

1. 导游人员资格考试的条件

（1）国籍规定：参加导游人员资格考试的人必须是具有中华人民共和国国籍的公民。

（2）学历条件：报考者应具有高级中学、中等专业学校或以上学历。

（3）身体条件：报考者须有良好的身体素质，能适应导游工作的需要。

（4）知识、语言条件：参加考试者必须具有适应导游工作需要的基本知识和语言表达能力。

2. 考、陪分开原则

导游人员资格考试坚持考试和培训分开、培训自愿的原则。

（二）导游人员资格证书

导游员资格证书，是标志某人具备从事导游职业资格的证书，是表明某人具备导游职业的资格。

（1）导游人员资格考试合格者，由组织考试的旅游行政管理部门在考试结束之日起 30 个工作日内颁发导游人员资格证。

（2）获得导游人员资格证三年未从事导游活动的，资格证自动失效。

（3）根据国家旅游局旅人教发〔2001〕5 号文件精神，导游人员资格考试不设补考。

（三）导游证

导游证书简称“导游证”，是持证人已依法进行中华人民共和国导游注册、能够从事导游活动的法定证件。取得导游人员资格证，只是成为导游人员的第一步，要真正从事导游职业，还要依法取得导游证。根据《导游人员管理条例》的规定：在中华人民共和国境内从事导游活动，必须取得导游证。

1. 申请导游证的前提条件

（1）取得导游人员资格证并参加颁发导游证的旅游管理部门举办的岗前培训、考核。

导游证是国家准许从事导游工作的证件，也是导游人员执业的必备条件，要求导游人员执业必须具有导游证，是为了保证导游服务质量和便于旅游行政管理人员监督检查，因此，《导游人员管理条例》规定：“在中华人民共和国境内从事导游活动，必须取得导游证。”

（2）与旅行社订立劳动合同

《导游人员管理条例》第四条规定：“取得导游人员资格证书的，经与旅行社订立劳动合同或者导游服务公司登记，方可持所订立的劳动合同或者登记证明材料，向省、自治区、直辖市人民政府旅游行政部门申领导游证。”

（3）或在导游管理服务机构注册

与旅行社订立劳动合同或在导游服务公司登记。据中国《劳动法》的规定，劳动合同是指劳动者与用人单位确定劳动关系、明确双方权利和义务的协定。与旅行社签订劳动合同的人员，是指专职导游人员，是旅行社的雇员，既旅行社的正式员工。导游人员与旅行社订立劳动合同，明确导游人员在旅行社有完成担任的工作、遵守用人单位内部劳动规则的义务，旅行社则有按导游人员工作的数量和质量付给工资，并提供相应劳动条件的义务。

“导游服务公司”是指从事导游人员业务管理、培训，并为旅行社和导游人员提供供需信息等服务的企业，在导游人员和旅行社之间起桥梁作用，在导游服务公司登记的人员，可以是专职导游人员，也可以是非专职导游人员，但都不是某一旅行社的正式员工。他们在导游公司登记后，当某旅行社需要导游人员时通过该导游公司可聘用之。这种聘用关系有较明显的季节性和时间性，通常在旅游旺季、旅行社导游人员不足时通过导游人员服务公司聘用所需导游人员，待旅游旺季结束，旅行社与受聘导游人员的聘用关系也随之终止。

（4）品行端正

是指没有受过刑事处罚，未被吊销导游证的人员。将此条作为申领导游证的条件之一，有利于从根本上解决私自招徕、接待旅游者，扰乱旅游市场正常经营秩序的突出问题。

2. 申领导游证应提供的材料

（1）导游人员资格证及其复印件；

（2）劳工合同或登记证明文件的原件及其复印件；

（3）本人身份证及其复印件；

（4）按规定填写的“申请导游证登记表”。

3. 不得颁发导游证的情况

有下列情形之一者，不得颁发导游证：

①无民事行为能力或限制民事行为能力的；

②患有传染性疾病的；

③受过刑事处罚的，过失犯罪的除外；

④被吊销导游证的。

4. 其他相关规定

（1）发证期限

《导游人员管理条例》规定，自收到申请领取导游证的书面报告之日起15日内颁发导游证，不予颁发导游证的，应当书面通知申请人。

（2）使用范围

导游人员资格证和导游证由国务院旅游行政管理部门统一印制，在中华人民共和国全国范围内使用。

（3）导游证的遗失、补发

发现导游证遗失，持证人必须立即办理挂失、补办手续。

①导游证遗失，失主必须立即报告所属旅行社，递交遗失原委的书面材料，请旅行社开具遗失证明。

②失主持遗失证明以及身份证、导游人员资格证或导游人员等级证书的原件及复印件到发证机关办理遗失补发手续。

③失主持“申请导游证登记表”到《中国旅游报》或省级日报登载《证件遗失作废证明》一个月后持登报启事及上述证件到原发证机关补办导游证。

④在申请补办导游证期间，申请人不得从事导游活动。

（4）导游证损坏，导游人员按规定向原发证机关申请换发新证

（四）导游证和导游人员资格证书的区别

根据《导游人员管理条例》的规定，导游人员资格证书与导游证是两种既有联系又有区别的证书。两者的联系是导游人员资格证书是取得导游证的必要前提，也就是说，要取得导游证，必须首先取得导游人员资格证书。但是，应当指出的是，取得导游人员资格证书，并不意味着必然取得导游证。

1. 性质不同

导游人员资格证书是标志某人具备从事导游职业资格的证书；而导游证则是标志国家准许某人从事导游职业的证书。前者是表明某人具备导游职业的资格，而后者表明某人获准从事导游职业。

2. 颁证机构不同

导游人员资格证书是由国务院旅游行政部门或国务院旅游行政部门委托的省、自

治区、直辖市人民政府旅游部门颁发；而导游证则是由省、自治区、直辖市人民政府旅游部门颁发。

3. **领取程序不同**

导游人员资格证书是参加导旅人员资格考试并合格后，向旅游行政部门领取；而导游证则必须是取得导游人员资格证书，并与旅行社订立劳动合同或者在导游服务公司登记后，方可向旅游行政部门领取。

4. **作用不同**

导游人员资格证书仅仅是表明持证人具备了从事导游职业的资格，但并不能实际从事导游职业；而导游证则表明持证人可以实际从事导游职业。前者是从业的资格；后者是从业的许可。

5. **期限不同**

导游人员资格证书没有期限规定；而导游证是有期限规定的，即《导游人员管理条例》第八条第二款规定："导游证的有效期限为 3 年。"导游证待有人需要在有效期满后继续从事导游活动的，应当在有效期限届满 3 个月前，向省、自治区、直辖市人民政府旅游行政部门申请办理换发导游证手续。临时导游证购有效期限最长不超过 3 个月，并不得延期。

动动脑

某高校外语系学生李某先后两次报名参加导游资格考试，均未合格。他急于从事导游工作，遂与某国际旅行社多次联系，希望能给予带团导游实习机会。次年 7 月，正值旅游旺季，该国际社导游不足，遂聘用李某充任导游人员，被旅游行政管理部门查获，以其未经导游资格考试合格，擅自进行导游活动给予了罚款处罚。李某对处罚不服，认为自己并非擅自进行导游活动，而是受旅行社聘用从事导游工作的，旅游行政管理部门处罚不当，遂向上一级旅游行政管理部门申请复议。

请问：

1. 李某的看法是否成立？有何依据？
2. 旅行社能否聘用李某从事导游工作？有何依据？

三、导游人员的类别

导游人员由于业务范围、业务内容的不同，服务对象和使用的语言各异，其业务性质和服务方式也不尽相同。即使是同一个导游人员，由于从事的业务性质不同，所扮演的社会角色也随之变换。并且，世界各国对导游人员类型的划分也不尽相同，因而很难用一个世界公认的统一标准对导游人员进行分类。下面是从中国的实际情况出发，分别从不同角度对中国导游人员进行的分类。

（一）按业务范围划分

按导游人员从事的业务范围可以将其分为出境旅游领队人员、全陪陪同导游人员、地方陪同导游人员。

1. 出境旅游领队人员

简称领队，是指依照《出境旅游领队人员管理办法》规定取得出境旅游领队证，接受具有出境旅游业务经营权的国际旅行社委派，从事出境旅游领队业务的人员。

2. 全陪陪同导游人员

简称全陪，是指受组团旅行社委派，作为组团社的代表，在领队和地陪的配合下实施接待计划，为旅游团（者）提供全陪陪同服务的工作人员。

这里的组团社或组团旅行社是指接受旅游团（者）或海外旅行社的预订，制订和下达接待计划，并可以提供全陪导游服务的旅行社。这里的领队是指受海外旅行社的委派，全权代表该旅行社带领旅游团到中国进行旅游活动的工作人员。

3. 地方陪同导游人员

简称地陪，是指受接待旅行社的委派，代表该接待社实施接待计划，为旅游团（者）提供当地旅游活动安排、讲解、翻译等服务的工作人员。

这里的接待社或接待旅行社是指接受组团社的委托，按照接待计划委派地方陪同导游人员、负责组织安排旅游团（者）在当地参观游览等活动的旅行社。

总之，从业务范围看，领队和全陪的主要区别在于领队带领中国旅游团进行出境旅游，而全陪则带领入境旅游团或国内旅游团（者）在我国境内旅游，一般不跨越国界；地陪的工作范围就在其服务的地区。

从业务内容看，领队、全陪的工作基本相同，主要是进行旅游活动的组织和协调并提供全程陪同服务；地陪既承担当地旅游活动的组织、协调任务，又要进行导游讲解或翻译工作。

（二）按使用语言划分

按导游人员使用语言可以将其分为外语导游人员和中文导游人员。

1. 外语导游人员

是指运用外语从事导游服务的人员。目前，他们的服务对象是入境旅游的外国旅游者和出境旅游的中国公民。

2. **中文导游人员**

是指能使用普通话、地方方言或少数民族语言，从事导游业务的人员。目前，这类导游人员的主要服务对象是在国内旅游的中国公民和入境旅游者中的港、澳、台同胞。

（三）按职业性质划分

按导游人员的职业性质可以将其分为专职导游人员和兼职导游人员。

1. **专职导游人员**

是指在一定时期内以导游工作为主要职业的导游人员。这类导游人员与旅行社签订有正式的劳动合同，是当前我国导游队伍的主体。

2. **兼职导游人员**

亦称业余导游人员，是指不以导游工作为主要职业，而是利用业余时间从事导游工作的人员。目前这类导游人员分为两种：一种是通过了国家导游资格统一考试取得导游证而从事兼职导游工作的人员；另一种是具有特定语种语言能力受聘于旅行社，领取临时导游证而临时从事导游工作的人员。

在西方国家，还有一批真正意义上的"自由职业导游员"。他们以导游为主要职业，但并不受雇于固定的旅行社或其他旅游企业，而是通过签订合同为多家旅行社服务。他们构成了西方大部分国家导游队伍的主体。这类导游人员已经在中国出现，人数虽然不多，但很可能是一种发展方向。

（四）按技术等级划分

按导游人员的技术等级，可以将其分为初级导游人员、中级导游人员、高级导游人员和特级导游人员。

1. **初级导游人员**

获《导游人员资格证》一年后，就技能、业绩和资历对其进行考核，合格者自动成为初级导游人员。

2. **中级导游人员**

获初级导游人员资格两年以上，业绩明显，经考核、考试（笔试、口试），合格者晋升为中级导游人员。他们是导游队伍中的业务骨干。

3. **高级导游人员**

取得中级导游人员资格四年以上，业绩突出，在国内外同行和旅行商中有一定影响，经考核、考试合格者晋升为高级导游人员。

4. **特级导游人员**

获高级导游人员资格五年以上，业绩优异，有突出贡献，有高水平的科研成果，在国内外同行和旅行商中有较大影响，经评审、考核和考试，合格者晋升为特级导游人员。

任务二　导游人员的职责

一、导游人员的基本职责

根据当前我国旅游业的发展状况和导游服务对象，导游人员的基本职责可概括为下面五点：

（1）根据旅行社与游客签订的合同或约定，按照接待计划安排和组织游客参观、游览；

（2）负责为游客导游、讲解，介绍中国（地方）文化和旅游资源；

（3）配合和督促有关单位安排游客的交通、食宿等，保护游客的人身和财务安全；

（4）耐心解答游客的问询，协助处理旅途中遇到的问题；

（5）反映游客的意见和要求，协助安排游客会见、会谈活动。

二、全陪和地陪的职责

（一）全陪陪同导游人员的职责

全陪在拿到旅行社下达的旅游团队接待计划书后，必须熟悉该团的基本情况，注意掌握该团重点游客情况和该团的特点。

1. 实施旅游接待计划

按旅游合同或约定，实施组团社的接待计划，监督各地接待旅行社执行计划的情况和接待服务质量。

2. 组织协调工作

协调导游服务集体各成员之间的合作关系，督促、协助各地方接待旅行社安排、落实各项旅游活动，照顾好游客的旅行生活。

3. 联络工作

负责旅游过程中组团社和各地接待社之间的联络，做好旅行各站之间的衔接工作。

4. 维护安全及处理问题

在旅游过程中维护游客的人身、财物安全，处理突发事件。

5. 宣传和调研工作

宣传中国（地方），解答游客的问询；了解外国（外地），转达游客的意见、建议和要求。

（二）地方陪同导游人员的职责

地陪是地方接待旅行社的代表，是旅游接待计划在当地的具体执行者，是当地旅游活动的组织者。地陪的主要职责有：

1. 安排落实旅游活动

根据旅游接待计划，科学、合理地安排旅游团（者）在当地的旅游活动。

2. 做好接待工作

认真落实旅游团（者）在当地的迎送工作和食、住、行、游、购、娱等各项服务；在地陪、领队的配合下，做好当地旅游接待工作。

3. 导游讲解

做好旅游团（者）在当地参观游览中的导游讲解和翻译工作，耐心解答游客的问题。

4. 维护安全

维护游客的安全，做好事故防范和安全提示工作。

5. 处理问题

妥善处理当地各相关服务单位之间的协作关系，以及旅游团（者）在本站旅游过程中可能出现的各类问题。

任务三　导游人员的素质

随着我国旅游业的不断发展，旅行社业尤其是导游服务业也得到高速蓬勃的发展，它是当代社会人们生活质量不断提高的一个重要标志。我国实行改革开放以来，旅游业已从单纯的接待、游玩发展成为一种全新的旅游文化产业，令世人瞩目。而导游则是旅游文化产业的灵魂，其作用即是桥梁又是窗口，由于导游的素质将直接影响到旅游者的旅游消费行为，并间接影响到整个旅游业的声誉，所以，导游人员的素质更是重中之重，它直接影响到旅游行业的服务质量以及旅游者对旅游服务行业的看法，因此，一个合格的导游必备以下各方面的素质。

一、思想素质

导游人员应有优秀道德品质和高尚的情操，遵守公德、尽职敬业。为人民服务是职业道德规范的核心，集体主义是职业道德体系的原则。应在全体人民尤其是导游人员中提倡为人民服务和集体主义精神，提倡尊重人，关心人，热爱集体，热心公益，为社会做好事，反对和抵制拜金主义和利己主义。正确处理好个人、集体和国家的关系。旅行社和各接待单位实际上组成了一个大的接待集体，导游人员则是这个集体的一员。因此，导游人员在工作中应从这个大集体的利益出发，从旅游业的发展出发，依靠集体的力量和支持才能将工作做好。导游人员应发扬全心全意为游客服务的精神，并把这一精神与宾客至上的服务宗旨紧密结合起来，热情为旅游者服务。

（一）爱国主义意识

爱国，在任何时代、任何国家，都是伦理道德的核心。爱祖国、爱家乡、爱社会主义制度是中国导游人员的首要美德。

（二）很强的服务意识

导游人员要将全心全意为人民服务的思想与“游客至上”、“服务至上”的旅游服务宗旨紧密结合起来，真心实意地为游客服务。

二、道德素质

各类从业人员都应当具有与其行业相适应的、应有的思想道德素质，以调节、支配自己的心理活动和行为方式。旅游业是一种特殊的服务性行业，这就要求导游必须深刻认识本职工作的性质，树立为旅游业的繁荣昌盛作贡献的信念。

（一）健康的政治素质

发展旅游业必须坚决反对和阻止违反爱国主义情感、职业道德感的行为。导游工作者应当自觉维护国家利益和民族尊严，树立旅游业的良好形象，并使之转化成为对导游工作的热爱和对游客的尊重和体贴，对本职工作的热爱是导游爱国感和责任感的具体反映。而这种情感正是导游为社会主义旅游业的繁荣昌盛而努力工作的精神支柱。不断提高判断是非、识别善恶、分清荣辱的能力，抵制形形色色的物质诱惑和“精神污染”。

（二）良好的品德素质

在导游活动过程中，导游的健康积极的情感自然会在服务、向导、讲解过程中以鲜明的面部表情、动作和声音等情绪反应流露出来，以此表达对游客的友爱和关心，有效地感染游客，促进他们强烈的心理体验，引发游客积极肯定的情绪。只有这样，才能真正起到导游的作用。

导游人员要自信、自强，不管面对什么人、什么事，导游人员都不应妄自菲薄，而要相信自己，相信自己的力量和能力。一个自信的人在工作和生活中总是充满信心，勇于克服困难、争取成功。不过，一个人的自信来自于实力，所以导游人员要努力学习、刻苦钻研，不断提高自己，使自己成为名副其实的导游人员。

三、知识素质

《导游人员管理条例》要求，具有高级中学、中等专业学校或者以上学历的人员才有资格报考导游资格证，这是报考导游资格证中最起码的学历要求。随着时代的发展，现代旅游活动更加趋向于对文化知识的追求。人们出游除了消遣度假外，还想通过旅游来增长见识，扩大阅历，获取教益，这就向导游人员提出了更高的要求。实践证明，导游人员的导游讲解和日常交谈，都是旅游者获取当地知识及文化的重要途径，因为游客的这种需要，导游人员知识面要广，要有真才实学，上至天文，下至地理均应知晓。这样讲解时才能以渊博的知识做后盾，做到内容丰富、言之有物。由此可见，丰富的知识是做好导游工作的前提。

导游人员应具有较广泛的基本知识，尤其是政治、经济、历史、地理以及国情、风土人情、民俗等方面的知识。

（一）语言知识

导游员的语言知识，它是导游员的基本功，是服务的基本工具。古人曰："工欲善其事，必先利其器。"导游人员是靠自己的嘴吃饭的，他们的"利其器"便是过硬的语言表达能力和扎实的语言功底。语言文学功底雄厚的导游人员讲解起来会自然流畅、委婉动听，具有良好的吸引力，特别是外语导游员更要熟练的掌握语言，才能做到讲解正确、清楚、生动、灵活。

（二）政策法规知识

政策法规知识是导游人员必备的知识。现在是法治的社会，人人都必须学法、懂法、守法。政策法规是导游人员工作的指针，也是导游人员处理问题的锐利武器。导游人员应掌握的法律法规知识有与旅行社及其经营有关的法律法规、与导游人员有关的法规、与消费者权益保护有关的法律法规、旅游服务质量方面的行业规章、导游服务质量方面的国家标准及旅游行业标准等。

（三）史地文化知识

中国有悠久的历史，这悠久的历史又孕育了灿烂的中华炎黄文化，源远流长。其中包括自然旅游资源的地理概貌、概况及其在地理方面的相关知识、历史知识、自然旅游资源的传说、宗教知识、文学艺术、古建园林、风物特产、民族民俗风情、禁忌习俗以及人文旅游资源的沿革等，这些都是导游讲解的主要素材之一。

导游人员也要不断提高自身的艺术鉴赏能力。艺术素养不仅能使导游人员的人格更加完美，还可使导游讲解的层次大大提高，从而在文化交流中作出更多的贡献。

（四）心理学和美学知识

导游人员的工作对象主要是形形色色的游客，还要与各旅游服务部门的工作人员打交道，导游工作集体三成员（全陪、地陪和领队）之间的相处有时也很复杂。导游人员是做人的工作，而且往往是与之短暂相处，因而掌握必要的心理学知识具有特殊的重要性。导游人员要随时了解游客的心理活动，有的放矢地做好导游讲解和旅途生活服务工作，有针对性地提供心理服务，从而使游客在心理上得到满足，在精神上获得享受。事实证明，向游客多提供心理服务远比功能服务重要。

旅游活动是一项综合性的审美活动。导游人员不仅要向游客传授知识，也要传递美的信息，让他们获得美的享受。一名合格的导游人员要懂得什么是美，知道美在何处，并善于用生动形象的语言向不同审美情趣的游客介绍美，而且还要用美学知识指导自己的仪容、仪态，因为导游人员代表着国家（地区），其本身就是游客的审美对象。

此外，导游人员还应掌握旅游业务知识、熟悉交通知识、海关知识、货币保险知识、邮电通信知识、社会知识、国际知识以及卫生、生活等旅行常识。

四、技能素质

技能素质是导游能顺利地完成其所从事的相应活动所必需的最基本的条件之一。一名优秀的导游应该在导游实践中不断掌握知识、技能和技巧，逐步形成能为满足游客各种需要所必需的、最基本的业务素质和职业技能，才能有效地提高导游服务质量和导游服务艺术。

（一）独立的工作能力

导游人员必须具有高度的政策观念和法制观念，要以国家的有关政策和法律法规指导自己的言行和工作；要严格执行旅行社的接待计划；要积极主动地讲解中国悠久灿烂的历史文化、现行的方针政策；介绍中国人民的伟大创造和社会主义建设的伟大成就及各地区的建设和发展情况；回答游客的各种询问等。

（二）组织协调能力

导游人员领受任务后要安排落实旅游活动计划，带领全团人员游览好、生活好。

这就要求导游人员需具有一定的组织、协调能力，在安排活动日程时有较强的针对性并留有余地，在组织各项具体活动时讲究方法并及时掌握变化着的客观情况，灵活地采取相应有效措施，尽力当好参观游览活动的导演。

（三）人际交往能力

导游人员的工作对象广泛复杂，善于和各种人交往是导游人员最重要的能力之一。与层次不同、品质各异、性格相向的中外人士打交道，需要导游人员掌握一定的公关知识并能熟练运用，具有灵活性和较强的理解能力并能适应不断变化着的氛围、随机应变地处理问题，搞好各方面的关系。导游人员具有相当的公关能力可方便工作，有利于提高导游服务质量。

（四）导游讲解能力

导游人员是靠自己的嘴“吃饭”的。导游讲解就是通过导游人员的语言表达，向旅游者传达各种信息，使之从中陶冶情操，增长见识。这就要求导游人员的嘴上功夫要过硬，专业知识更得过硬。导游讲解是否动听，层次是否深远，能否吸引住旅游者是导游工作成败的一个极其重要的因素。导游讲解时应运用各种讲解技巧，无论是使用外国语、普通话、地方语还是少数民族语言，都应做到语言准确、精练、生动、形象、切中要点、引人入胜和富有表达力。

（五）突发事件处理能力

果断、沉着、正确地处理意外事故是导游人员最重要的能力之一。旅游活动中意外事故在所难免，能否妥善地处理事故是对导游人员的一种严峻考验。临危不惧、头脑清醒、遇事不乱、处事果断、办事利索、积极主动、随机应变是导游人员处理意外事故时应有的品质。

五、心理素质

导游人员的心理素质主要指导游人员善于掌握和调节旅游者心理情绪的能力和自身良好的意志品质两个方面。要提高导游服务质量，必须向旅游者提供高质量的功能服务，更为重要的是提供有针对性的心理服务。为此导游人员要了解旅游者及其心理活动和情绪变化，同时强化自身的心理承受能力。这就要求导游人员具备良好的心理素质。

（一）敏锐的观察能力和感知能力

导游人员要善于观察旅游者并敏锐地感知其不同的心理反应，及时调整导游讲解和相应服务，采取必要的措施、运用多变的手法，保证旅游活动的顺利进行。

旅游期间，旅游者往往处于既兴奋又紧张的状态之中。紧张感容易使游客疲劳，影响游兴，而兴奋感则促使他们随导游人员去探险、求奇、寻觅美。游客情绪高、游兴浓、精力充沛，旅游活动就有可能顺利达到预期目的。因此，调节旅游者情绪，保持并提高其游兴是对导游人员的工作能力和导游才能的重要考验，也是导游活动成功与否的一个重要标志。

（二）冷静的思维能力和准确的判断能力

意志是人的积极性的特殊形式，它是人们自觉地调节行为去克服困难以实现预定目标的心理过程。良好的意志品质是一个人事业成功的基本保证之一。导游人员的意志品质主要表现在思想健康、头脑冷静和心理平衡诸方面。

思想健康指导游人员应有一个健康的思想状态。对带团过程中可能会遇到的困难或波折甚至挫折有充分的认识和思想或心理准备。但又不应过分悲观，应有解决问题的勇气和毅力。顺利时不要得意忘形，受挫时应勇于面对，积极寻求解决的办法。

头脑冷静指导游人员在旅游过程中应始终保持清醒的头脑，处事沉着、冷静、有条不紊。处理各方面关系时要机智、灵活、友好合作；处理突发事件以及游客挑剔、投诉时要善于应对，要合情、合理、合法。

（三）较强的自控能力

心理平衡能力也称心理承受能力。导游人员自我感情克制是搞好导游服务的又一个基本保证。在带团过程中，怪客、难事、不顺利不顺心之事随时可能出现，导游人员应始终保持精神饱满，热情友好，自觉地“服侍”各种各样的旅游者。因此，导游人员确实需要很强的自制力和心理调节能力。

1. 理性的心理品质

导游人员必须具有理性的心理品质，时刻明白自己的角色是“服务员”，自己的任务是为游客提供服务。一上团，导游人员应该很快进入角色并不受任何外来因素的影响，要始终精神饱满、热情友好、笑口常开。

2. 不卑不亢

导游人员与旅游者、入境旅游团领队及其他人员交往时，应既不娇气又不胆怯，始终沉着自然、不卑不亢。

3. 双赢原则

旅游过程中，导游人员与旅游者及其他人员之间出现矛盾、发生纠纷是常有的事，旅游者有时会对导游服务工作挑剔、指责，甚至无理取闹。对此，导游人员不能感情用事，与之争高低，做“嘴上胜利者”，而要以理服人，并且理明则让，力争双赢，避免发生正面冲突。

4. 克服厌烦情绪

在较短时间内，人们多次、几十次去同一景点，一般都会产生厌烦情绪。但对导游人员而言，这种情绪却是做好导游服务工作的巨大障碍。一名合格的导游人员去一个曾经到过上百次、上千次的旅游景点，都应该像第一次游览那样兴奋，并因此感染旅游者一起游览、一起欣赏美景，加上导游人员的精彩讲解，游览活动就有可能成功。可以这么说，客服厌烦情绪是导游人员做好导游工作的前提条件之一。

六、身体素质

身体健康是《导游人员管理条例》对导游人员的基本要求之一。导游工作是一项脑力劳动和体力劳动高度结合的工作，工作纷繁，量大面广，流动性强，体能消耗大，而且工作对象复杂，诱惑性大。因此，这就需要导游必须具有强健的身体和充沛的精力。因此，导游在繁重的工作之余还要有意识地进行体质锻炼，以保持健康的身体素质，才能胜任导游工作。

小试身手

各位团友，现在我们要去游览的是江南名刹——灵隐寺，我们在灵隐寺游览的时间是一个半小时，下车后请大家跟我走。如果有不去游灵隐寺的，可以下车活动活动，但11：00一定要上车，请记住我们车子的颜色和车号……”在到灵隐寺时，导游员赖小姐正对着她的游客宣布注意事项。在两天的游览过程中，总有那么几个游客时常迟到，说好8：00去用早餐的，有的却拖到8：30才从客房出来；景点游览也一样，有几个游客总喜欢让人家等他们。赖小姐提醒他们别迟到、拖沓，但他们总有十足的理由，对此一些游客也颇有微词。

赖小姐带游客游览完灵隐寺，上车时是10：55，到了11：00，又有两个游客未准时上车。与以前一样，还是要再等他们。她想，如果不及时采取措施，会导致旅游团的涣散；另外，若经常为此事而提醒，守时的游客听了也会不耐烦，等到11：05，两位游客仍未上车。赖小姐拿起车上的麦克风笑着对车上的游客说：“我们说好11：00准时上车的，现在还有×小姐和×小姐没回来，她们回来后，我们罚她们唱一首歌，好不好?”游客齐声附和。过了七八分钟，两位小姐终于姗姗而来。赖小姐照事先安排，让游客出面，罚那两个迟到的小姐唱了几首歌，两位小姐在游客们一致的要求下，只好唱歌。为了给这两位小姐面子，她们唱完后，赖小姐自己也唱了一首歌。唱完后，赖小姐一边微笑一边反话正说：“欢迎大家迟到我们做个规矩：第一次迟到者唱歌，第二次迟到者跳舞，第三次迟到者载歌载舞。大家说好不好?”游客们齐声叫“好”。从此，迟到、拖沓的事情再也没有发生。

任务四　导游人员的权利和义务

一、导游人员的权利

（一）导游人员的人身权

《导游人员管理条例》规定：“导游人员进行导游活动时，其人格尊严应当受到尊重，其人身安全不受侵犯。导游人员有权拒绝旅游者提出的侮辱其人格尊严或者违反其职业道德的不合理要求。”

（二）导游人员的履行职务权

《导游人员管理条例》规定：“导游人员再引导旅游者旅行、游览过程中，遇有可能危及旅游者人身安全的紧急情形时，经征得多数旅游者的同意，可以调整或变更接待计划，但是应当立即报告旅行社。”

导游人员有权调整或变更接待计划，但只有在符合下列条件时才能行使这一权利：

（1）必须是在引导旅游者旅行、游览过程中，即必须是在旅游活动开始后；

（2）必须是遇有可能危及旅游者人身安全的紧急情况时；

（3）必须经多数旅游者的同意；

（4）必须立即报告旅行社。

此外，导游人员享有进行导游活动不受地域限制的权利。

（三）导游人员的合法权益

（1）导游人员受聘于旅行社，应于旅行社依法签订劳动合同，享受不低于当地最低工资标准的报酬。

（2）导游人员有权拒绝接待不支付接待和服务费用或者支付的费用低于接待和服务成本的旅游团队；有权拒绝承担接待旅游团队的相关费用。

（3）享有参加培训的权利和获得晋升的权利。

（四）申请复议权和行政诉讼权

1. 申请复议权

导游人员对旅游行政部门的下列行为不服时，依法享有申请复议权：

（1）认为符合法定条件申请颁发导游人员资格证和导游证，旅游行政部门拒绝颁发或者不予答复的；

（2）对罚款、吊销导游证、责令改正、暂扣导游证等行政处罚不服的；

（3）认为旅游行政部门违法要求导游人员履行义务的；

（4）认为旅游行政部门侵犯导游人员人身权、财产权的；

（5）法律法规规定可以申请复议的其他行政行为。

2. 行政诉讼权

导游人员对旅游行政部门的下列具体行政行为不服时，享有向人民法院提起行政诉讼的权利：

（1）合法申请导游人员资格证和导游证，但旅游行政部门拒绝颁发或不予答复时；

（2）对罚款、吊销导游证等具体行政行为不服时；

（3）旅游行政部门违法要求导游人员履行义务时；

（4）旅游行政部门侵犯导游人员的人身权、财产权时。

二、导游人员的义务

（1）导游人员应不断提高自身的业务素质和职业技能。

（2）导游人员进行导游活动，必须经旅行社委派；不得私自承揽或者以其他任何方式直接承揽导游业务，进行导游活动；不得拒绝履行旅游合同约定的义务。

（3）导游人员进行导游活动时，应佩戴导游证。

（4）自觉维护国家利益和民族尊严，不得有损害国家利益和民族尊严的言行。

（5）遵守职业道德，着装整洁，礼貌待人，尊重旅游者的宗教信仰、民族风俗和生活习惯。

（6）应当严格按照确定的旅游接待计划安排旅行、游览活动，不得擅自增加、减少旅游项目或中止导游活动（构成中止导游活动的行为必须具备下列条件：必须出现在执行接待计划过程中，必须是擅自中止，必须是彻底中止），不得因非不可抗力改变旅游合同安排的行程。

（7）导游人员应当就可能发生危及旅游者人身、财务安全的情况，向旅游者作出真实说明和明确警示并按照旅行社的要求采取防止危害发生的措施。

（8）不得向旅游者兜售物品或购买旅游者的物品，不得以明示或暗示的方式向旅游者索取小费。

（9）不得欺骗、胁迫或与经营者串通欺骗、胁迫旅游者购物，不得欺骗、胁迫旅游者参加需另行付费的游览项目。

三、导游人员违规的法律责任

导游人员在业务活动中违规，由旅游行政管理部门按违规的程度予以处罚。

（一）违反《导游证管理制度》的处罚

1. 无证进行导游活动

根据《导游人员管理条例》第二十一条规定，导游人员进行导游活动时未佩戴导游证的，由旅游行政部门责令改正；拒不改正的，处500元以下的罚款。

2. 未佩戴导游证

根据《导游人员管理条例》第八条规定，导游人员进行导游活动时，应当佩戴导游证。导游证的有效期限为3年。导游证持有人需要在有效期满后继续从事导游活动的，应当在有效期限届满3个月前，向省、自治区、直辖市人民政府旅游行政部门申请办理换发导游证手续。临时导游证的有效期限最长不超过3个月，并不得展期。

如果未佩戴导游证的，由旅游行政部门责令改正，拒不改正的，处500元以下罚款。

3. 私自承揽导游业务

根据《导游人员管理条例》第十九条规定，导游人员未经旅行社委派，私自承揽或者以其他任何方式直接承揽导游业务，进行导游活动的，由旅游行政部门责令改正，处1000元以上3万元以下的罚款；有违法所得的，并处没收违法所得；情节严重的，由省、自治区、直辖市人民政府旅游行政部门吊销导游证并予以公告。

（二）损害旅游者合法权益的处罚

（1）根据《导游人员管理条例》第二十三条规定，导游人员进行导游活动，向旅游者兜售物品或者购买旅游者的物品的，或者以明示或者暗示的方式向旅游者索要小费的，由旅游行政部门责令改正，处1000元以上3万元以下的罚款；有违法所得的，并处没收违法所得；情节严重的，由省、自治区、直辖市人民政府旅游行政部门吊销导游证并予以公告；对委派该导游人员的旅行社给予警告直至责令停业整顿。

（2）根据《导游人员管理条例》第二十四条规定，导游人员进行导游活动，欺骗、胁迫旅游者消费或者与经营者串通欺骗、胁迫旅游者消费的，由旅游行政部门责令改正，处1000元以上3万元以下的罚款；有违法所得的，并处没收违法所得；情节严重的，由省、自治区、直辖市人民政府旅游行政部门吊销导游证并予以公告；对委派该导游人员的旅行社给予警告直至责令停业整顿；构成犯罪的，依法追究刑事责任。

（3）根据《导游人员管理条例》第二十二条规定，导游人员有下列情形之一的，由旅游行政部门责令改正，暂扣导游证3～6个月；情节严重的，由省、自治区、直辖市人民政府旅游行政部门吊销导游证并予以公告：擅自增加或者减少旅游项目的；擅自变更接待计划的；擅自中止导游活动的。

（4）发生危及旅游者人身安全事件时未采取必要的处置措施、不及时报告的，出境旅游者非法滞留境外、入境旅游者非法滞留境内时未及时报告并协助提供非法滞留者信息的，由旅游行政管理部门责令改正，处4000元以上2万元以下的罚款；情节严重的，吊销其导游证、领队证并予以公告。

（三）损害国家利益和民族尊严的处罚

根据《导游人员管理条例》第二十条规定，导游人员进行导游活动时，有损害国家利益和民族尊严的言行的，由旅游行政部门责令改正；情节严重的，由省、自治区、直辖市人民政府旅游行政部门吊销导游证并予以公告；对该导游人员所在的旅行社给予警告直至责令停业整顿。

动动脑

2008年7月，北京某国内旅行社组织接待了从外地某市来北京旅游的一行34人的团队，在参观游览过程中，作为地陪的高某为了节省时间并增加计划以外的游览项目，私自减少了两个计划景点，并一再对客人说，大家到北京来一次不容易，既然来了就应多看一些景点。在征得大多数客人同意并对每位客人加收了50元钱的基础上，增加了四个景点（包括高某私自从计划中减去的两个景点）。在团队活动其间，高某还向客人兜售了纪念邮票册8套。由于夏天气候炎热，加上团队老人较多，故此，许多客人感到在计划景点的参观时间太少、太仓促，并对高某额外增加景点的行为表示不满。旅游结束后，该团客人集体签名向旅游行政管理部门投诉，并要求对导游员高某进行处罚。请依据有关的法律法规说明：

1. 导游员高某的行为违反了哪些规定？
2. 应给予该导游员及委派的旅行社怎样的处罚？

任务五 导游人员的管理

根据2002年1月1日起实施的《导游人员管理实施办法》（以下简称《办法》）：“导游人员资格考试合格者取得导游资格证，并在一家旅行社或导游管理服务机构注册的，持劳动合同或导游管理服务机构登记的证明材料，向所在地旅游行政管理部门申请办理导游证。”这样导游人员在职业关系上就必须隶属于一家旅行社或导游管理服务机构（一般称为导游服务公司，以下以导游服务公司代称这类机构）。在当前，又有四种情况：第一类，导游是旅行社的正式员工，他们既带团又从事旅行社的经营业务和管理工作；第二类，导游是旅行社的正式员工，只负责带团；第三类，导游仅在旅行社注册，不算作旅行社的正式员工，这种关系一般被称为挂靠；第四类，导游在导游服务公司注册，由导游服务公司联系工作和进行日常管理。各地对导游人员的管理方式不尽相同，但基本上都通过下述四个方面对导游人员进行管理。

一、加强培训和考核，提高导游综合素质

旅行社不仅应招聘优秀的导游人员，更应通过培训工作，培养优秀的导游人员。导游人员的服务质量水平需要通过不断的学习、培养来提高，而不是取得导游证后就万事大吉。企业内部的管理人员应通过培训工作，使所有导游人员了解企业的经营目的、任务、服务理念、竞争策略；理解优质服务、顾客忠诚感的重要性和企业的具体要求；明确自己在企业中的作用。这样才能把导游人员的工作和企业发展目标结合起来。此外还应熟悉以下内容：

（一）掌握服务知识和服务技能

导游人员正是通过其知识和技能为游客服务的，他们对景点的介绍，对古迹文化的了解，组织游客的活动等都直接关系到游客对旅游活动的满意度。例如，广州市国家级文物保护单位，著名景点“陈家祠”，若没有导游人员全面、生动的讲解，可能许多游客会觉得没什么意思，无法领略其中的文化内涵。

（二）增强服务意识

职业道德建设是一项潜移默化、细水长流、百年树人的工作，不能只是“运动式”，如“黄金周”前搞一下活动，而一定要长抓不懈，有目标、有措施、有层次、多种形式地推进和提高。只有这样，才能使导游人员身体力行地把旅游职业道德和规范转化为发自内心的理念和要点，形成自觉的行为和日常习惯。

二、设计合理的工资报酬结构

由于导游工作的特殊性，导游人员的工资报酬结构设计与其他工作岗位有很大的不同，基本工资较低，甚至有些旅行社连基本工资都没有，收入的相当部分来源是回扣佣金。导游人员只得到购物场所和商品经营企业拿高额回扣，这就引发了“零负团费”等现象，严重影响了旅游服务质量。所以，旅行社应给导游发工资，保证导游的

基本利益，然后再按所带团队的贡献大小，按劳取酬。

这就必须进一步推进导游合同管理，根据合同的规定对导游人员承担的义务进行监督、检查，促进导游人员提高导游服务质量，依法为旅游者提供优质的导游服务，从而促进导游人员增强责任感，真心诚意地为游客服务。

三、强化计分和年审管理

按照《导游人员管理实施办法》（国家旅游局第 15 号令）的要求和国家旅游局《整顿和规范旅游市场秩序工作方案》的安排，国家旅游局要求于 2002 年 4 月 10 日起在全国范围内对导游人员实行计分制管理。

实行新版导游证（IC 卡）的地区，通过 IC 卡实行计分管理。暂未实行新版导游证（IC 卡）的地区，通过对旧版导游证配发副证实行计分管理。所在地旅游行政管理部门在本行政区域内负责导游人员计分管理的具体执行。

导游人员计分办法实行年度管理 10 分制。“导游人员违规通知单”是违规导游被扣分的凭据，一式三联：一联为检查单位留存，一联通知其发证单位，一联交违规人。

依据《导游人员管理实施办法》的规定，将导游人员扣分的违规行为归纳为 27 种。

（一）计分管理

1. 有下列情形之一的，扣除 10 分

有损害国家利益和民族尊严的言行的；诱导或安排旅游者参加黄、赌、毒活动项目的；有殴打或谩骂旅游者行为的；欺骗、胁迫旅游者消费的；未通过年审继续从事导游业务的；因自身原因造成旅游团重大危害和损失的。

2. 有下列情形之一的，扣除 8 分

拒绝、逃避检查，或者欺骗检查人员的；擅自增加或者减少旅游项目的；擅自终止导游活动的；讲解中掺杂庸俗、下流、迷信内容的；未经旅行社委派私自承揽或者以其他任何方式直接承揽导游业务的。

3. 有下列情形之一的，扣除 6 分

向旅游者兜售物品或购买旅游者物品的；以明示或者暗示的方式向旅游者索要小费的；因自身原因漏接漏送或误接误送旅游团的；讲解质量差或不讲解的；私自转借导游证供他人使用的；发生重大安全事故不积极配合有关部门救助的。

4. 有下列情形之一的，扣除 4 分

私自带人随团游览的；无故不随团活动的；在导游活动中未佩戴导游证或未携带计分卡；不尊重旅游者宗教信仰和民族风俗。

5. **有下列情形之一的，扣除2分**

未按规定时间到岗的；10人以上团队未打接待社社旗的；未携带正规接待计划；接站未出示旅行社标识的；仪表、着装不整洁的；讲解中吸烟、吃东西的。

（二）年审管理

国家对导游人员实行年度审核制度。导游人员必须参加年审。北京市旅游局规定，导游人员每年必须参加在岗培训，不参加培训者不能年检。

导游人员10分分值被扣完后，暂停从事导游业务，须接受旅游行政管理部门的培训，培训考核合格后，方能继续从事导游业务。导游人员一次被扣10分的，接受旅游行政部门的相应处罚。

四、落实导游人员等级评定制度

由于导游职业定位的偏差，没有专业技术职称和相应的工资待遇，导致导游人员的社会地位下降，人才流失严重。因此，需要相关部门将导游人员的等级评定制度与职称制度挂钩，将导游人员纳入专业技术人员行列。根据国家旅游局制定的导游人员等级考核标准，认真做好导游人员的等级评定与晋升，激励导游人员努力提高自己的业务水平和导游服务质量。

【拓展阅读】

导游的魅力

例一：某旅行社组织三国之旅，游客到达目的地后，入住星级宾馆，当大家在餐厅用餐时，突然出现短时间停电。此时导游灵机一动，对游客说这是旅行社特意为大家准备的节目——烛光晚餐。在游客后来得知这是一次突发事件引出的意外礼物后，纷纷给旅行社去信，感谢此次温馨之旅及导游的热忱服务。

例二：1999年10月26日至28日，刘小姐在西安G旅行社担任全陪，旅游团是为期三天的赴延安——壶口瀑布游。该团成员较特殊，他们都是第四军医大学1959级的毕业生，四十年前的校友刚在母校进行联谊活动。因年龄都偏大，在接团前，社里就一再叮嘱导游服务要细致。在整个过程中，刘小姐尽量做到细致入微，只是发生了一件小意外。旅游团共4辆车，去壶口的途中，由于路不通，改走其他路线，但地陪不熟悉路线，有的车又先出发，因而在一个岔路口不得不停下来等其他车，这时客人表示不满，要求只等10分钟，10分钟后必须开车。此时气氛有点紧张，刘小姐就为客人主动表演节目，缓和气氛，同时，组织大家唱陕北民歌。过了大约半个小时，其他车也跟了上来，客人也没有表示责难。再后来的旅游活动中，刘小姐主动搀扶老人，并为他们做了一些力所能及的事，博得客人的好感，后来客人专门为社里送了一面锦旗。

【拓展分析】

1. 导游是整个旅游活动的节目主持人。导游的专业知识和服务、管理职能的发挥至关重要，直接关系到旅游团队的活动是不是丰富多彩，是不是充满欢笑，直接关系到每一位游客的旅游体验是不是愉悦。所以，导游不仅应该受过良好训练，对旅游景点和旅游线路了如指掌，而且应该具有良好的心理素质和应变能力，应该能够机智地处理各种突发事件，巧妙地化解各种矛盾。在任何时候任何情况下，只要有导游与旅游团在一起，游客们就感到放心，就觉得有依靠，就不怕任何困难。

2. 例一是一个广为流传的经典案例，讲的是由于导游的机智使不利因素化为有利因素。由电灯照明变为无奈的蜡烛照明，本来有许多不便，但当引入了“烛光晚餐”这一概念后，就充满了浪漫、温馨，变成另一种格调的享受。可以说“烛光晚餐”的渲染比任何苍白的解释和诚挚的道歉都有利，平添了一份热情和幽默。当然，说“导游灵机一动”，称之为“旅行社特意为大家准备的节目”，多少有点文学色彩和编辑实例的痕迹，但确实能给我们以启示。

3. 例二可称之为随机事件，讲的是导游凭借自己的人格魅力化解矛盾的过程。例中的“我”为缓和紧张气氛和矛盾冲突，“主动表演节目”，并组织大家唱陕北民歌。

资料来源：百度文库。

练习题

一、单选题

1. 取得导游人员资格证的，经（　　），方可向省、自治区、直辖市人民政府旅游行政部门申请领取导游证。

A. 与旅行社订立劳工合同或经旅游行政管理部门核准后

B. 在导游服务公司登记或经旅游行政管理部门核准后

C. 与旅行社订立合同或者在导游服务公司登记

D. 当旅游行政管理部门核准后

2. 小吴取得导游人员资格证书后，又与旅行社签订了劳工合同，她可持劳动合同向（　　）申请领取导游证。

A. 国家旅游局　　B. 省级旅游局

C. 地市级旅游局　　D. 县级旅游局

3. 导游孙某在带一个以信仰伊斯兰教为主的新疆地区旅游团去北京旅游的途中，

恰逢“9·11”事件发生，孙某在车上便对伊斯兰教进行攻击和谩骂，使旅游团中客人极为不满，并到旅游行政部门投诉。据此，孙某应受到（　　）处罚。

A. 扣除 4 分　　B. 扣除 6 分

C. 旅游行政管理部门批评教育　　D. 扣除 8 分

4. 下列能领取导游证的是（　　）。

A. 已获得导游人员资格证书的 15 周岁的高中毕业生

B. 已获得导游人员资格证书，但是没有同旅行社订立劳动合同，也没有到导游服务公司登记注册的 20 周岁的张某

C. 得过肺结核但已治愈，具有导游人员资格证，并与旅行社订立劳动合同的 21 岁的赵某

D. 已考取了导游人员资格证，因故意伤害罪被判有期徒刑 3 年，刑期执行完毕后就与旅行社订立劳动合同的周某

5. 暂缓通过年审的导游人员，通过（　　）后方可重新上岗。

A. 培训和整改　　B. 培训和整顿　　C. 培训和考核　　D. 培训和考试

二、多选题

1. 导游员高某在导游过程中（　　）行为应该被扣 8 分。

A. 为多挣回扣擅自增加一次购物

B. 由于轻信天气预报，擅自取消了一个景点

C. 为了逃避检查谎称内急去洗手间

D. 殴打、谩骂旅游者

2. 申请领队证的条件（　　）。

A. 必须是导游

B. 热爱祖国，遵纪守法

C. 有完全民事行为能力的中国公民

D. 可切实负起领队责任的旅行社工作人员

3. 不得颁发导游证的情形（　　）。

A. 无民事行为能力者　　B. 限制民事行为能力

C. 患有传染病者　　D. 受过刑事处罚者

4. 导游人员资格证书与导游证的区别（　　）。

A. 性质不同，前者表明具备导游职业资格，后者表明获准从事导游职业

B. 颁发机构不同，前者由国家或省级旅游局颁发，后者由省级旅游局颁发

C. 领取程序不同，前者直接领取，后者须经一定途径方可取得

D. 作用不同，前者是从业的资格，后者是从业的许可

三、简答题

1. 导游人员的基本职责有哪些？

2. 导游人员有哪些义务和权利？

3. 导游人员应具备哪些素质？

4. 如何更好的管理导游人员，有哪些具体的措施？

四、案例分析

2008 年 1 月某国际旅行社组织了一个赴长白山旅游团，委派导游黄某作为全程导游随团服务。当此旅游团将要攀跃天池的前一天晚上，该团一些团员询问黄某，上天池是否要多添衣服，以免天气变化。黄某根据其多次在这个季节上天池的经验，回答游客不必多添衣服，以便轻装上山。翌日，该团游客在黄某及地陪的引导下上了天池，不料，天气突然变化，天降大雪，气候骤然下降，黄某急忙引导该团下山，但由于该团有些客人未带衣帽围巾等御寒之物，致使不少人耳、鼻及手脚严重冻伤。其中 4 人经医院诊断为重度冻伤。为此，该团游客投诉导游黄某，要求黄某承担医治冻伤等费用，并赔偿因此造成的损失。黄某所属的国际旅行社接到此投诉后，认为此次冻伤事故是由于黄某工作失误所致，责令其自行处理游客投诉，旅行社不承担任何责任；黄某则认为此起冻伤事故是由于天气突然变化所致，是出乎意料之外的事情，与其无关，不应由其承担法律责任。

请问：

1. 旅行社认为此次冻伤事故是导游黄某工作失误所致，与旅行社无关的说法是否正确？有何依据？

2. 导游黄某认为此起冻伤事故是由于天气突然变化所致，与其工作无关是否正确？有何依据？

项目三　导游服务基本技能

学习目标

1. 知识目标

了解导游服务基本技能在带团过程中的重要性；

理解导游语言、概述法、分段讲解法、突出重点法、触景生情法、虚实结合法、问答法、制造悬念法、类比法、画龙点睛法的概念。

2. 能力目标

掌握导游服务的服务技能、语言技能、讲解技能、心理服务技能等理论知识，具备导游服务相关技能。

任务导入

“遇到一位好导游，就意味着一次成功的旅行、愉快的旅行；遇到一位不好的导游，就意味着一次不成功的旅行甚至是失败的旅行。”

请回答：什么样的导游才算是好导游？

任务一　服务技能

旅行社之所以派出导游人员为旅游团（者）服务，目的是为了完成旅行社产品生产的最后一个环节，即旅游产品的消费，从而实现产品的价值。旅游者之所以需要导游人员的服务，是因为希望导游人员帮助他们获得所购买旅游产品的使用价值，即获得旅游目的地一次满意的旅游经历、体验及精神享受。导游人员必须明白：带团的目的不是要旅游者服从自己、按自己的意愿行事，而是要以旅游者的需要为中心，与其他旅游服务人员一起，帮助旅游者实现所购买的旅游产品的使用价值，同时也要努力实现旅行社组合并售出的旅游产品的消费价值。

一、树立良好形象

导游人员要重视自己的形象。

导游人员应努力通过维系人际关系的各种正当手段来赢得旅游者的信任和好感，而旅游者一般都会协助他们信得过的导游人员解决困难，会正确对待旅游过程中出现的问题，反之，导游人员则会遇到麻烦，而难以解决。

（一）重视“第一印象”

导游人员要关注第一次“亮相”，尤其要做好接站时从机场、车站前往下榻饭店路上的导游工作，以求给旅游者留下美好的第一印象。

（二）维护、完善自己的形象

当导游人员在旅游者心中留下美好印象，初步树立起良好形象后，必须努力维护并力争完善自己的形象。

二、人际关系的处理

导游人员与之打交道的是各方人士，有的好相处，有的难以相处，要在短时间内与各种各样的人友好相处，是对导游人员的一大考验，但是，为了向旅游者提供高质量的导游服务，必须处理好人际关系。

（一）导游服务集体内部关系的处理

导游服务集体各成员之间建立良好的协作关系是导游活动成功的保证，而良好关系的建立有赖于各方的共同努力。

1. 主动争取各方配合

每个导游人员都应主动争取其他方的配合，形成合力，共同努力完成旅游接待任务，反对短期行为和本位主义。争取各方配合的主要途径是及时交流信息、沟通各方想法，在求得意见一致的基础上协同行动。

2. 尊重各方的权限和利益

导游服务集体成员虽然代表着各方的利益，工作也各有侧重，但他们之间是平等的，各方的配合是互补、互利的；他们应互相尊重对方的工作权限，切忌干预对方的活动，不涉及工作上的保密禁区，不侵害他方利益。

3. 建立友情关系

导游服务集体各成员都应正确运用公共关系中的工作关系（即理性关系）和情感

关系（即人情关系）相统一的方法，建立起和谐、美好的友情关系，同时要把握好这种友情关系，限制在法纪和社会承认的范围之内，功利关系距离适当，异性间距离正常，尊重彼此的隐私权。

4. 互相学习

导游人员之间存在互补关系，也需要相互学习、取长补短。这是增长知识和才干的一条捷径，也是搞好协作关系的有效方法。

5. 勇于承担责任

工作中若出现问题或事故，导游服务集体各成员都应从大局出发，同心协力处理好问题和事故，然后在分析原因的基础上分清责任。各自都应勇于承担属于自己的责任，切忌相互指责和推诿。

（二）与入境旅游团领队关系的处理

入境旅游团领队是导游服务集体的重要成员，然而他的地位特殊：他是境外组团社的代表，中方导游人员与他的合作实际上是中方旅行社与境外组团社共同执行旅游合同的关系，是中外旅行社之间的协作关系；他是旅游团的代言人，负有维护旅游者合法利益的责任；中方导游人员搞好与领队的关系，得到领队的理解、合作和支持至关重要；如果搞不好与领队的关系，就有可能处处受制，就会遇到很多困难。

搞好与领队的关系，除上文（一）中各种方法外，还要在下列方面多做努力：

1. 尊重领队

尊重领队，要尊重他的人格，尊重他的工作，尊重他的意见和建议；尊重领队，要发挥他的特长，随时注意给他颜面，遇到一些可以显示权威的场合，要多让领队，尤其是职业领队出头露面，使其获得旅游者的好评。可以这么说，中方导游人员要多做实际工作，让领队多得掌声、多得荣誉。

尊重领队，要遇事多与领队磋商：在旅游日程、旅行生活的安排上多与领队商量，在游览项目被迫变更时、旅游计划发生变化时、增加新的游览项目时、与旅游者发生矛盾时更要与领队商量，实事求是地说明情况，争取他的理解和协作。越过领队直接与旅游者商量活动内容的工作方式不可取。多与领队商量，以求更清楚地了解旅游者的兴趣爱好以及他们在生活、参加游览方面的具体要求，从而向他们提供具有针对性的服务，掌握工作主动权，提高导游服务质量。

2. 关心领队

领队背井离乡率领旅游团到人生地不熟的中国旅游，履行自己的使命，工作十分辛苦，在生活上会有很多困难。对中国导游人员而言，境外旅游团的领队是一位特殊的旅游者，要在生活上提供方便、给予照顾、帮助解决困难。

3. **支持领队**

领队就旅游计划的实施、接待方的服务工作提出意见和建议，要给予足够的重视；在工作上遇到困难和麻烦时，要给予必要的支持和帮助；旅游团内部出现矛盾时、领队与旅游者之间发生纠纷时，中方导游人员一般不介入，更不得落井下石，而是相反，在可能时助其一臂之力，帮助领队摆脱困境。这样做有助于相互产生信任感，有利于加强双方的合作。

4. **避免正面冲突**

（1）合理化解矛盾

导游活动中，领队与接待方导游人员对某些问题意见相左、出现矛盾是正常现象。一旦出现这种情况，中方导游人员要主动与领队沟通，力争及早消除误解，化解矛盾，避免分歧继续发展。

（2）避免与不合作领队正面冲突

有些职业领队不易相处，为了讨好旅游者，他们一再提“新主意”，为接待方导游人员出难题，以显示自己的“知识渊博”、“对中国的了解”以及“为旅游者着想”；有些领队一味照顾自己的游客，以换取他们的欢心，而不考虑实际情况；有些领队就是境外组团社的老板或亲属，有时会提出过分要求（超出旅游合同确定的内容和标准），甚至当着旅游者的面无理指责接待方服务不周、导游人员工作失误等。

面对这样不合作的领队，导游人员的正确态度应是：

①不要表现出软弱可欺，不要让其牵着鼻子走，造成被动。

②采取相应措施：对一般的领队，该解释时要耐心解释，该争辩时要据理力争。

对本身是老板的领队，他们当面无理指责中方导游人员、提出苛求时，要当着旅游者与之说理，要做到有理、有利、有节。有理，即指出苛求已超出合同确定的标准和内容；有利，即选择适当的时机；有节，即适可而止，理明则让。

对不合作的领队，交涉、说理时，导游人员应始终坚持以理服人，不卑不亢，不与之当众冲突，更不能当众羞辱他，而要适时给他台阶下，事后仍要尊重他，遇事多与他磋商，争取他以后的合作。

总之，为了提高导游服务质量，导游人员应与领队搞好关系。为此，经验丰富的导游人员要力戒骄气，消除与境外领队争高低的念头；而新导游人员则要消除胆怯，树立与不合作领队协作共事的信心。

此外，导游人员为旅游者提供服务要到位，质量要高，他们对导游服务满意了，当领队不合作时，大多数旅游者会同情、谅解甚至会支持导游人员。若能做到这一点，有助于导游人员搞好与领队的关系。

（三）与旅游接待单位关系的处理

旅游接待服务的六大内容是食、住、行、游、购、娱，需要旅行社、饭店、餐馆、交通部门、商场、景区景点及娱乐场所等各部门的密切合作、共同努力才能顺利完成。旅行社与其他旅游接待单位是平等的，通过协议组合在一起，各自有明确的职责，他们之间的关系应是相互配合、相互依存、长期协作。

导游人员要记住旅行社与其他旅游接待单位之间的协作关系准则，努力维护这种协作关系。导游人员要熟悉旅游接待单位之间的协作内容，了解各个环节可能出现的差错和失误，一旦发生，就采取措施及时协调，做好衔接工作，使各单位的服务供给正常有序，保证旅游活动顺利进行。

此外，导游人员往往在外独立带团，经常会有意外，甚至有紧急事件发生，一个人是很难处理好的。因此，导游人员要善于利用与各地旅游接待单位的协作关系，主动争取他们的帮助。

（四）与合作者关系的处理

旅游车司机、餐厅服务人员、商店售货员等是导游人员的合作者。导游人员与他们的工作不同，服务形式和服务内容也各不相同，而且受不同旅游接待单位的委派，但是大家都是旅游服务的提供者。导游人员与他们之间的关系是平等的协作关系，把自己摆在高于或低于合作者的位置都是不对的，正确的做法应该是：

1. 尊重合作者

导游人员要尊重合作者，与他们友好相处。当有人工作不到位，损害旅游者的合法权益时，导游人员要诚恳提出，与之交涉，必要时通报此人的所在单位和接待旅行社，但不能对他们的工作指手画脚，更不得命令、指责。

2. 虚心学习

导游人员要虚心，要善于向合作者学习，有事多请教。古人云：“三人行必有吾师”，劝戒后人要“谦虚请教，不耻下问”，就是要我们向社会学习，要虚心地向周围的人学习。高傲者、对他人的长处视而不见者必定学不到活的知识，学不会正确处理各式各样的问题。

3. 坚持原则、平等协商

当遇到困难、出现问题时，导游人员要在“不违反协议”、“为旅游者提供优质服务”的原则基础上，与合作者平等协商。若对方一意孤行，甚至刁难导游人员，就应采取必要措施并及时报告接待旅行社。

（五）与旅游者关系的处理

旅游者是旅游活动的主体，是旅游业生存和发展的基本条件，是导游人员的服务对象。搞好与旅游者的关系是提高导游服务质量、成功完成导游服务工作的根本保证。

搞好与旅游者的关系，要求导游人员努力使旅游者在旅游期间吃得满意、住得舒适、玩得痛快，高兴而来、满意归去。为此，导游人员应在下述诸方面多下功夫。

1. 提供心理服务

旅游服务不仅向旅游者提供“有形”的物质服务，同时通过人际交往和精神文明这些“无形”的心理感情因素的服务手段来满足他们的要求，高质量的旅游服务应是“有形”和“无形”的有机结合，是功能服务和心理服务的和谐统一。但主要是通过“无形”的精神和心理因素能动地发挥“有形”物质设施的作用，使其产生真正的价值。对旅游服务质量的评价标准往往取决于人为的、面对旅游者的精神服务所产生的心理影响，即旅游者的“满意”程度。

心理服务，就是在心理上对旅游者施加影响，使其在精神上获得享受并留下难忘、满意的印象。

为了向旅游者提供令他们满意的心理服务，导游人员应学一点心理学知识，平时做个有心人，随时研究旅游者的行为和心理活动，努力做好下列工作。

（1）尊重旅游者

自尊心人人都有，自尊心是人的最为敏感的神经。

尊重人，就是要尊重旅游者的人格和愿望，就是要在合理而可能的情况下努力满足旅游者的要求，满足他们的自尊心和虚荣心。

旅游者到一地观光游览，都期望得到当地人，尤其是导游人员的欢迎、尊重、关心和帮助，这里并不存在国家、民族、社会地位和经济地位的差异，所以，导游人员一定要一视同仁地尊重所有旅游者。

旅游者对于受到尊重的需求是强烈的、非常敏感的，不过这是正常的、合理的和起码的要求。导游人员必须明白，只有当游客生活在友好热情的气氛中，自我尊重的需求得到满足时，才能使所有的服务发挥效能。尊重，在心理上的位置极为重要，有了尊重才有共同的语言，才有感情上的相通，才有正常的人际关系。

要求尊重是人际关系中的基本准则之一，不过，尊重是相互的，也是相对的。当导游人员礼貌待客、微笑服务、热情主动并耐心倾听他们的意见和要求时，这首先在心理上满足了游客的自我尊重的要求。反过来，他们也会尊重导游人员，愿与导游人员一起搞好旅游活动。

“扬他人之长，隐其之短”是尊重旅游者的一种重要方法，在旅游活动中导游人员要妥善安排，让旅游者进行“参与性”活动，使他获得自我成就感，从而使其在心理上获得极大的满足。不过，导游人员要注意，“参与性”活动绝不能勉强游客，避免触动他们的自卑感。

（2）提供微笑服务

微笑是自信的象征，是友谊的表示，是和睦相处、合作愉快的反映。微笑是人所拥有的一种高雅气质，是一种重要的交际手段。

发自内心的、真诚善意的笑才是美的笑，而美的笑魅力无穷，能迅速缩短人与之间的心理距离，加上亲切、真诚和谦恭的态度，文质彬彬的问候，热情周到的服务，定会使游客感到温暖可亲、宾至如归。

微笑是一种无声的语言，具有强化有声语言、沟通情感的功能，有助于增强交际效果。有位旅游专家指出：“在最困难的局面中，一种有分寸的微笑，再配上镇静和适度的举止，对于贯彻自己的主张，争取他人合作会起到不可估量的作用。”导游人员若想向旅游者提供成功的心理服务，就得向他们提供微笑服务，要笑口常开，要“笑迎天下客”：只要养成逢人就亲切微笑的好习惯，你就会广结良缘，就会事事顺利成功：不会笑的人不可能成为好的导游人员。

（3）使用柔性语言

为向旅游者提供高质量的心理服务，导游人员首先要注意自己的言行举止。

俗话说，“一句话能把人说笑，也能把人说跳。”导游人员的一言一行可能会使旅游者感到高兴，赢得他们的好感，但也可能刺伤他们的自尊心，得罪他们。

让人高兴的语言往往柔和甜美，称之为“柔性语言”；服务行业提倡文明服务用语：“您好”“请”“谢谢”“对不起”“再见”“您”“欢迎您再来”等，这些是礼貌用语，属于柔性语言范畴。但柔性语言的范围要广得多，柔性语言表现为语气亲切，语调柔和，措辞委婉，说理自然，多用商讨的口吻，这样的语言使人愉悦亲切，有较强的说服力，往往能达到以柔克刚的交际效果。

导游人员在与旅游者相处时绝不要争强好胜，不要与游客比高低、争输赢，不要为满足一时的虚荣心而做“嘴上胜利者”，而要在导游服务中贯彻“双胜原则”。当然，“争输赢”和“明辨是非”不是一码事，不能混为一谈。

旅游者中若有人不讲道理时，导游人员仍要注意自己的言语，不要说伤害旅游者人格和自尊心的话，不要讽刺挖苦他们，更不能蛮横无理，对他们恶言相向。

（4）提供有针对性的心理服务

泛泛地讨论为旅游者提供心理服务是不够的，提供心理服务必须具有针对性，才能产生预期的效果；要使心理服务具有针对性，首先应该了解旅游者，只有在了解服务对象的基础上向他们提供心理服务才可能有的放矢，才不会“好心办坏事”。

①通过学习，了解旅游者

导游人员要通过书本学习，向旅游者学习，了解旅游者所在国家（地区）人民和所属民族的传统文化和民风习俗，熟悉旅游者的兴趣爱好和审美情趣，即喜欢看什么、喜欢吃什么、喜欢买什么、喜欢玩什么以及他们的禁忌习俗、礼节礼貌，从而向他们提供有针对性的、令他们满意的服务。

②从来华动机了解旅游者

从旅游者来华的旅游动机了解旅游者，从而向他们提供有针对性的服务。例如，对观光旅游者，在参观文物古迹、游览风景名胜时，要着重知识性的讲解，对参观、游览的景物要说得清、讲得明，要让旅游者知道奇在哪里、美在何处。总之，要让观光旅游者吃好、住好、玩好，还能增长一点知识。

又如，对探亲访友旅游者，导游人员要热情认真，以助人为乐的精神积极安排他们与亲朋老友会面。在满足他们的第一旅游目的之余，安排他们进行愉快、精彩的参观游览活动。

③察言观色，了解旅游者

导游人员要做个有心人，善于察言观色，冷静地思考、分析，不断地总结、积累，学会从一般规律以及从旅游者言谈举止、面部表情等了解他们的情绪好坏和心理变化，从而适合时宜地做好工作。

例如，团队旅游者大都有从众心理，导游人员要利用这一点从一开始就建立起良好的旅游活动秩序，以利于旅游活动顺利进行。

又如，人外出旅游，大多有不安全感，唯恐发生不测，危及生命、财产，唯恐举手投足犯忌，被人笑话。对此，导游人员要关心他们，处处维护他们的合法权益，时时保护他们的安全，而且一开始就向旅游者讲清当地的禁忌习俗和参观游览中的注意事项，从而消除他们的紧张感，帮助他们轻松愉快地参观、游览。

又如，随着时间的增进、旅游团成员之间、客导之间越来越熟悉，所谓“旅游病”的症状逐渐明显：更加自由散漫、丢三落四，内部矛盾出现；对旅游活动更加理想化，从而会提出过高的要求，甚至会出现过火的言行等。这时，导游人员应讲解更精彩，游览活动更具计划性，多讲注意事项，多提醒他们管好证件财物、注意安全；要冷静对待旅游者的过火言行，多宽容，多忍让，绝不能以过火的言行针对旅游者的过火言行。

又如，发现旅游者的情绪低落，导游人员就应设法及时调整；发现旅游者的正当要求得不到满足而情绪不佳时，就应立即弥补，等等。

2. 调整旅游者的消极情绪

旅游期间，旅游者往往处于既兴奋又紧张的状态之中。紧张感容易使游客疲劳，影响游兴，而兴奋感则促使他们随导游人员去探新、求奇、寻觅美。游客的情绪高、游兴浓、精力充沛，旅游活动就有可能达到预期目的。因此，调节旅游者的情绪，强化他们的肯定态度，弱化其否定态度，保持并提高他们的游兴是导游人员的一项重要工作，也是衡量导游人员能力和水平的一个重要标准。

情绪是由特定的条件引起的，与人的需要有关，条件变化，需要变更，情绪也随之变化。因此，情绪是短暂的、不稳定的、可以改变的。导游人员应努力使自己成为旅游者情绪的组织者、调节者和支配者。

导游人员根据不同情况，采用不同的方法，尽力调整旅游者的情绪。调整情绪的方法基本上可归纳为三种。

（1）补偿法

补偿法又可分成物质补偿法和精神补偿法两种。

①物质补偿法

在住房、饮食、游览项目等方面出了问题应该给予补偿，而且替代物一般应强于原先的内容；旅游者因正当要求得不到满足而闹情绪时，应立即弥补，予以满足。

②精神补偿法

导游人员实事求是地说明困难、态度诚恳地赔礼道歉，有可能得到旅游者的谅解；在无可奈何的情况下，可让游客（有时还要引导他们）将不满情绪发泄出来，使他们的心理达到某种新的平衡，从而消除消极情绪。

（2）转移注意法

导游人员有意识地调动旅游者的注意力，促使他们的注意力从一个对象转移到另一个对象的方法称为转移注意法。

当旅游者出现消极情绪时，导游人员应设法用新的、有趣的活动，新的事物和真挚的感情去刺激他们，或用幽默、风趣的语言，诱人的故事去吸引他们，从而转移他们的注意力，忘掉或暂时忘掉不愉快之事，恢复愉快的心情。

（3）分析法

将造成旅游者消极情绪的原委讲清楚并一分为二地分析事物的两面性及其与旅游者的得失关系的方法称之为分析法。

例如，由于某种原因，计划中的一个景点去不了，导游人员建议去另一个景点，这时，旅游者可能会不满意，可能产生消极情绪，导游人员就应将两个景点的景观特征进行比较，分析旅游者可能的得失，争取让旅游者高高兴兴地去另一游览点观光。

不过，导游人员必须明白，采用分析法往往是不得已之举，不要滥用，尤其当因导游人员的失误造成旅游者情绪低落时就不能使用分析法，更不得强词夺理。

3. **激发、保持、提高旅游者的游兴**

保持和提高旅游者的游兴，促使其产生新的游兴从而形成愉快氛围是对导游人员的工作能力和导游才能的重要考验，是导游活动成功与否的一个重要标志。

兴趣是动机中最活跃的成分，是人们从事各种实际活动的强大动力之一，它在人的心理生活中占有重要的位置。不同的人，其兴趣各不相同，而这种差异来自人们不同的需要，它受到各人所处的社会地位、职业、年龄、文化水平诸方面的影响和制约，也受当时所处环境的影响和制约。导游人员在安排游览活动，在激发、提高旅游者游兴时，要认真考虑上述因素，而不能想当然地安排活动，更不能强迫旅游者接受根据导游人员自己的兴趣和意愿安排的活动。

如果导游人员在旅游者的游兴方面做好文章，他的导游技能和导游服务的层次就会明显提高，就有可能为旅游者提供高质量的导游服务。

营造愉快氛围，导游人员要在提高导游讲解质量方面狠下功夫。通常，灵活、幽默、富于联想、引人入胜的讲解能激发旅游者的游兴，真挚、生动、方法多样、具有针对性的讲解有助于营造愉快的氛围，运用高超的导游技巧适时地提问、巧妙地制造悬念可促使旅游者对游览活动产生浓郁的兴趣。

营造愉快氛围，导游人员还可以运用其他各种可行的手段，例如，组织兴趣盎然的晚宴歌舞，放映介绍景区、景点的录像、电影，播放具有地方特色的音乐，利用旅游者的特长或导游人员自己的特长组织联欢活动，唱歌、演奏乐器等，一般都效果极佳。沉浸在欢乐之中，因自我成就感而兴奋、激动的旅游者一定会游兴高涨、精神饱满、积极配合、克服困难去观光游览。

4. **与旅游者交朋友**

导游人员与旅游者之间既是服务者和被服务者的关系，又是主人和客人的关系。作为主人和服务者，导游人员要为客人（旅游者）和被服务者排忧解难，提供热情周到的服务，要尊重他们，保障他们的合法权益，满足他们的正当要求；旅游者可以挑剔、苛求，可以借故出气，还可以投诉，但导游人员却不能意气用事，而要始终坚持处事有理、有利、有节，坚持求同存异、不卑不亢原则。

旅游者一般视导游人员为“游人之师”，导游人员就应多为旅游者作精彩的讲解，调节他们的审美行为，引导他们用正确的方法去欣赏美，让他们在短时间内最大限度地获得美的享受。旅游者希望得到尊重，导游人员就应热情接待旅游者，有事多与他们商量，对大家一视同仁，努力将规范化服务和个性化服务、细微服务完美结合，向旅游者提供优质的导游服务。

这样做，客、导之间就有可能产生情感上的交流，就能融洽相处，旅游活动就能顺利进行，服务质量也会提高。总之，导游人员应热忱地为旅游者服务，与他们交朋友，这是导游服务工作成功的关键之一。

三、正确处理几种关系

为了使旅游活动顺利进行，使旅游者至少是绝大多数旅游者顺乎自然、轻松自如地获得旅游的愉悦、美的享受，导游人员既要处理好复杂的人际关系，还要善于处理一些其他关系，例如强弱关系，劳逸关系，导游关系等。

（一）强、弱关系

身体好、年轻的旅游者希望活动量大一点、行进速度快一点、日程安排得紧一点，而年老体弱者则相反，希望从容地游览，不愿意太紧张、太累。导游人员必须重视这种不同，予以区别对待。例如游览长城，在介绍了长城概况、提醒注意事项、告知集合时间和地点后，导游人员可让年轻力壮者爬长城，对年长者、体弱者则要尊重他们的意愿，或在车上休息，或在长城附近散步，或缓缓地爬一段长城。在需要爬山、登高的景区、景点，如像十渡这样的自然风景区，都可照此办理，合理安排，可使强者和弱者都能量力而行、各得其所，也可少出意外，避免事故。

（二）劳、逸关系

疲于奔命必定会影响游兴，不可能达到旅游的真正目的。只有当旅游者的心情好、游兴浓、精力充沛时，旅游活动才可顺利进行，导游人员带团也可轻松如意。

因此，导游人员在安排日程时一定要遵循劳逸结合原则。

为了使旅游者有劳有逸、顺乎自然地欣赏风光美景，导游人员还应掌握好导游节奏，处理好游览活动的张、弛关系，行进速度的缓、急关系和导游讲解的快、慢关系等。

此外，导游人员在带团过程中要合理安排活动日程，兼顾参观、游览、娱乐、购物和休息，力争让旅游者的各方面要求都得到满足。

（三）导、游关系

旅游者到了一个景点、景区，导游人员要为他们作精彩生动的讲解，通过导游和讲解，旅游者可以适时地、正确地观赏美景，获得美的享受。但在特定的地点、特定的时间让旅游者去凝神遐想，去领略、体悟景观之美，往往会收到更好的效果。旅游者当然不喜欢那些“金口难开”的导游人员，但也并不欢迎不分场合唠叨不停的导游人员，导游人员只有对所在的景点、景区真正了如指掌，才能知道何时该讲、何处该停，才能使导、游有机结合，从而产生不同凡响的导游效果。

四、特殊旅游者的接待

旅游者中不乏老年人、儿童、残障人士和宗教界人士，还有特殊身份和有很高社会地位的旅游者，对导游人员而言，他们是旅游者，但对他们的服务必须有别于一般旅游者，如果稍有疏忽，或重点不突出，就有可能发生很多麻烦，造成不良后果。所以，导游人员要高度重视特殊旅游者的接待，要不怕麻烦，要不辞辛苦，力争为他们提供优质的导游服务。

（一）老年旅游者的接待

参加旅游活动的老年人越来越多，其中还有高龄旅游者（80 岁以上）。怎样接待好老年旅游者为导游人员提出了一个重要课题。一般而言，接待老年旅游者，尤其接待高龄老人，导游人员应多尊重、多关照、多提醒和多注意其安全。

1. 尊重老年旅游者

导游人员要发扬中华民族尊敬老人的优良传统和美德，对老人要谦恭尊敬，要维护他们的人格尊严，尊重他们的意见和建议，满足他们的正当要求。如果他们的意见与事实有出入、要求不合理、建议不可取，导游人员不能当场驳回，以免让老人下不了台；要耐心解释；若要求在当地满足不了，除解释外还要道歉。

2. 关心老年旅游者

年纪大的人一般腿脚不灵活，行动不方便，听力有障碍，眼睛也看不清，导游人员在引导参观游览时，一定要注意老年人的这些问题。

（1）行进速度放慢

游览时，导游人员要尽量选择平坦的道路，放慢行进速度，必要时适当等待，照顾走得慢或落在后面的高龄旅游者。

（2）慢讲解、大音量、多重复

讲得速度要慢，必要时加大音量，适当重复；老人经常会重复同一个问题，导游人员要耐心、不厌其烦地回答。

（3）照顾老人的需要

必要时搀扶老人上下台阶、上下车；要根据老人的生理特点，适当多安排上卫生间的次数；随时察言观色，发现异常情况，立即询问，及时关照。

（4）劳逸结合

活动安排要留有余地，要少而精；游览中适当安排休息，尤其是午饭后，最好能安排午间休息；晚上活动安排要少、要短，尽可能让老人早回饭店休息。总之，要采取必要措施保持老人的体力或尽快恢复他们的体力。

3. 多提醒、注意安全

老年人记忆力减退，导游人员要多做提醒工作：

（1）重复提醒有关事项

多次重复出发时间和活动安排，提醒他们增减衣服，穿合适的鞋；随时提醒他们保管好证件和随身物品。

（2）提醒注意安全

行走时，特别是路面高低不平、上下台阶时，提醒他们注意脚下；提醒他们跟上旅游团以免走失，提醒他们万一走失，不要着急，不要到处乱找，而要留在原地，等待导游人员回来寻找。

（3）提醒量力而行

提醒老人如果体力不支、行走不便、感到疲乏时要及时提出，以便导游人员安排其先回车上休息或留在原地休息。若留在原地休息，就提醒他不要离开，待游览告一段落时导游人员会回来找他。

有的老人不愿成为导游人员的负担，累了就自作主张，找个地方休息，或自己回旅游车，结果迷了路；有的老人累了还硬撑着，跟团队活动，结果造成更大的麻烦。因此，导游人员要一再提醒老年人，需要导游人员帮助时一定要及时提出，并真诚地告诉他们导游人员是为他们服务的，不怕麻烦。

4. 热情为西方老人服务

外语导游人员要注意两点：一是很多西方老人不服老，例如我们一般称老人“老先生”“老太太”，以示尊敬，然而西方老人可不喜欢别人用“老”来称呼他们，所以，导游人员只需称老人“×先生”“×太太”即可。又如，当导游人员主动帮助他们时，可能会遭到婉拒，此时，导游人员应尊重他们，不要勉强，不要主动搀扶他们也不要提供拐杖；二是西方人，尤其是老人，有不愿打扰他人的习惯，但这并不等于不需要别人帮助，所以，导游人员要做个有心人，要注意老人的动向和神情变化，必要时提供可能的帮助：例如，有的旅游车台阶高，老人上下车不便但不愿意别人扶，导游人员可以放个脚垫，就方便了老人上下车。

（二）儿童的接待

父母外出旅游时，一般会携带年幼的子女同行，让他们见见世面，增长他们的见识。导游人员接待的旅游者中有儿童时，要特别注意。

当然，旅游期间，儿童安全的主要责任者应该是他们的父母，但导游人员绝不能因此而掉以轻心，而要重视这批特殊的旅游者。对待儿童，导游人员应做好下述工作：

1. 重视儿童的安全

（1）照顾好儿童

导游人员应该随时提醒父母照管好自己的孩子，特别在人多、热闹、较乱的地方游览时，在上山下山、上下台阶时，在崎岖不平的道路上或在河、湖边行走时，要提醒父母照顾好自己的孩子，不要让孩子乱跑，以免他们走散、走失，避免孩子摔跤，掉到河、湖里去，但导游人员也要随时注意孩子的动向，协助父母管好孩子，防止意外事故的发生。有时讲一些有趣的童话故事，既活跃气氛也可以吸引孩子注意力。

（2）警惕坏人拐骗儿童

导游人员还要注意不要让可疑的生人接近孩子，以防不法分子拐骗儿童。

（3）有病及早诊治

孩子生病，导游人员要提醒其父母及早去医院诊治，必要时陪他们去医院，但不建议他们用什么药，更不得将随身携带的自用药给儿童服用。

2. 多关照儿童，但要适度

（1）多关心儿童

导游人员要多关心孩子的衣着冷暖，提醒父母让孩子多休息，别太累，用餐时与餐厅服务人员联系为孩子提供专用的椅子、餐具。

（2）多关照，但要适度

儿童要多关照，但不能冷落其他旅游者；关心孩子是应该的，但不能溺爱，不能迁就他的坏习惯，不能满足他的无理要求。

（3）几项注意

①不要摸外国孩子的头，这会让孩子不自在，父母不高兴；更不能用手指敲打泰国孩子的头，泰国人认为，被打的孩子会遭遇不幸。

②不要给孩子买玩具、食物，更不要让他们吃导游人员随身携带的水果糖食。

③不要单独带儿童外出活动，即使父母同意也不要这样做。

3. 掌握儿童的收费标准

根据儿童的年龄、身高，在乘机（车、船）、住房、用餐、门票诸方面有不同的收费标准，导游人员要掌握并正确执行。

（三）残障旅游者的接待

旅游团中有时会有截瘫、盲人、聋哑等旅游者，而且，可以预料，将会有越来越多的残障人士参加到旅游队伍中来。接待残障旅游者会给导游人员增添很多工作和困难，但是残障人士克服了许多常人难以想象的困难外出旅游，导游人员应该高兴、为此感动，应该努力克服困难，热情周到地为他们服务。

1. **尊重残障旅游者**

（1）尽力满足正当要求

对残障旅游者，导游人员要多尊重，要真诚热情地接待他们，要尽力满足他们的正当要求。

（2）不谈论残疾话题

导游人员与残疾旅游者相处时多讲些高兴的事，注意不要涉及有关残疾的话题，更不要问他们致残的原因，若残疾旅游者自已提起残疾的原因时，导游人员一般应认真倾听，但不要深入讨论。

（3）不能讥笑、歧视

导游人员必须注意，在任何时候、在任何场合都不得讥笑、歧视他们，不得以任何借口伤害他们的自尊心。

2. **热情服务，注意方式方法**

导游人员应热情周到地为残疾旅游者服务，根据不同情况为他们提供种种方便。

（1）腿脚不方便的旅游者

引导腿脚不便的旅游者游览时，尽量不走或少走台阶，尽可能走平坦的道路，有无障碍通道的地方让他们走无障碍通道。

（2）聋哑旅游者

讲解时尽量靠近聋哑人并放慢讲解速度，以便他们从导游人员的口型来获取信息，懂手语的导游人员应打手语帮助他们（导游人员最好能学一点手语，以便更好地为聋哑旅游者服务）。

（3）视障旅游者

对盲人的讲解要生动形象，以便让他们调动想象思维，以便从导游人员的讲解中获取美的享受；有可能时，让视障旅游者触摸某些可以触摸的东西；有盲道的地方引领他们走盲道。

（4）合理安排游览活动

残障旅游者不仅行动困难，在游览时也比常人更劳累，导游人员要合理安排游览活动和行走路线，注意安排休息时间，要照顾好他们上卫生间，到餐厅用餐时要尽可能为他们提供方便；

（5）注意服务的方式方法

导游人员必须注意，生理上有缺陷的人往往有很强的自尊心，如果导游人员的言语不当，过分的关心、照顾，过分殷勤的服务有时不仅达不到预期的效果，反而会刺伤他们的自尊心，使他们对导游人员的言行产生反感。若出现这种情况，会给导游人员的工作带来不少的麻烦。所以，导游人员在接待残障旅游者时要谨慎，一定要注意自己的言行，注意服务的方式方法。

（四）宗教界旅游者的接待

宗教界人士参加旅游活动，除旅游外往往还要进行宗教交流活动。他们大多友善，但特殊要求较多。导游人员要努力做好如下工作，向宗教界旅游者提供高质量的导游服务。

1. 学习掌握我国的宗教政策

导游人员要学好、用好我国的宗教政策，掌握相关的基本情况，在与宗教界旅游者交往时，导游人员：

（1）不参与涉及宗教问题的争论。

（2）不宣传“无神论”。

（3）不将宗教、政治、国家制度混为一谈，妄加评论。

2. 学习相关宗教的教义、教规

导游人员要做好准备，学习一点相关宗教的教义和教规，了解接待对象的教职，以免在接待中发生差错，造成误会。

3. 满足特殊要求

宗教界人士在生活方面一般都有一些特殊要求和禁忌，导游人员必须熟悉并不折不扣地予以满足：提前通知饭店、餐馆有关宗教旅游者的生活禁忌和饮食要求，让其做好准备；伊斯兰教旅游者一定要去有穆斯林标志牌的餐馆用餐，不得有误。

4. 尊重宗教信仰和戒律

导游人员要尊重旅游者的宗教信仰，熟悉相关宗教的习惯和戒律，时时处处予以尊重。

（五）高层 VIP 旅游团（者）的接待

社会地位高的旅游者，一般文化素养高、知识面广。他们游览时，希望听到内容丰富、正确、高质量的导游讲解，希望能与导游人员进行愉快的、高水平的交流，有问题时，希望能得到正确、流利的回答。接待好这样的旅游者有利于扩大旅游企业和地区旅游业的影响，提高声誉，导游人员要予以高度重视。

1. 充满自信

高层旅游者的社会地位虽然高，但是在参观游览时，他们只是一名普通的旅游者，只是导游人员的一名服务对象，导游人员不要因对方的地位高而胆怯，不要因对方的官大而有太大的心理压力：如果导游人员像对待其他旅游者一样，有一颗平常心，信心十足地接待他们，沉着地导游讲解，就有可能向他们提供高质量的、令他们满意的导游服务。

2. **充分准备**

接待高层旅游者，要做好充分的准备，例如形象准备、心理准备、知识准备等。

知识是一个人努力学习、长期积累起来的，但若有可能，接待前就相关知识做好充分准备相当重要，尤其是准备相关的专业知识、设想可能遇到的问题很有必要。这样可以帮助导游人员生动、精彩地讲解，流利地与旅游者交谈并正确地回答他们的问题。

3. **多尊重**

社会地位高、文化素养高的人待人接物时一般都友好、客气、尊重他人，但也希望得到他人的尊重。导游人员在为高层旅游者提供导游服务时，一定要谦虚谨慎，多尊重他们，尊重他们的意见和建议，重视他们的要求，并满足他们的正当要求。

4. **多请示**

高层旅游者游览时，一般都有陪同人员，导游人员应多请示他们，以求高质量地完成导游服务工作。

任务二　语言技能

语言，是人类沟通信息、表达和交流思想感情、达到相互了解的重要手段，是人类最重要的交际工具。语言是一种特殊的社会现象，它随着社会的发展而发展，为人类社会服务。导游人员与旅游者相处时，传递各种信息的语言可分为工作语言、表情语言、形体语言和服装语言等。工作语言包括书面语言和口头语言，这里介绍的主要是指导游人员与旅游者交谈时，进行导游讲解时使用的口头语言，它一般能反映出导游人员的性格特征、文化水平和道德修养并符合旅游者所在国家和民族的习惯和思维；表情语言是指人的脸部表情，即由脸的各部位，尤其是眼睛显示出的喜怒哀乐等感情；形体语言是指讲话者身体各部位的动作，一般会配合讲话的内容；服装语言一般可反映出人的职业、身份，以及他追求的品位和风格。

一、导游语言

（一）导游语言的概念

导游语言一般是指导游人员与旅游者交流思想、表达感情、指导游览、进行讲解、传播文化时使用的一种具有丰富表达力、生动形象的口头语言。

语言是导游人员最重要的基本功之一，是导游服务最重要的工具。

导游人员为旅游者导游讲解，使大好河山的“静态”变为“动态”，使沉睡了千百年的文物“死而复活”，使优雅的传统工艺品栩栩如生，使深奥的古建园林、神秘的废墟变得通俗易懂，使旅游气氛融洽、愉快，从而使旅游者感到旅游生活妙趣横生、受益匪浅，留下经久难忘的深刻印象。

导游服务工作要求导游人员具有比较扎实的语言功底，要求导游人员在与旅游者交流时、导游讲解时，语言表达力求正确、得体，要在“达意”和“舒服”上下功夫，在“美”上做文章，导游人员的语言得体、优美不仅仅反映了自己的语言水平，也是对旅游者的尊重。

（二）导游语言的特点

导游讲解的内容面广、复杂，有的内容难度很高，而且往往没有时间字斟句酌，必须在现场正确、清楚地表达出来，这就决定了导游语言具有“快、急、难、杂”的特点。

（三）导游语言的运用原则

导游语言是一种口头语言，要求导游人员在工作现场能以准确、高雅的语言，生动形象地进行导游讲解，要求讲解内容趣味无穷，修辞优美，语调富有感情，抑扬顿挫，速度适中，强弱相宜，高低和谐，转折自然，嗓音甜润悦耳，这样的导游讲解让游客听了感到舒服，难以忘怀。有志成为一名能进行高水平导游讲解的优秀导游人员，不仅要有扎实的语言（汉语、外语）功底，还要在运用语言时能遵循“正确、清楚、生动、灵活”四原则。

导游语言是思想性、科学性、知识性、趣味性的综合体。正确、清楚、生动、灵活是导游语言的基本要求，是导游人员语言技能的具体体现，四者相辅相成、缺一不可。

1. 正确

正确，即导游语言的规范性，这是导游语言科学性的具体体现，是导游人员在导游讲解时必须遵守的基本原则。通过导游活动，导游人员向游客传播中华文明，传递审美信息。在这一活动中，“正确性”起着至关重要的作用。“一伪灭千真”，如果导游人员信口开河、杜撰史实、张冠李戴，游客一旦发现受了导游人员的蒙蔽，必定产生极大的反感，会怀疑所有导游讲解的真实性，甚至会否定一切。所以要求导游人员在宣传、讲解时，在回答游客的问题时必须正确无误。而且，导游语言的科学性、逻辑性越强，越能吸引游客的注意，越能满足他们的求知欲，导游人员也会受到更多的尊重。

导游语言的正确性主要表现在以下四个方面：

（1）语音、语调、语法正确

导游人员在导游讲解时语音、语调要正确，语法、用词造句必须正确，避免讲解和回答问题词不达意、模棱两可。普通话导游人员应注意发音和语言的标准化；方言导游人员要讲标准的方言而不能南腔北调；外语导游人员的外语力争“地道”，避免家乡音和汉语语法的影响，要注意汲取外语的新词汇，避免使用已经搁置的陈旧词汇。

（2）内容正确

导游讲解的内容应正确无误，有据可查，切忌胡编乱造，即使是神话传说也应有根据，须与游览景点有紧密联系。

（3）观点正确

导游语言应具有很强的思想性。导游人员在介绍国情时，导游讲解、回答问题时一定要观点正确，必须实事求是，努力使国内外旅游者对中国、对首都有一个比较全面、正确的认识。

（4）正确使用成语、名人名言

敬语和谦语有助于传达友谊和感情，但应注意尊重对方的风俗习惯和语言习惯，也要适合自己的身份。东西方的成语、谚语，名人的名言往往能起到画龙点睛的作用，还可使导游讲解的品位提高，使导游人员的谈吐显得高雅，令游客产生好感，但使用必须正确、完整、恰到好处。使用俚语要谨慎，一定要了解其正确含义和使用的场合。

2. 清楚

清楚是导游语言科学性的又一体现，要求导游人员在导游讲解时：

（1）思路清晰

简洁明了，确切达意；措辞恰当，组合相宜；层次分明，逻辑性强。

（2）重点突出

导游讲解忌讳面面俱到，而要有明确的中心内容，做到重点突出。

（3）交代清楚

文物古迹的历史背景、艺术价值，自然景观的成因及其特征必须交代清楚。

（4）语言通俗易懂

导游讲解力求口语化，不要让人感到是在背书；使用通俗易懂的语言，忌用生僻的词汇、冗长的书面语；不要满口空话、套话；使用中国专用政治词汇时要向外国旅游者适当解释。

3. 生动

生动形象是导游语言美之所在，是导游语言的艺术性和趣味性的具体体现。语言的生动性不仅要考虑讲话的内容，也要考虑表达方式，而且，还要力求与神态表情、手势动作以及声调等和谐一致。导游人员的语言表达如果是平淡的、背书式的单调、呆板，甚至是生硬的，必然使听者兴趣索然，甚至会使对方在心理上产生不耐烦或厌倦的情绪；而生动形象、饶有兴趣、发人深省的导游讲解才能起到引人入胜的作用。所以要求导游人员在导游讲解时力争做到：

（1）使用形象化的语言

导游讲解时，导游人员要善于使用形象化的语言，以创造美的意境，激发旅游者的游兴。

（2）语言生动流畅

语言生动流畅才能达意，给人以美感，它是导游讲解成功的基本保证之一。它不仅要求导游人员讲话的音调正确优美、节奏适中、语法无误、用词恰当，更要求导游人员的逻辑思维清晰，讲解的中心内容明确，有整体性和连贯性。如果逻辑混乱、词不达意、结结巴巴、吞吞吐吐，不仅得不到导游讲解的预期效果，还可能会引起误会，当然更谈不上让旅游者获得美的享受了。

（3）注意趣味性

在充分掌握导游资料的情况下注意趣味性，努力使情景与语言交融，给人以美的享受，激发起旅游者的浓浓游兴。

（4）恰当比喻

以熟喻生使导游讲解更易理解；生动的比喻往往会让人感到亲切。

（5）幽默风趣

“幽默是一种优美的、健康的品质。”讲话幽默风趣是导游语言艺术性的重要体现，它让导游讲解锦上添花，使听者欢笑、轻松愉快，使气氛活跃，提高游客的游兴；遇到问题时，幽默可以稳定情绪，保持乐观，忘记（至少暂时忘记）忧愁和烦恼；幽默还是一种处理问题的手段，它可以消除人际关系中的龃龉，可以缓解甚至摆脱窘境。

有位哲人曾经说过：“幽默是人际关系的润滑剂。”但是，如果“幽默的话说得不好，很容易变成友谊的致命伤”。所以导游人员要避免滥用幽默，在使用幽默、诙谐的语言时不得伤害旅游者，不得针对任何旅游者尤其是在场旅游者的生理缺陷，也不得针对外国的王室、政治和宗教。

（6）表情、动作的有机配合

导游讲解时，导游人员的神态表情、手势动作，以及声音语调若能与讲话的内容、当时的气氛有机配合，定会产生极佳的效果。

（7）互动式讲解

游览过程中，导游人员和旅游者有问有答，进行互动式讲解。这样做，可让旅游者融进导游的讲解之中，置身于美景和想象交融之中，使游览活动轻松愉快，使旅游者获得更多美的享受。

4. 灵活

灵活，即根据不同的对象和时空条件进行导游讲解，注意因人而异、因地制宜。根据这一原则，在讲解中，导游人员要灵活使用语言，使特定景点的讲解适应不同游客的文化修养和审美情趣，满足他们的不同层次的审美要求。如对专家、学者和“中国通”，导游人员在讲解时要注意语言的品位，要谨慎、规范；对初访者，导游人员要热情洋溢；对年老体弱的游客，讲解时力求简洁从容；对青年，导游讲解应活泼流畅；对文化水平低的旅游者，导游语言要力求通俗化。这就要求导游人员在具备较高的语言修养的基础上，灵活地安排讲解内容，使其深浅恰当、雅俗相宜，努力使每个游客都能获得美的享受。此外，导游词要与游客的目光所及的景物融为一体，要使游客的注意力集中于导游讲解之中，这是衡量导游讲解成功与否的标准之一。

总之，导游语言是一种口头语言，具有生动形象、通俗易懂并能从多方面调动旅游者注意力、激发游兴的特点。为此，在导游讲解中，导游人员必须注意语言的科学性（实事求是）、知识性（融会贯通景物的各种相关知识）和艺术性（幽默、风趣、传神）。成功的导游讲解一定要有严密的逻辑思维，严谨的语言结构，流畅的表达方式和技能，以及典故、成语、谚语、比喻等语言成分和手段的恰当运用，还要和自己的神态表情、手势动作及声调和谐一致。

（四）导游语言的音调和节奏

导游语言是一种口头语言，从导游讲解的性质看，应该是一种艺术语言，讲究语调的高低强弱，语气的起承转合、自然流畅以及节奏的抑扬顿挫，即讲究语言的音乐性。为了充分发挥语言艺术的作用，要求导游人员努力使导游语言的音调和节奏运用得恰到好处，根据讲解对象的具体情况和当时的时空条件灵活运用，以求达到传情、传神的目的。

“讲话的艺术在于适中。”作为口头语言的导游语言在运用时必须掌握“适中”这个原则。

“适中”，就是要求导游人员在导游讲解时声音强弱要适度，以旅游者听清为准（必要时可借助扩音器），避免声音过高或过低。声音太高造成噪声，令人讨厌，高声说外行话更让人瞧不起；声音太低，让人听起来费劲，会给人说话无把握、缺乏信心的印象。

节奏是导游语言艺术性的要求之一，一般是指导游讲解的节奏和声调的节奏。

1. 讲解的节奏

视听者的具体情况和时空条件而定，要徐疾有致、快慢相宜。

2. 声调的节奏

导游讲解时，导游人员的声音要富有感情色彩，但不矫揉造作；声调要适时变化，要有音乐般的节奏感。

音调和节奏体现着导游语言的艺术性和趣味性，直接影响着旅游者的审美效果，导游人员要予以高度重视。在导游讲解时，导游人员应努力做到语言流畅、语气亲切、节奏分明、音调优美、悦耳动听；导游讲解力求与导游活动浑然一体、有声有色，客、导之间有思想上的交流，有感情上的共鸣。

二、应对技能

导游人员与旅游者的交往时间虽然不长，但涉及范围很广；大家相处一般是轻松愉快的，但有时也会出现不愉快、令人尴尬的情况。此时，如果导游人员的语言技巧娴熟，应对得当，就可化解矛盾、解决难题，使旅游者满意，导游人员自己也高兴，双方关系就会更和谐，也可以显示导游语言的高品位和导游服务的高质量。

导游人员与旅游者的交往广泛，涉及的问题很多，下文将就“应答”、“道歉”、“拒绝”、“聚谈”诸方面简单介绍导游人员常用的应对技巧。

（一）应答

导游人员与旅游者在一起，一般是友好相处，有问有答，谈笑风生。但是，旅游者中总有那么一小部分人，或由于禀性，或由于误解、错觉，或故意发难，喜欢不时地刁难导游人员，还可能提出一些涉及政治方面的挑衅性问题。

应对旅游者的刁难，处理挑衅性的问题，政策性强，但又不能回避，这要求导游人员沉着冷静，必要时据理驳斥，表明自己的立场、观点。

1. 沉着应对

（1）“冷处理”

对个别旅游者的刁难和挑衅，绝不能一听就头脑发胀，跳起来与其针锋相对，高声驳斥，在一般情况下正确的做法应是“冷处理”。有关政见问题，最好别当面争论，以免激化矛盾。

导游人员必须明白：旅游者是客人，自己是主人，主人要有主人的雅量，要有热情好客的态度；旅游者是接受服务者，而自己是服务者，服务者必须坚持“宾客至上”、“服务至上”原则，要求导游人员沉得住气，敏捷、机智地应对个别人的刁难和挑衅。

（2）避免正面冲突

导游人员要有主人的气度，但不能太大度，不能无原则地一味忍让，而在必要时进行适度反击，但反击要有理、有力、有节，要力求不伤主人之雅、不损客人之尊，避免正面、公开冲突。

（3）不可意气用事

导游人员与旅游者交往，什么时候都不能意气用事；对持有不同政见者，对刁难过、挑衅过自己的旅游者，事后都不得故意冷落他们、不为他们服务；而是相反，相遇时要热情招呼，要继续为其周到服务，满足他们的正当要求。

2. **正面回答**

如果有个别旅游者提出有关国家统一、民族团结、邪教问题、歪曲历史等诸如此类的原则性问题，导游人员一定要立场坚定、观点鲜明地给予明确回答，必要时严正驳斥。特别在一些作为爱国主义教育基地的旅游景点，例如中国人民抗日战争纪念馆，若有人歪曲战争性质、否认日本军国主义侵略中国时，导游人员一定要予以严正驳斥，绝不能退缩，不能假装没有听见；回答不能模棱两可，态度不能暧昧。但是，不管是正面回答还是严正驳斥，必须有理有据，绝不能愤怒地大叫大闹。

（二）道歉

由于旅行社安排不当，或由于导游人员的工作失误，造成旅游者不愉快、抱怨甚至抵触，导游人员发现后必须立即采取相应的弥补措施，或满足其正当要求，或给予某种补偿；但别忘了还要向旅游者真诚道歉，以求消除误会，获得他们的谅解，摆脱被动局面。有时，是其他接待单位的服务不到位，让旅游者不高兴，导游人员了解后也要代人受过，代向旅游者道歉。有时，由于不可抗拒的自然因素而服务不周造成一些不愉快或意外麻烦，这当然不是导游人员的责任，但也要实事求是地进行耐心解释，以免旅游者因误解而迁怒于导游人员和接待单位。

1. **及时**

导游人员一旦发现接待单位错了或自己错了，就应向旅游者道歉，越早越好。勇于承认自己的过失、敢于承担责任的导游人员不但不会引起旅游者的反感；恰恰相反，这样的导游人员会得到他们的尊重。而那些知错不敢承认、不愿承认，设法遮掩、拖拉，甚至狡辩的导游人员肯定会被旅游者瞧不起，从而陷入被动、尴尬的处境，甚至会影响游览活动的顺利进行。

2. **真诚**

导游人员知道错了，就应真心诚意地向旅游者道歉。真诚的道歉会得到旅游者的谅解，获得他们的好感。导游人员必须注意，不要让旅游者感觉到你的道歉是被迫的，甚至在推诿责任。若是这样，就可能会造成更多的麻烦。

3. 大方

错了就是错了，导游人员知道错了，就应实事求是地承认错误，就得大大方方地向旅游者道歉。如果导游人员能在全团旅游者面前道歉，效果会更好，会使客导之间的关系更加融洽。

4. 勇于承担责任但不要大包大揽

导游人员知错就要勇于承认，知错就改，知错就要向旅游者真诚道歉，但不能大包大揽，把某事的所有责任都揽在自己身上。若这样，绝不表明导游人员勇敢、风格高尚，而只能证明他的无知。导游人员要知道，如果自己大包大揽，可能会影响旅游企业的声誉，可能造成经济损失。所以，导游人员要学会分清责任，勇于承担“自己的”责任，不随便作赔偿承诺。有时，导游人员虽然要向旅游者致以歉意，但要设法表明“责任不在我”。例如，旅游团因更换航班比原计划提前到达，地陪事先并不知道，等到导游人员赶去会合时，有的旅游者就可能不满，发出指责、抱怨声，这时导游人员会感到委屈，但绝不能说“这不是我的责任，是你们提前到了”。若这样说，旅游者会更生气，导游人员只会更被动。通常，导游人员最好这样说：“我刚知道各位提前到达，让你们久等了，请各位原谅。在以后的游览过程中请各位给我机会弥补这次过失，让大家在北京游览愉快。”这样说，表明我没有迟到，而是你们早到了，责任不在我；“请大家原谅”、“弥补过失”之类的话显示了导游人员的风度；“让大家游览愉快”本来就是导游人员的责任，而在这里说，显示出导游人员友好的态度、良好的作风，定会收到很好的效果。

（三）拒绝

旅游者会提出种种要求，很多是合情合理的，也有可能办到的，但也会有一些既不合理又不可能实现的要求，甚至是些无理的要求。对于这类要求，导游人员无法或不能予以满足，就得拒绝。通常，旅游者大多是明白人，只要导游人员耐心地讲清道理，他们会接受导游人员的解释，会谅解导游人员。然而，拒绝旅游者的要求，不免会让部分旅游者失望，使他们感到伤了面子。因此，客导之间可能会失和，为短暂的旅游活动蒙上阴影。

导游人员既要拒绝旅游者的不合理要求，又不伤对方的面子，还能得到对方的谅解，这确实不容易做到，这就要求导游人员学会一些回绝旅游者的技巧和方法并准确运用。

1. 婉言拒绝

旅游者提出的要求虽然合理但实现不了，导游人员不能直截了当地一口拒绝，以免伤了对方的自尊心。最好是先肯定对方的要求，然后婉转地说明不能实现的理由。

例如，旅游者提出超出接待标准的要求时，导游人员可以“接待旅行社不能单方面不执行旅游协议”为由加以婉拒。又如，旅游者要求增加计划外的游览活动，但时间不允许，导游人员就可以这样予以婉拒，“你们的要求很有意思，要去观赏的景点确实很美，如果时间许可的话，我会尽量安排。”

2. 借故推脱或以动作回绝

对旅游者提出虽然合理但难以实现的要求和建议，导游人员可用耸肩摊手的动作表示“无可奈何”、“办不到”；对导游人员不愿或不能应允的要求，可以微微一笑、摇摇头的方式回绝，或用“我累了”、“我有事”等借口推脱。

3. 沉默、回避

对一些棘手的问题，甚至挑衅、有侮辱意味的要求，对无理取闹者、恶言伤人者，导游人员可以沉默来回答，这时，沉着冷静、沉默以对往往胜于雄辩；对一些难以回答的问题，导游人员可顾左右而言他，或借口回避。

4. 直接拒绝

对一些原则性问题，对一些有伤风化或我国法律禁止的要求和建议，导游人员必须明确无误地拒绝。

对一些即使合理但根本实现不了的要求，导游人员要说明原委，致以歉意，但应当机立断，明确告知不能满足其要求：有的导游人员对旅游者的个别要求明知办不到，但怕伤和气，或者不好意思当场回绝，就含糊地答应了，这样做不仅会误事，还可能会更伤和气，让导游人员处于尴尬境地。

（四）聚谈

导游人员与旅游者相处的时间不长，但应利用各种机会多与他们交谈，让他们更多地了解中国、了解首都，导游人员也在交谈中进一步熟悉客源国（地）。为了使聚谈成功，应该掌握谈话艺术并熟练运用，而高超的谈话绝非一日之功，希望导游人员勤奋学习，虚心请教，勇于实践并做有心人，长期总结、积累。

导游人员与旅游者交谈时若能注意下述诸方面，可能会获得比较理想的结果。

1. 善于选择话题

导游人员与旅游者交谈一般不宜开门见山、直接切入某一话题，而应先说一点别的。例如，与英国人聊聊天气，与法国女性谈谈服饰打扮，与老人说说养生之道等，然后趁机转入某一话题。

为了使聚谈愉快、成功，导游人员要善于选择话题。

(1) 大家感兴趣的话题

大家相聚交谈，话题不能太专，曲高则和寡，而要选择在场的大多数人感兴趣大家都能说上话的内容，例如社会新闻、旅游奇观等。

（2）令大家高兴的话题

聚谈，忌讳令人扫兴、不愉快的话题，大家聚在一起。是为了寻求愉悦和舒畅是为了增进相互了解，扫兴事会影响交谈者的情绪，会破坏社交气氛。

（3）健康的话题

聚谈，忌讳格调低下的话题，那些乱七八糟、博人一笑的庸俗内容绝不是导游人员与旅游者欢聚时的交谈内容：另外，导游人员与旅游者交谈，必须讲究语言文明，摒弃脏话、粗话等语言“垃圾”。

（4）客导聚谈，不涉及他人隐私，不在背后胡乱评论他人，不评论他人的服饰打扮，不对他人的生理特点尤其是生理缺陷说三道四：不讲他人忌讳之事，例如，不与印度人讲牛的坏话，不与欧美人谈打狗、宰狗的事，不与穆斯林提及猪和酒的话题等。

2. 善于随机应变

当话不投机时，导游人员要灵活地转移话题，必要时向对方致以歉意；如果旅游者不想说话或不打算多说话，就不要与之攀谈，更不得纠缠，而是寒暄几句后就客气地分手。谈话的灵活性还表现在对不同对象讲不同的话、持不同的态度。例如，对长者讲话要恭敬、认真，要完整地听他们把话讲完或把意思表达清楚；与女性讲话要谦让、谨慎，不过多地开玩笑，等等。聚谈时，导游人员要灵活应变，但不要让对方产生“油滑”的感觉；此外，反应机敏是一个人的良好素质，但不能莽撞。聚谈时，若旅游者提出的问题没有听懂，导游人员不要急于回答，以免答非所问。更不要在没有听清对方讲话内容时就乱下结论或做出强烈反应。

3. 认真倾听

听别人讲话，一要耐心，即要约束自己，集中注意力听，不要左顾右盼、胡思乱想、心不在焉；二要会心，即主动反馈，做出心领神会的反应；三要虚心，即要尊重对方意见、平等交谈：不要随意打断对方的谈话，如要插话，应客气地提出并表示歉意；如果出现了误会，有必要解释时，一定要注意礼貌，先征得对方允许才可以讲。

4. 聚谈七忌

（1）忌居高临下

导游人员与旅游者交谈，要自然大方、平等相待，切莫居高临下、强加于人。

（2）忌口若悬河

聚谈，就得注意对方，要给对方充分的谈话机会，忌讳一个人喋喋不休、讲个没完。

（3）忌吹嘘自己

聚谈的目的是为了交流，绝不是吹嘘自己。急于表露自己、炫耀自己往往会适得其反，达不到预期的效果；而质朴谦虚、与人友好交谈者反而能获得他人的信任和敬重。与人交谈时，矫揉造作、装腔作势、咬文嚼字、故弄玄虚令人反感，卖弄自己让人讨厌。

（4）忌言不由衷

与人交谈，要实事求是、恰如其分，忌讳表里不一、言不由衷。

（5）忌恶言伤人

在聚谈场合，切忌恶言伤人，不攻击他人，不当众指责他人，不对人挖苦嘲弄；忌讳蔑视语、烦躁语、斗气语；讲话不要尖酸刻薄，尖刻者易树敌，尖刻机敏者纵能让人叹赏，但也令人敬而远之。

（6）忌冷落他人

三人以上聚谈，导游人员注意不要只与某一人长谈或窃窃私语而冷落他人，一般应不时地用目光扫视大家或简短地向他人致以礼貌性问候；在同一语种的人群中，不要用多数人不懂的另一种语言与少数人交谈；对弄不清、拿不准的问题，可与个别人商量，但不要只顾商量，而长时间地把其他人扔在一边：总之，导游人员不要冷落任何人，不要让任何旅游者产生被遗弃的感觉。

（7）忌有问不答

与旅游者交谈，导游人员应做到有问必答，不回答是失礼的行为。旅游者问话，即使导游人员感到可以不答或不愿回答，但出于礼节还是应适当回答。

三、导游讲解技能

导游服务是一门艺术，集表演艺术、语言艺术和综合艺术（指服务艺术化、交际技巧化）于一身，集中体现在导游讲解之中。

成功的导游讲解，要求导游人员不仅能灵活地运用丰富的知识和各种导游方法，而且要遵循导游讲解原则。

（一）导游讲解原则

正确掌握导游艺术，灵活运用导游方法是完成高质量的导游服务工作的基本保证之一。

导游方法千差万别，各人在运用时又千变万化，然而，各种方法和技巧有其内在的基本规律，即在导游活动中导游人员必须遵循的导游原则：正确性原则、针对性原则、计划性原则和灵活性原则。

1. 正确性原则

导游人员在导游讲解时，无论采用何种方法或技巧，都必须以客观存在为依托，即必须建立在自然界或人类社会某种客观现实的基础之上。只有这样，经过导游人员的加工、整理，构造出来的意境才能够对游客产生感染力，勾起游客的兴趣，使游客浮想联翩，在不知不觉中受到感染。那种不以客观现实为依托凭空想象的导游词最多只能博得游客的一笑，弄不好还会产生相反的结果。

导游人员都应向游客进行正确的讲解，不管是自然景观还是人文景观，都要尽可能地讲清、讲透，帮助游客解惑释疑。

2. 针对性原则

听谓针对性就是从对象的实际情况出发，因人而异，有的放矢。导游人员的服务对象复杂，层次悬殊，审美情趣各不相同，因此，要根据不同对象的具体情况，应采取不同的接待方式和服务形式，在导游内容、语言运用、讲解的方式方法上也应有所不同。导游讲解时，导游词内容的广度、深度及结构应该有较大的差异。通俗地说，就是要看人说话、投其所好，导游人员讲的正是游客希望知道的、有能力接受的、感兴趣的内容。总之，导游人员要在导游讲解的内容和方式方法上多下功夫，从实际出发，因人施讲，尽可能做到有的放矢，使游客的不同需求都得到合理的满足。

3. 计划性原则

所谓计划性就是导游讲解的科学性和目的性，就是要求导游人员在特定的工作环境和时空条件下，发挥主观能动性，科学地安排日程，有计划地进行导游讲解。这是导游方法和技巧运用是否得当的标志之一。

周密的计划是导游工作成功的保证，周密的计划可以使导游方法和技巧得到有效的运用和发挥。旅游者可在有限的时间里看到最多的东西，获得最大的精神享受；反之，旅游活动就不能算成功。

旅游团（者）在北京的活动日程和时间安排是计划性原则的中心。导游人员要根据旅游接待计划对旅游团（者）的活动做出周密的安排，活动计划形成后，一切活动都应严格按照时间表进行并力求准点，一般不轻易更改。

导游人员应特别注意科学分配旅游团每一天的活动时间，并按规定顺序进行一天内的各项活动，以免出现“前松后紧”或“前紧后松”的现象。若因时间使用不当使某项计划中的活动无法进行，定会引起旅游者的不满甚至投诉。

计划性的另一个具体体现是每个参观游览点的具体导游方案。导游人员应根据景点及时间等具体情况选择最佳游览路线，导游讲解也要做适当取舍。如果不考虑时空条件，事先无科学计划，到了目的地再临时应付，就不可能充分利用时间，也不可能收到最好的导游效果。

4. 灵活性原则

所谓灵活性就是导游讲解要因人而异、因时制宜、因地制宜。

我们所讲的最佳时间、最佳路线、最佳旅游点等都是相对的，客观上的最佳条件若缺少主观完满的导游艺术的运用和发挥，就不可能达到预期的导游效果。

导游方法贵在灵活、妙在变化。这是因为旅游者的审美情趣各不相同，不同景点的美学特征千差万别，而大自然又千变万化、阴晴不定，游览时的气氛、旅游者的情绪也可能发生变化。所以，即使游览同一景点，导游人员也要根据季节的变化，时间、对象的不同，灵活地运用导游知识，采取切合实际的方式和内容进行导游讲解。总之，导游讲解的内容可深可浅，能长能短，可断可续，一切视具体对象和当时的时空条件而定，切忌千篇一律、墨守成规。

导游讲解的正确性、针对性、计划性和灵活性体现了导游活动的本质，反映了导游方法的规律，也是导游讲解的最基本原则，它们不是孤立的抽象概念，而是不可分割的整体。导游人员应灵活运用，自然而巧妙地将其融进导游讲解之中，不断提高导游讲解水平和导游服务质量。

（二）常用的导游讲解方法和技巧

1. 概述法

概述法是指导游人员为帮助旅游者更好地理解景点而在参观游览前介绍景点概况的手法，一般在景点示意图前进行。旅游团（者）进入一个景点，一般都要在景点示意图前停留一会儿。导游人员一面指点示意图，一面向旅游者概述该景点，内容主要包括：历史沿革、地理位置、占有面积、整体布局、主要景观、用途和作用及在同类景点中的地位等。

这是一种辅设性讲解，目的是为了帮助旅游者对将要参观游览的景点有所了解，从而产生兴趣，随着导游人员去游览、去欣赏美景。

2. 分段讲解法

所谓分段讲解法就是将一处大景点分为若干前后衔接的部分，分段讲解。在前往景点的途中或景点人口处的示意图前，先用概述法介绍景点，并介绍主要景观的名称，使游客对将要游览的景物有个初步印象，达到“见树先见林”的目的，使之有“一睹为快”的要求，即通过游前导，将旅游者导入审美对象的意境，然后到现场顺次游览讲解。在讲解这一部分的景物时注意不要过多涉及下一部分的景物，但也要讲一点，目的是为了引起游客对游览下一部分景物的兴趣，并使导游讲解一环扣一环，让景物讲解处处扣人心弦。例如，游览颐和园时，旅游团的参观路线一般由东宫门进，从如意门出，所以通常分三段进行导游讲解：以仁寿殿为中心的政治活动区，以慈禧太后的寝宫乐寿堂和戊戌变法失败后的“天子监狱”玉澜堂为中心的帝后生活区，以及游览区的昆明湖和前山（长廊、排云殿至佛香阁的中轴线和石舫）。旅游者边欣赏沿途美景边听导游人员有声有色、层次分明、环环相扣的讲解，定会心旷神怡，获得美的享受。

3. **突出重点法**

所谓“突出重点法”，就是在导游讲解时避免面面俱到，而是突出某一方面的讲解方法。一处景点，要讲解的内容很多，导游人员必须根据不同的时空条件和对象区别对待，有的放矢地做到轻重搭配、重点突出、详略得当、疏密有致。导游讲解时一般要突出下述四个方面：

（1）突出大景点中具有代表性的景观。游览规模大的景点，导游人员必须做好周密的计划，确定重点景观和景物。这些景观和景物既要有自己的特征，又能概括全貌。到现场游览时，导游人员主要讲解这些具有代表性的景观。例如，去天坛游览，主要是参观祈年殿和圜丘坛（包括皇穹宇），讲解内容主要也是这两组建筑。如果讲好了这两组建筑，加上绘声绘色地介绍当年皇帝在圜丘坛祭天的仪式和场面，不仅让游客了解了天坛的全貌（历史、面积和用途等），还能使他们欣赏到举世无双的中国古代建筑艺术。又如，参观云居寺时，导游人员总会突出介绍云居寺“三绝”：石经、纸经、木经。讲到石经时，又会突出1000多年刻经史和罕见的规模。还会介绍，为了保护石经不被风化，于1999年9月9日9时9分9秒将鎏金石经隆重回藏的仪式。到了纸经陈列室，导游人员定会突出经卷的规模及“舌血真经”——刺舌写成《大方广佛华严经》。参观木经时，导游人员又会告诉旅游者云居寺收藏的木板经集佛教译著之大成，中国木版经书之最。这样的导游讲解定会让旅游者产生极大的兴趣。

（2）突出景点的特征及与众不同之处。游客在中国游览，总要参观很多宗教建筑。它们中有佛教寺院，有道教官观，有伊斯兰教清真寺，各具特色。就是同为佛教寺院，即使是同一佛教宗派的寺院，其历史、规模、结构、建筑艺术、供奉的佛像等也各不相同，导游人员在讲解时必须讲清其特征及与众不同之处，尤其在同一地区或同一次旅游活动中参观多处类似景观时，更要突出介绍其特征，以求更有效地吸引游客的注意力，避免产生“雷同”的感觉。例如，参观颐和园的德和园大戏楼时，导游人员会突出讲解：这是清宫的三大戏楼之一，但比故宫的“畅音阁”、承德避暑山庄的“清音阁”的戏楼都高大，是我国目前保存最完整、建筑规模最大的古戏楼。我国京剧艺术的形成和发展与“德和园”有直接的关系，有“京剧摇篮”之称。

（3）突出游客感兴趣的内容。游客的兴趣爱好各不相同，但从事同一职业的人、文化层次相同的人往往有共同的爱好。导游人员在研究旅游团资料时要注意游客的职业和文化层次，以便在游览时有针对性地讲解旅游团内大多数成员感兴趣的内容。例如，参观一座博物馆，可将参观讲解的重点放在青铜器上，或突出陶瓷，或侧重书法绘画等。一切视博物馆的特色和游客的兴趣爱好而定，尽量避免蜻蜓点水式的参观、讲解方式。

(4) 突出“……之最”。面对某一景点，导游人员可根据实际情况，介绍这是世界（中国、某省、某市、某地）最大（最长、最古老、最高甚至可以说是最小）的……因为这样的介绍点明了景点的特征和地位，很能引起游客的兴趣；如北京故宫是世界上规模最大的宫殿建筑群，长城是世界上最伟大的古代军事防御工程，天安门广场是世界上最大的城市中心广场等。如果“之最”算不上，第二、第三也是值得一提的，如长江是世界上第三大河……这样的导游讲解突出了景点的价值，定会激发游客的游兴，给他们留下深刻的印象。不过，在使用“……之最”的导游讲解时，必须实事求是，要有根据，绝不能杜撰。

4. “虚”“实”结合法

“虚”、“实”结合法就是导游讲解中将典故、传说与景物介绍有机结合，即编织故事情节的导游手法。就是说，导游讲解要故事化：平淡地就事论事枯燥无味，不可能产生艺术感染力，如果将景观和相关的传说、故事结合起来，可使导游讲解情景交融、引人入胜。所以，在导游讲解一个景点时，先讲什么，后讲什么，中间插入什么典故、传说，导游人员要胸中有数，加上语言的形象风趣、语调的起伏变化，导游讲解就会产生艺术吸引力。

“虚”、“实”结合法中的“实”是指景观的实体、实物、史实和艺术价值等；而“虚”则指与景观有关的民间传说、神话故事、典故和趣闻逸事等。“虚”、“实”必须有机结合，但以“实”为主，“虚”为“实”服务，以“虚”烘托情节，以“虚”加深“实”的存在，努力将无情的景物变成有情的导游讲解。

导游人员在选择“虚”的内容时要注意“精”、“活”。所谓“精”，就是所选传说是精华，与景观密切相关；所谓“活”，就是使用时要活，见景而用，即兴而发。

5. 问答法

问答法是一种常用的导游手法，就是在导游讲解时导游人员向游客提出问题或启发他们提问题的导游讲解方法，目的是为了活跃气氛，引起游客的联想从而避免导游人员唱独角戏的灌输式讲解，使客、导之间产生思想交流，使游客获得参与感或自我成就感的愉快，也可以加深旅游者对所游览景点的印象。问答法有多种形式，主要有以下几种：

(1) 自问自答法。导游人员提出问题，并作适当停留，但并不期待旅游者回答，只是为了吸引他们的注意力，促使他们进行思考，激起他们的兴趣，然后做简洁明了的回答或做生动形象的介绍。还可借题发挥，给游客留下深刻的印象。例如：旅游团游览北海公园，进入南门，走过汉白玉石桥，来到永安寺山门前，这时，导游人员可以问：“大家见过不少大门前的石狮都是背对大门，头朝外，起着守卫大门的作用。但这里的两个狮子却不同，它们头朝里，背朝外，这是为什么呢?”经这一问，旅游者才发现，这两个石狮子确实与众不同，于是饶有兴趣地猜测起来，很想找出答案，但无结果。这时，导游人员就可做出正确的回答：“这两个狮子和庙的山门不是一组建筑，喇嘛庙门前一般不摆放狮子（雍和宫例外）。它们和石桥是一组建筑。你们看桥南头不是也有一对狮子吗，桥南的狮子头朝南，桥北的狮子头朝北，正好对称。只是桥北的这对狮子离永安寺太近了，正好又在门的两侧，因此人们就误以为是守卫庙门的狮子了。”

（2）我问客答法。导游人员要善于提问题，但要从实际出发，适当运用。希望游客回答的问题要提得恰当，估计他们不会毫无所知，也要估计到会有不同答案。导游人员要诱导游客回答，但不要强迫他们回答，以免使游客感到尴尬；游客的回答不论对错，导游人员都不应打断，更不能笑话，而要给予鼓励。最后由导游人员讲解，并引出更多、更广的话题。

（3）客问我答法。导游人员要善于调动游客的积极性和他们的想象思维，欢迎他们提问题。游客提出问题，证明他们对某一景物产生了兴趣，进入了审美角色。对他们提出的问题，即使是幼稚可笑的，导游人员也不能置若罔闻，不要笑话他们，更不能显示出不耐烦的表情，而是要善于有选择地回答并和讲解有机结合起来。不过，对游客的提问，导游人员不要游客问什么就回答什么，而是回答一些与景点有关的问题，原因是不能让游客的提问冲击你的讲解，打乱你的安排；有时，旅游者提出的问题可能会难倒导游人员。遇到这类情况，导游人员不要为了面子而不懂装懂，胡乱回答，欺骗旅游者。正确的做法是实事求是，承认不懂，但事后或查阅资料，或请教别人，然后再将正确答案告诉旅游者。

在长期的导游实践中，导游人员要学会认真倾听游客的提问，善于思考，掌握游客提问的一般规律，并总结出一套相应的“客问我答”的导游技巧，以求随时满足游客的好奇心理。

6. 制造悬念法

导游人员在导游讲解时提出令人感兴趣的话题，但故意引而不发，激起游客想急于知道答案的欲望，使其产生悬念的方法即为制造悬念法，俗称“吊胃口”、“卖关子”。

这是常用的一种导游手法。通常是导游人员先提起话题或提出问题，激起游客兴趣，但不告知下文或暂不回答，让他们去思考、去琢磨、去判断，最后才讲出结果。这是一种“先藏后露、欲扬先抑、引而不发”的手法，一旦“发（讲）”出来，会给游客留下特别深刻的印象，而且导游人员可始终处于主导地位，成为游客的注意中心。

制造悬念的方法很多，例如问答法、引而不发法、分段讲解法等都可能激起游客对某一景物的兴趣，引起游客的遐想，急于知道结果，从而制造出悬念。

怎样落实悬念？方法有二：一是通过导游人员的提示，让旅游者自己去观察、体悟、意识到悬念的结果；二是在适当时机，导游人员向旅游者讲述悬念的结果。

导游人员要运用高超的语言艺术。让旅游者听得津津有味。从而留下深刻的印象。

制造悬念是导游讲解的重要手法，在活跃气氛、制造意境、提高旅游者游兴、提高导游讲解效果诸方面往往能起到重要作用。因此，导游人员都比较喜欢用这一手法。但是，再好的导游方法都不能滥用，“悬念”不能乱造，否则会起反作用；

7. 类比法

所谓类比法，就是以熟喻生，达到类比旁通的导游手法：即以旅游者熟悉的事物与眼前的景物比较，便于他们理解，收到事半功倍的效果。类比法分为同类相似类比和同类相异类比，不仅可在物与物之间进行比较，还可作时间上的比较。

（1）同类相似类比。将相似的两物进行比较，便于旅游者理解并使其产生亲切感：例如将北京的王府井比作日本东京的银座、美国纽约的第五大街、法国巴黎的香榭丽舍大街；对上海游客，可将其比作上海的南京路。讲到梁山伯与祝英台的故事时，可称其为中国的罗密欧和朱丽叶等。

（2）同类相异类比。这种类比法可将两种风物比出质量、水平和价值等方面的不同。例如中国长城与英国哈德良长城之比，中国故宫和日本天皇宫之比等：导游人员在作此类比较时要谨慎，绝不要话说过了头而伤害旅游者的民族自尊心。使用这种类比法还可以比出两种景物在风格上的差异，例如，参观北京故宫时与法国凡尔赛宫作比较，游览颐和园时与凡尔赛宫花园进行比较；这种东西方宫殿建筑和皇家园林艺术之比，西方游客听了不仅享受到中国宫殿建筑和皇家园林的艺术美，也对东西方文化传统的差异有了进一步的认识。

（3）时代之比。在游览故宫时，导游人员若介绍故宫建成于明永乐十八年，不会有几个外国旅游者知道这究竟是哪一年；如果说故宫建成于1420年，可能会给人以历史久远的印象；但是，如果说在哥伦布发现新大陆前72年、莎士比亚诞生前144年中国人就建造了眼前的宏伟宫殿群，这不仅便于游客理解，给他们留下深刻的印象，还可能使外国人产生中国人了不起、中华文明历史悠久的感觉：又如，导游讲解故宫，导游人员一般都会讲到康熙皇帝，但游客大都不知道他是哪个时代的中国皇帝。如果导游人员对法国人说康熙与路易十四同一时代，对俄罗斯人说他与彼得大帝同一时代，还可加上一句，他们在本国历史上都是很有作为的君主。这样介绍便于游客认识康熙，他们也会感到很高兴。

8. 画龙点睛法

用凝练的语句概括所游览景点的独特之处，给游客留下突出印象的导游手法称为“画龙点睛法”。游客听了导游讲解，观赏了景观。既看到了“林”，又欣赏了“树”，一般都会有一番议论。导游人员可趁机给予适当的总结，以简练的语言，甚至几个字。点出景物精华之所在，帮助游客进一步领略其奥妙，获得更高的精神享受。例如，游览颐和园时，导游人员既要讲解张扬之美，佛香阁之高，长廊之长，昆明湖之宽阔，四大部洲之神秘，也要描绘颐和园的含蓄之美，灵秀的园中之园，神奇的岛中之岛。美妙的太湖奇石，造型各异的大小桥梁以及点缀在园中各处的亭、台、楼、阁；导游人员如能将颐和园盛宴般承托给游客，得到的反响就不仅是园林美不美了，而是中国文化的博远精深。旅游者听完这样的讲解，除对颐和园大加赞赏外，定会议论纷纷，这时导游人员可指出，中国古代园林的造园艺术可用“抑、添、对、借、障、框、漏”七个字概括，并帮助游客回忆在颐和园中所见到的相应景观。这种做法能起到画龙点睛的作用，不仅加深了游客对颐和园的印象，还可使其对中国园林艺术有初步的了解。

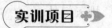

实训项目

【实训名称】

导游讲解技能

【实训内容】

项　目	说　明
项目名称	导游讲解技能
时间	实训授课 1 学时，共计 50 分钟，其中示范讲解 20 分钟，学生分组演练 30 分钟
要求	（1）熟悉服务准备阶段的具体工作要求 （2）培养实训者认真工作的态度
器具准备	接待计划、导游图、导游证、导游旗、小蜜蜂扩音器
方法	（1）教师示范讲解 （2）学生分组演练
实训总结	每组实训者认真总结本次实训的心得、体会、并写出实训总结

【实训点评】

通过对语言、综合知识、业务规范等的实训，可以培养学生的导游讲解能力、导游服务能力和应急处理能力。

练习题

一、单选题

1. 导游人员要关注第一次“亮相”，尤其要做好从（　　）前往下榻饭店路上的导游工作，力争给旅游者留下美好的第一印象。

A. 机场　　B. 餐厅　　C. 景点　　D. 购物商店

2. 在处理于合作者的关系时，当遇到困难、出现问题，导游人员要在不违反（　　）的原则基础上，于合作者平等协商。

A. 道德　　B. 协议　　C. 法律　　D. 法规

3. 导游人员在接待宗教界旅游者时不能向游客宣传（　　）。

A. 无神论　　B. 宗教仪轨　　C. 宗教教义　　D. 宗教教规

4. 导游讲解中的概述法在颐和园中应该安排在（　　）介绍。

A. 东宫门内　　B. 仁寿殿前　　C. 乐寿堂院里　　D. 排云门外

5. 音调和节奏体现着导游语言的艺术性和趣味性，直接影响着旅游者的（　　）效果，导游人员要予以高度重视。

A. 游览　　B. 欣赏　　C. 观看　　D. 审美

二、多选题

1. 导游服务工作是一门艺术，其艺术性表现在导游方法的（　　）。

A. 复杂性　　B. 多样性　　C. 灵活性　　D. 特殊性

E. 创造性

2. 导游调整游客情绪的方法可归纳为（　　）等。

A. 补偿法　　B. 讽刺挖苦法　　C. 说服教育法　　D. 分析法

E. 转移注意法

3. 接待老年旅游者时应注意（　　）。

A. 尊重老人　　B. 关心老人　　C. 多提醒、注意安全

D. 有耐心、不急躁　　E. 热情为西方老人服务

4. 导游语言运用的原则是（　　）。

A. 正确　　B. 清楚　　C. 生动　　D. 灵活

E. 幽默

5. 导游语言的特点为（　　）。

A. 杂　　B. 急　　C. 难　　D. 乱

E. 快

三、简答题

1. 如何接待老年旅游者、儿童旅游者？
2. 导游讲解应遵循哪些原则？
3. 介绍常用的导游讲解方法和技巧。

项目四　导游服务程序与内容

学习目标

1. 知识目标

了解地陪、全陪、散客导游服务工作的职责；

理解地陪、全陪、散客导游提供优质规范服务的重要性。

2. 能力目标

掌握地陪、全陪、散客导游服务的规范程序与内容。

任务导入

大山国际旅行社导游人员刘晓、李红、王刚同一天接到接待部经理的电话，通知：刘晓准备接待一个从河南来京的40人四晚五天旅游团；李红负责陪同接待一个从北京去华东五市旅游的20人团；王刚准备接待来自荷兰的一行6人来京旅游。经理要求他们做好充分准备，圆满完成工作。

请思考：三人应做哪些方面的准备以出色完成各自的导游服务工作?

任务一　地陪导游服务程序与内容

根据《导游服务规范（GB/T 15971—2010)》（以下简称《规范》)，地方陪同导游（local guide)，简称地陪，指“受接待社委派，代表接待社实施旅游行程接待计划，为旅游团（者）提供当地导游服务的导游员”。

地陪导游服务主要分为接团准备、接团服务、入住服务、核对和商定接待计划、参观游览服务、其他服务、送站服务、后续工作八个阶段。

一、接团准备

导游人员在接到当地接待社陪团任务通知后，一般应在该团抵达本地的前三天

（连团者除外）到接待社计调部门领取盖有该旅行社印章的接待计划。

（一）熟悉接待计划

地陪在旅游团抵达之前要详细、认真地阅读接待计划和有关资料，准确地了解该旅游团的服务项目和要求，重要事宜要做好记录并弄清以下情况。

1. 旅游团情况

客源地组团社名称（计划签发单位）、联络人姓名、电话号码、旅游团名称、代号、收费标准（分豪华、标准、经济等几种）、领队姓名等。

2. 旅游团成员的情况

该团的人数、团员姓名、职业、性别、宗教信仰等。

3. 旅游路线和交通工具

该团的全程路线，乘坐交通工具的情况、抵离本地时所乘的交通工具的班次、时间和地点。

4. 交通票据情况

该团去下一站的交通票据是否已按计划订妥；有无变更及更改后的情况；有无返程票。

小常识

国际航班中的 OK 票和 OPEN 票

OK 票，即已订妥日期、航班和机座的机票。持 OK 票的旅客若在该联程或回程程站停留 72 小时以上，国内机票需在联程或回程航班起飞前两天中午 12 小时以前，国际机票需在 72 小时前办理座位再证实手续，否则原座位不予保留。

OPEN 票，是不定期机票，旅客乘机前需持机票和有效证件（护照、身份证等）去航空公司办理订座手续。订妥座位后才能乘机，此种客票无优先权、无折扣优惠。

5. 该团的特殊要求和禁忌

该团在住房、用车、游览、早餐等方面有何特殊要求；是否有老弱病残等需要特别照顾的游客等。

6. 是否需要提前办理证件

该团的旅游线路中是否有需要办理通行证的地区或城市，如有则需要提前办好相关手续。

7. 机场建设费、燃油税的付费方式

该团的旅游团费中是否包含机场建设费、燃油税，是否有减免税费的游客，如乘坐国际及香港、澳门地区航班出境的持外交护照的旅客；年龄在 12 周岁（不含）以下的儿童等。

（二）落实接待计划

地陪在旅游团抵达的前一天，应与接待社有关部门或人员一起落实、检查旅游团的交通、食宿、行李运输等事宜。

1. 核对活动日程表

日程表中详细注明了日期、出发时间、游览项目、就餐地点、风味品尝、购物、晚间活动、自由活动等项目。地陪应对以上各项内容与接待计划逐一核实，如发现有出入应立即与本社有关人员联系，问清情况后做必要的修订。

2. 落实旅游车辆

确认为该旅游团在本地提供交通服务车辆的车型（车型是否与旅游团人数相符合）、车辆号和司机的姓名。

3. 落实住房及用餐

（1）熟悉本旅游团所住饭店的位置、概况、服务设施和服务项目；

（2）核实该团游客所住房间的数目、级别、是否含早餐（早餐的标准、用餐方式）等；

（3）与各有关餐厅联系，确认该团日程表上安排的每一次用餐情况，包括团号、人数、餐饮标准、日期、特殊要求等。

4. 了解落实运送行李的安排情况

5. 了解不熟悉景点的情况

对计划中有新开放或不熟悉的参观游览点，底盘应事先了解其概况，如开放时间、最佳旅游线路、公共洗手间的位置等，以便游览活动顺利进行。

6. 掌握联系电话

地陪应备齐并随身携带有关旅行社各部门、餐厅、饭店、车队、剧场、购物商点、组团人员和其他导游人员的电话、手机号码。

地陪上团前要检查自己的手机是否好用、电力是否充足，话费是否足够、以保证联络的畅通。

7. 与全陪联系

如果是汽车团，地陪应和该团的全陪提前约定接团的时间和地点。

（三）物质准备

上团前，地陪应做好必要的物质准备，带全接待计划单、介绍信、购票卡、导游证、胸卡、导游旗、接站牌、喇叭、结算凭证、顾客意见反馈单、导游日志等物品。

1. 领取必要的票证和表格

地陪在做准备工作时，要按实际需要，到本社有关人员处领取景点门票结算单和旅游团餐饮结算单等结算凭证及该团有关的表格（如游客意见反馈表等）。地陪一定要注意，在填写各种结算凭证时，具体数目一定要与该团实际人数相符，人数、金额要用中文大写。

2. 备齐上团必备的证件和物品

旅游管理部门严格规定导游人员上团前必须佩戴导游胸卡、携带导游资格证，举导游旗，所以地陪在上团前一定要提前准备好以上证件和物品。地陪上团前还应备齐记事本、接站牌，有时还应准备旅游车标志。

准备好各景点的购票卡、介绍信。

（四）知识准备

（1）根据接待计划上确定的参观游览项目，就导游的重点内容做好介绍资料的准备。

（2）接待有专业要求的旅游团，要做好相关专业知识的准备。

（3）做好当前的热门话题、国内外重大新闻、游客可能感兴趣的话题等方面的准备。

（五）形象准备

导游人员要做好仪容、仪表方面的准备，主要是指“修饰美”，包括服饰美、化妆美和发型美。导游人员的着装要符合本地区、本民族的着装习惯和导游人员的身份，衣着大方、整齐、简洁，以方便导游服务工作；佩戴首饰要适度；不浓妆艳抹，不用味道太浓的香水；上团时应将导游证佩戴在正确位置。

（六）心理准备

（1）准备面临艰苦复杂的工作。

（2）准备承受抱怨和投诉。

二、接站服务

（一）旅游团抵达前的服务安排

接团当天，地陪全面检查准备工作的落实情况（如表 4 - 1 所示，可供导游人员参考），如发现纰漏要立即与有关部门联系落实，做到万无一失。

1. 确认旅游团所乘交通工具抵达的准确时间

地陪出发之前，要与机场（车站、码头）的问讯处交通信息台联系，问清该旅游团所乘的飞机（火车、轮船）到达的准确时间。

表 4－1

大山国旅团队接待计划

旅行社名称：大山国际旅行社　　团号：HN－20140109　　国籍（地区）：中国　　语种：普通话

组团社	河南职工旅行社	接待标准	豪华	人数	男：28 人　女：12 人　其中　岁儿童　人		
出车单位（车型/车号）	金建公司	司机	王师傅	地陪	刘晓	全陪	马强
1 月 10 日 9 时 10 分乘 CA1234 航班（车次）由洛阳到北京			1 月 13 日 15 时 30 分乘 CA3456 航班（车次）去洛阳				

内容＼时间	日期	早餐	上午	午餐	下午	晚餐	购物点	住宿	娱乐项目	备注
日程安排	1 月 10 日	无	11 时 10 分接机		王府井、天安门广场降旗、夜市	酒店		天安酒店		20 个标间
	1 月 11 日	酒店	天安门广场升旗、毛主席纪念堂、国家大剧院、故宫	酒店	恭王府、胡同、后海	全聚德	北京土特产商店	天安酒店	京剧表演	
	1 月 12 日	酒店	十三陵、定陵	定陵	八达岭	酒店	果脯厂	天安酒店	相声	
	1 月 13 日	酒店	奥林匹克、颐和园	东来顺	军博、世纪坛	酒店	景泰蓝厂	天安酒店		
	1 月 14 日	酒店	天坛	酒店	送机		玉器店			

通信联络	地陪	1360000000	司机	137000000
	全陪	13800138000	紧急应急电话	1234567
备注				

2. **与旅游车司机联系**

掌握了解该团到达的准确时间以后，地陪要立即与该团的旅游车司机联系。与其商定出发的时间，确保提前半小时抵达机场（车站、码头），确定接头地点；赴接站地点途中，地陪应告知司机该团在本地的活动日程和具体时间安排；到达接站地点后，地陪应与司机商定车辆停放的位置。

3. **再次核实旅游团抵达的准确时间**

地陪提前抵达机场（车站、码头）后，要再次核实该旅游团所乘航班（车次、轮船）抵达的准确时间。

4. **持接站标志迎候旅游团**

该团所乘飞机（火车、轮船）抵达后，地陪应在旅游团出站前持接站牌站在出口处醒目的位置热情迎接旅游团。接站牌上应写清团号、领队或全陪姓名；接小型旅游团或无领队、全陪的旅游团时，要写上客人的姓名。

（二）旅游团抵达后的服务

1. **认找旅游团**

旅游团出站后，地陪应尽快找到自己接待的旅游团。认找时，地陪应站在明显的位置上举起接站牌以便领队、全陪（或游客）前来联系。同时地陪也可以从出站游客的民族特征、衣着、组团社的徽记等来分析、判断或上前委婉询问主动认找。

2. **核实实到人数**

地陪接到旅游团后，应立即向领队、全陪或旅游团成员核对实到人数。如出现与计划不符（增加或减少）的情况时，要及时通知当地接待社的有关部门。

3. **集合登车**

地陪首先要提醒游客检查自己的随身物品是否带齐（如有遗忘在飞机、火车或轮船上的情况，要立即协助当事人设法寻找），然后引导游客前往乘车处。游客上车时，地陪要恭候在车门两旁，协助或搀扶老弱游客上车；全体游客上车后应帮助游客将手提行李和随身物品放在行李架上，协助游客就座；游客坐稳后，再检查一下游客放在行李架上的物品是否稳妥、安全；礼貌地清点人数后请司机开车。

（三）赴饭店途中的服务

从机场（车站、码头）到下榻饭店的行车途中，地陪要做好如下几项工作，这是给游客留下良好第一印象的重要环节。

1. **致欢迎词**

致欢迎词时，如果旅游车的车型允许，地陪应该采取面向游客站立姿势，选在车厢前部靠近司机使全体游客都能看到的位置。欢迎词的内容应视旅游团的性质及其成员的文化水平、职业、年龄及居住地区等情况有所不同，注意用词恰当，给游客以亲切、热情、可信之感。欢迎词一般应包括以下内容：

（1）代表所在接待社、本人及司机欢迎游客光临本地；

（2）介绍自己姓名及所属单位；

（3）介绍司机；

（4）表示提供服务的诚挚愿望；

（5）预祝旅游愉快、顺利。

小试身手

北京欢迎你

朋友们，大家好！各位一路旅途辛苦了！首先请允许我代表大山国际旅行社欢迎各位朋友的远道而来，来到我们伟大祖国的首都北京旅游。下面我向大家做个简单的自我介绍，我叫刘晓，是来自北京大山旅行社的一名导游，大家可以叫我“刘导”，在接下来的五天里就由我来陪伴大家一起在北京四处转转看看。除我之外还将陪伴大家的还有我们的司机王师傅，王师傅是具有二十年驾龄的老司机了，我和王师傅将竭诚为大家提供服务，我们也感到非常荣幸！大家在北京可以把两颗心交给我们，一颗心——“放心”交给王师傅，他的车技好驾龄长，大家坐他的车尽可以放心；一颗心——“开心”就交给“刘导”我好了，相信我和王师傅默契的配合，热情周到的服务，会让大家在北京度过一个快乐、难忘、有意义的假期！一路上大家有什么问题、有什么要求可以直接告诉我，在不超出职权范围之内的事情我一定会尽力地帮助大家！同时也希望大家在此次北京之行中可以支持并配合我的导游服务工作，在此刘导提前向大家表示感谢！最后希望大家在北京能玩得开心！吃得满意！住得舒适！谢谢各位！

2. 首次沿途导游

首次沿途导游的内容，主要是介绍当地的风光、风情及下榻的饭店情况。

（1）风光导游。地陪在为旅游团做沿途风光导游时，要施展“眼疾嘴快”的本领，即语言节奏明快、讲解的内容与所见景物同步：见人说人，见物说物，但要取舍得当。总之，反应要敏捷，时机要恰当，贵在灵活。

（2）风情介绍。地陪应向游客介绍当地的概况，包括历史沿革、行政区域划分、人口、气候、社会生活、文化传统、土特产品等，并在适当的时间向游客分发导游图。还可以适时介绍市容市貌及发展概况。

（3）介绍下榻饭店。地陪应该向本团游客介绍所住饭店的基本情况：饭店的名称、位置、星级、规模、距离机场（车站、码头）的距离。根据路途远近和时间长短，还酌情介绍该饭店的概况、主要设施设备及使用方法、住店的有关注意事项等。

3. 宣布集合时间、地点

当旅游车行驶至该团下榻的饭店时，下车前，地陪应向游客讲清并请其记住集合时间、地点及车牌号码。

三、入住服务

地陪服务应使游客在抵达饭店后尽快办理好入店手续、进住房间、取到行李，及时了解饭店的基本情况和饭店的注意事项，熟悉当天或第二天的活动安排。地陪在入店服务中一定要做到周到细致，不要让游客产生不方便之感或等候的时间过长。

（一）协助办理住店手续

旅游团抵达饭店后，地陪要协助领队和全陪办理住店登记手续，请领队分发房卡。地陪要掌握领队、全陪和团员的房间号，并将自己联系的办法如房间号、电话号码等告诉全陪和领队，以便有事尽快联系。

（二）介绍饭店设施设备的使用方法

进入饭店后，地陪应向游客介绍饭店内的中西餐厅、娱乐场所、商品部、公共洗手间等设施的位置及各种设备的使用方法，并讲清住店注意事项。嘱咐客人入住房间后检查房间的设施设备，如有损坏通知酒店服务人员，以免退房时出现不必要的麻烦。

嘱咐客人晚间睡觉时关好门窗，贵重物品寄存在酒店的前台保管箱，以免贵重物品丢失，造成影响旅游团行程的不必要的麻烦。

（三）带领旅游团用好第一餐

游客进入房间之前，地陪要向其介绍饭店内的就餐地点、方式、时间及餐饮的有关规定。游客到餐厅用第一餐时，地陪应主动引进。地陪要将领队介绍给餐厅经理或主管服务员，告知旅游团的特殊要求。

（四）宣布当日或次日的活动安排

地陪应向全团宣布当天或第二天的活动安排，集合时间、地点。

（五）照顾行李进房

地陪应主动与饭店行李房联系，以便及时将行李送至游客的房间。

（六）安排好叫早服务

地陪在结束当天活动离开饭店之前，应与领队商定第二天的叫早时间，并请领队通知全团，地陪则应通知饭店总服务台或楼层服务台。

（七）处理游客入住后的各类问题

游客进住房间后，地陪应在旅游团居住区内停留一段时间，以便处理临时发生的各类问题。

四、核对和商定接待计划

旅游团开始参观游览之前，地陪应与领队、全陪核对、商定本地日程安排，并及时通知到每一位游客。

(1) 领队或游客提出小的修改意见或要求增加新的游览项目时，地陪应及时向接待社有关部门反映，对合理又可满足的项目应尽量安排；需要加收费用的项目，地陪要事先向领队或游客讲明，按有关规定收取费用；对确有困难无法满足的要求，地陪应向领队或游客说明原因并耐心解释。

(2) 领队或游客提出的要求与日程不符且又涉及接待规模时，地陪一般应婉拒，并说明我方不便单方面不执行合同；如有特殊理由，并且是由领队提出时，地陪必须请示接待社有关部门。

(3) 领队或全陪手中的接待计划与地陪的接待计划有部分出入时，地陪应及时报告接待社查明原因，分清责任；若是接待社方面的责任，地陪应实事求是地说明情况并赔礼道歉。

五、参观游览服务

参观游览过程中的地陪服务，应努力使旅游团参观游览全过程安全、顺利；应使游客详细了解参观游览对象的特色、历史背景等及其他感兴趣的话题。

（一）出发前的服务

1. 提前到集合地点

出发前地陪应提前10分钟到达集合地点、并与旅游车司机提前联系，做好出发前的各项准备工作。

2. 核实、清点实到人数

若发现有游客未到，地陪应向领队或其他游客问明原因，设法及时找到；若有的游客愿意留在饭店或不随团活动，地陪要问清情况并请其签署自愿离团书，并报告接待社有关部门。

3. **提醒注意事项**

地陪要向游客预报当日天气和旅游景点的地形、行走路线的长短等情况，必要时提醒游客带好衣服、雨具及换鞋等。

4. **准点集合发车**

地陪要告知本团游客上车的时间和开车的时间；游客陆续到达后，地陪清点实到人数并请游客及时上车，此时司陪迎站在车门一侧，扶助老弱游客登车，开车前，地陪要再次清点人数。

（二）途中导游

1. **重申当日活动安排**

开车后，地陪要向游客重申当日活动安排，包括午、晚餐的时间和地点；向游客报告到达游览参观景点途中所需时间；视情况介绍当日国内外重要新闻。

2. **风光导游**

在前往景点的途中，地陪应向游客介绍当地的风土人情、自然景观，回答游客提出的问题。

3. **介绍游览景点**

抵达游览景点前，地陪应向游客介绍该景点的简要情况，尤其是景点的历史价值和特色。讲解要简明扼要，目的是满足游客事先想了解有关知识的心理，激起其游览景点的欲望，也可节省到目的地后的讲解时间。

4. **活跃气氛**

如旅途长，地陪可以与游客讨论感兴趣的国内外话题，或组织适当娱乐活动。

（三）游览景点内的导游讲解

1. **交代游览注意事项**

（1）抵达游览景点时，下车前地陪要讲清并提醒游客记住旅游车的牌号、停车地点及开车的时间。

（2）在景点示意图前，地陪应向游客讲明游览线路、所需时间、集合时间、地点和游览参观过程中有关注意事项。

2. **游览中的导游讲解**

讲解内容应繁简适度，包括该景点的历史背景、特色、地位、价值等方面的内容；讲解的语言应生动并富有感染力。

3. 在景点游览过程中，地陪应随时注意游客的安全，要自始至终与游客在一起活动

掌握游客的动向并观察周围的环境，和全陪、领队密切配合并随时清点人数，以防止游客走失和意外事件的发生。

（四）返程中的工作

1. 回顾当天活动

返程中，地陪应回顾全团当天参观、游览的内容，必要时可补充讲解，回答游客的问询。

2. 风光导游

如旅游车不从原路返回饭店，地陪应做好沿途风光导游。

3. 宣布次日活动日程

返回饭店下车前，地陪要预报本团当晚和次日的活动日程、出发时间、集合地点等。下车时提醒游客带好随身物品。地陪要事先下车，以便照顾游客下车。

六、其他服务

（一）餐饮服务

（1）地陪要提前落实本团当天的用餐，对午、晚餐的用餐地点、时间、人数、标准、特殊要求逐一核实并确认，在赴餐厅用餐的路上要打电话通知餐厅，做好迎接旅游团的准备。

（2）用餐时，地陪应引导游客进餐厅入坐，介绍餐厅的有关设施、饭菜特色、酒水的类别等。

（3）向领队告知地陪、全陪的用餐地点及用餐后的出发时间。

（4）用餐过程中，地陪要巡视旅游团用餐情况 1 ~ 2 次，解答游客在用餐中提出的问题，监督、检查餐厅是否按标准提供服务并解决出现的问题。

（5）用餐后，地陪应严格按实际用餐人数、标准、饮用酒水数量，如实填写结算单。

（二）购物服务

（1）地陪应严格执行接待单位制定的游览活动日程，带团到旅游定点商店购物，避免安排购物次数过多、强迫游客购物等问题的出现。

（2）在游客购物时，地陪应向全团讲清停留时间及购物的有关注意事项，介绍本地商品特色。如游客需要可协助其办理商品托运手续。

（3）对商店不按质论价、销售伪劣商品、不提供标准服务的，地陪应向商店负责人反映，维护游客的利益。遇小贩强拉强卖时，地陪有责任提醒游客不要上当受骗，不能放任不管。

（三）文娱活动服务

（1）旅游团的计划内若有观看文娱节目的安排，地陪须陪同准时前往，并向游客介绍剧场的设施；地陪要与司机商定好出发的时间和停车的位置；地陪要引导游客入坐，并向游客介绍节目的内容和特点。地陪要自始至终坚守岗位。

（2）在大型的娱乐场所，地陪应主动和领队、全陪配合，注意本团游客的动向和周围的环境，并提醒游客不要分散活动。

（3）偶遇重大节日活动时，有关单位组织社交性舞会邀请游客参加时，地陪应陪同前往；游客自发组织娱乐性舞会时，地陪可代为购票，是否参加自便，但无陪舞的义务。

七、送站服务

（一）送站前的服务

1. 核实、确认交通票据

旅游团离开本地的前一天，地陪应核实该团离开的飞机（火车、轮船）票，核对团名、人数、去向、航班（车次、船次）、起飞（开车、起航）时间（要做到四核实：计划时间、时刻表时间、票面时间、问讯时间）、在哪个机场（车站、码头）启程等事项。

2. 商定出发、叫早和早餐时间

（1）因为司机比较了解路况，所以地陪一般应与旅游车司机商定出发时间；为了安排得更合理，地陪还应及时与领队、全陪商议、确定后及时通知本团游客。

（2）如该团出发的时间较早，地陪应与领队、全陪商定叫早和用餐的时间并通知游客。如果该团需要改变用餐时间（早于餐厅的服务时间）、地点和方式，地陪应通知饭店有关部门提前安排。

3. 协助饭店结清与游客有关的账目

（1）提醒游客尽早与饭店结清有关账目：如洗衣费、长途电话费等；如有游客损坏了房间的设备，地陪应协助饭店妥善处理赔偿事宜。

（2）及时通知饭店有关部门该团的离店时间，提醒其提前与游客结清账目。

4. 及时归还证件

一般情况下，地陪不应保管旅游团的旅行证件，用完后应立即归还游客或领队。在离开的前一天，地陪要检查自己的物品，看是否保留游客的证件、票据等，若有应立即归还，当面点清。

（二）离店服务

1. 办理退房手续

旅游团离开饭店前，无特殊原因，地陪应在中午 12：00 以前办理退房手续（或通知有关人员办理）。

2. 集合等车

（1）出发前，地陪应询问本旅游团游客与饭店的账目是否已结清；提醒游客有无遗落物品；收齐游客的房间钥匙后，交到饭店的总服务台。

（2）集合全体游客上车。照顾游客上车入坐后，地陪要仔细清点人数。全体游客到齐后，地陪要再一次请游客清点一下随身携带的物品，如无遗漏则请司机开车离开饭店。

（三）送行服务

1. 致欢送词

离开饭店后，在旅游车驶向机场的途中，如果需要，地陪可酌情对沿途景物进行讲解并可回顾在当地的活动内容，使游客感到“游有所值”。临近机场时地陪应致欢送词。致完欢送词后，地陪可将“旅游服务质量评价意见表”发给游客请他们填写。欢送词的内容一般应包括：

（1）回顾旅游活动，感谢大家的合作；

（2）表达友谊和惜别之情；

（3）诚恳征求游客对工作的意见和建议；

（4）若旅游活动中有不顺利或旅游服务有不尽如人意之处，导游人员可借此机会再次向游客表示歉意；

（5）表达美好的祝愿。

小试身手

何日君再来

各位朋友，时间过得太快，短短五天的北京之旅即将结束。在此，我不得不和大家说再见，心中真的有许多眷恋、无奈，天下没有不散的宴席，也没有永远在一起的朋友，相信我们还有再见的机会。

各位朋友在这几天里游览了庄严雄伟的明清故宫，参观了低调的北京胡同和奢华的和珅宅邸恭王府，亲眼目睹了天安门前神圣的升旗仪式，登上了闻名海外的八达岭长城，欣赏了喜剧名家表演的国粹京剧，也品尝了享誉海内外的全聚德烤鸭和东来顺涮肉，不少朋友甚至还购买了很多的北京土特产，真可谓收获多多。相信在各位朋友的生命中，从此将增添一段新的记忆，那就是畅爽的北京之旅，但愿它留给大家的印象是美好的！

承蒙各位朋友支持，我感到此次接待工作非常顺利，心情也非常高兴，在此，我代表大山国旅向大家表示衷心的感谢！但不知大家的心情是否愉快？对我们的工作是否满意？（此处有掌声和喝彩声）好，如果是这样，我们就更高兴了！如果我们的服务有不周之处，一方面请大家多多包涵，另一方面还望大家提出来，现在也好，回去写信也好，以便我们不断改进，提高服务质量（见表4－2）。

有道是"千里有缘来相会"，既然我们是千里相会，就是缘份！所以，在即将分手之际，我们再次希望大家不要忘记，在这里有与你们有缘而又可以永远信赖的朋友。今后如果再来，或有亲友、同事到北京，请提前打声招呼，我们一定热情接待。

最后，预祝各位朋友在今后的人生旅途中万事顺意，前程无量！

表4－2　　北京大山国际旅行社旅游服务质量评价意见

尊敬的游客：

十分感谢你选择北京大山国际旅行社，为了了解您在旅游过程中的建议和意见，请您如实填写此表。您的宝贵意见，将作为我们提高服务水平、改进服务质量的主要工作依据（请在空格内用"√"号表示）。

谢谢合作！

旅游团号：　　行程线路：　　团队人数：

游客姓名：　　籍贯：　　联系电话：

通信地址：

导游／领队姓名：　　司机姓名：

项目	很好	较好	一般	较差	很差
餐饮安排					
住宿安排					
交通安排					
行程景点安排					
全陪导游／领队服务质量					
当地导游					
司　机					
其他安排					

其他意见

客户姓名：

年　月　日

2. 提前到达机场，照顾游客下车

提前到达机场，必须留出充裕的时间，具体要求是：乘国内线飞机提前90分钟，乘火车提前60分钟。

旅游团到达机场游客下车前，地陪应提醒游客带齐随身的行李物品。游客下车后，地陪要再检查一下车内有无游客遗漏的物品。

3. 办理离店手续

（1）移交交通票据。带旅游团走进机场大厅后，地陪应迅速将交通票据、行李托运单或行李卡一一清点并核实，然后交给全陪并请其当面清点核实。

（2）需要垫付机场建设费的旅游团、地陪要按照计划办理，回到旅行社后再凭票据报销。

（3）等旅游团所乘交通工具驶离后，地陪方可离开。

4. 与司机结账

送走旅游团后，地陪应与旅游车司机结账，在用车单据上签字，并保留好单据。

八、后续工作

1. 处理遗留问题

下团后，地陪应妥善、认真处理好旅游团的遗留问题，按有关规定和领导安排去办理游客临行前拖办的事宜。

2. 结账

按旅行社的具体要求并在规定的时间内，填写清楚有关接待和财务结算表格，连同保留的各种单据、接待计划、活动日程表等按规定上交有关人员、并到财务部门结清账目。

3. 总结工作

地陪认真做好陪团小结，实事求是地汇报接团情况；涉及游客的意见和建议时，力求引用原话，并注明游客身份。旅游中若有重大事故，地陪要在第一时间向接待社和组团社汇报，并整理成文字材料归档。

任务二　全陪导游服务程序与内容

《规范》提出，全程陪同导游员（national guide），简称“全陪”，指“受组团社委派，作为其代表，监督接待社和地方陪同导游员的服务，以使组团社的接待计划得以按约实施，并为旅游团（者）提供全旅程陪同服务的导游员”。

一、准备工作

1. 熟悉接待计划

（1）全陪在拿到旅行社下达的旅游团队接待计划书后，必须熟悉该团的基本情况，注意掌握该团重点游客情况和该团的特点。

（2）全陪应掌握旅游团的行程计划，熟悉全程中各站的主要旅游项目，了解各站文娱节日、风味餐的安排。

（3）全陪还应掌握各站的联系电话和传真号码，以便于联系。

2. 物质准备

（1）陪团中所需旅行手续，如边防通行证（如去经济特区深圳、珠海需办理）；带齐必要的证件，如身份证、导游资格证、胸卡等。

（2）必要的票据和物品，如旅游团接待计划书、分房表、旅游宣传资料、行李封条、旅行社徽记、全陪日记、名片等。

（3）结算单据和费用，如拨款结算通知单或支票、现金，足够的旅费等。

（4）回程机票，国内团的回程机票若是由组团社出好并由全陪带上，全陪则须认真清点，并核对团员名字有无写错。

3. 知识准备

（1）旅游目的地的相关知识。

（2）旅游客源地的相关知识。

（3）沿途各站的相关知识。

4. 与接待社联系

根据需要，接团前一天与第一站接待社取得联系，互通情况。

二、首站接团服务

1. 迎接旅游团

（1）接团前，向旅行社了解接待工作的详细安排情况。

（2）接团当天，应提前 30 分钟到达接站地点。

（3）接到旅游团后，应与领队尽快核实有关情况，问候全团游客。

2. 致欢迎词

欢迎词应该简洁明了、措辞恰当、语气亲切、热情洋溢。一般应包含如下内容：

（1）代表旅行社、本人和司机欢迎旅游者光临；

（2）介绍自己和司机；

（3）表示提供服务的真挚愿望；

（4）表示合作，欢迎提意见和建议；

（5）良好祝愿。

三、饭店内服务

（1）协助领队分房；

（2）引导游客进入房间；

（3）处理入住后的问题；

（4）掌握与地陪的联系方法。

四、核对商定日程

全陪应认真与领队核对、商定日程，如遇到难以解决的问题应及时反馈给组团社，以让领队得到及时的答复。

全陪在与领队商定日程时，应以组团社的接待计划为准，要避免大的修改，小的变动可主随客变；面对无法满足的要求，全陪要详细解释清楚；若有较大的出入或难以解决的问题，全陪应立即请示组团社，由组团社拿出意见和决定，给予领队答复。详细日程商定后，请领队向全团宣布。

五、各站服务

1. 联络工作

（1）做好领队与地陪、旅游者与地陪之间的联络、协调工作。

（2）做好旅游线路上各站间，特别是上、下站之间的联络工作。

（3）抵达下一站后，全陪要主动把团队的有关信息通报给地陪。

2. 监督与协助

（1）若活动安排上与上几站有明显重复，应建议地陪作必要的调整。

（2）若对当地的接待工作有意见和建议，要诚恳地向地陪提出，必要时向组团社汇报。

3. 旅行过程中的服务

（1）生活服务。

①出发、返回、上车、下车时，要协助地陪清点人数，照顾年老体弱的游客上下车。

②游览过程中，要留意游客的举动，防止游客走失和意外事件的发生，以确保游客人身和财产安全。

③按“合理而可能”的原则，帮助游客解决旅行过程中的一些疑难问题。

④融洽气氛，使旅游团有强烈的团队精神。

（2）讲解服务和文娱活动。如唱歌、讲故事、讲笑话、玩游戏等。

（3）为游客当好购物顾问。

六、离站、途中、抵站服务

1. 离站服务

（1）提前提醒地陪落实离站的交通票据及核实准确时间。

（2）如离站时间因故变化，全陪要立即通知下一站接待社或请本站接待社通知，以防空接和漏接的发生。

（3）协助领队和地陪妥善办理离站事宜，向游客讲清托运行李的有关规定并提醒游客检查、带好旅游证件。

（4）协助领队和地陪清点托运行李，妥善保存行李票。

（5）按规定与接待社办妥财务结账手续。

（6）如遇推迟起飞或取消，全陪应协同机场人员和该站地陪安排好游客的食宿和交通事宜。

2. 途中服务

（1）了解两站之间的行程距离、所需时间、途中经过的城市等情况。

（2）协助领队分发登机牌、车船票，并安排游客座位。

（3）与乘务人员搞好关系，共同做好途中的安全保卫和生活服务工作。

（4）做好途中的食、住、娱工作。

（5）旅游团中若有晕机（车、船）的游客，全陪要给予特别关照：游客突患重病，全陪应立即采取措施，并争取司机、乘务人员的协助。

（6）做好与旅游者的沟通工作（如通过交谈联络感情等）。

3. 抵站服务

（1）所乘交通工具即将抵达下一站时，全陪应提醒游客整理带齐个人的随身物品，下机（车、船）时注意安全。

（2）下飞机后，凭行李票领取行李，如发现游客行李丢失和损坏，要立即与机场有关部门联系处理并做好游客的安抚工作。

（3）出港（出站），全陪应举社旗走在游客的前面，如出现无地陪迎接的现象，全陪应立即与接待社取得联系。

（4）向地陪介绍领队和旅游团情况，并将该团计划外的有关要求转告地陪。

（5）组织游客登上旅游车，提醒其注意安全并负责清点人数。

七、末站服务

（1）当旅行结束时，全陪要提醒游客带好自己的物品和证件。

（2）向领队和游客征求团队对此次行程的意见和建议，并填写“团队服务质量反馈表”。

（3）致欢送词。

八、善后工作

（1）认真处理团队遗留问题和游客的委托事宜。

（2）对团队的整个行程进行总结。

（3）认真、按时填写《全陪日志》（如表4－3所示）。

（4）及时归还所借物品，办理报销事宜。

表4－3　　全陪日志

单位/部门		团号		
全陪姓名		组团社		
领队姓名		国籍		
接待时间		人数	（含　岁儿童　名）	
途经城市	年　月　日至　年　月　日			
团内重要客人、特别情况及要求				
领队或旅游者的意见、建议和旅游接待工作的评价				
该团发生问题和处理情况（意外事件、旅游者投诉、追加费用等）				
全陪意见和建议				
全陪对全过程服务的评价：	合格	不合格		
行程状况	顺利	较顺利	一般	不顺利
客户评价	满意	较满意	一般	不满意
服务质量	优秀	良好	一般	比较差
全陪签字	部门经理签字	质管部门签字		
日期	日期	日期		

任务三　散客旅游服务程序与内容

一、散客旅游

（一）概念

散客旅游也称自助或半自助旅游，它是由旅游者根据个人兴趣爱好自行选择或自行设计旅游线路和活动项目；个人、家庭或朋友结伴而行；零星现付各项旅游费用的旅游方式。

（二）散客旅游与团队旅游的区别

1. 旅游方式

旅游团队的食、住、行、油、购、娱一般都是由旅行社或旅游服务中介机构提前安排。而散客旅游则不同，其外出旅游的计划和旅游行程都是由自己来安排。当然，不排除他们与旅行社产生各种各样的联系。

2. 人数多少

旅游团队一般是由 10 人以上的旅游者组成。而散客旅游以人数少为特点，一般为一个人或几个人组成。可以是单个的旅游者也可以是一个家庭，还可以是几个好友组成。

3. 服务内容

旅游团队是有组织按预定的行程、计划进行旅游。而散客旅游的随意性很强，变化多，服务项目不固定，而且自由度大。

4. 付款方式和价格

旅游团队是通过旅行社或旅游服务中介机构，采取支付综合包价的形式，即全部或部分旅游服务费用由旅游者在出游前一次性支付。而散客旅游的付款方式有时是零星现付，即购买什么，购买多少，按零售价格当场现付。

（三）散客旅游的特点

1. 规模小

由于散客旅游多为游客本人单独出行或与朋友、家人结伴而行，因此，同团体旅游相比，人数规模小。对旅行社而言，接待散客旅游的批量比接待团体旅游的批量要小得多。

2. 批次多

虽然散客旅游的规模小、批量小，但由于散客旅游发展迅速，采用散客旅游形式的游客人数大大超过团体游客人数，各国、各地都在积极发展散客旅游业务，为其发展提供了各种便利条件，散客旅游更得到长足的发展。旅行社在向散客提供旅游服务时，由于其批量小、总人数多的特征，从而形成了批次多的特点。

3. 要求多

散客旅游中，大量的公务和商务游客的旅行费用多由其所在的单位或公司全部或部分承担，所有他们在旅游过程中的许多交际应酬及其他活动，一般都要求旅行社为他们安排，这种活动不仅消费水平较高，而且对服务的要求也较多。

4. 变化大

由于散客的旅游经验还有待完善，在出游前对旅游计划的安排缺乏周密细致的考虑，因而在旅游过程中常常须随时变更其旅游计划，导致更改或全部取消出发前向旅行社预定的服务项目，而要求旅行社为其预订新的服务项目。

5. 预定期短

同团体旅游相比，散客旅游的预定期比较短。因为散客旅游要求旅行社提供的不是全套旅游服务，而是一项或几项服务，有时是在出发前临时提出的，有时是在旅行过程中遇到的，他们往往要求旅行社能够在较短时间内安排或办妥有关的旅行手续，从而对旅行社的工作效率提高了更高的要求。

二、散客导游服务

（一）散客导游服务的特点

虽然散客导游服务在内容和程序上与团队包价旅游有相同之处，但自身的特点亦十分明显。

1. 服务项目少

由于散客导游服务的服务项目完全是散客个人自主选择而定，所以除散客包价旅游之外，其他形式的散客导游服务在服务项目上相对较少，有的只提供单项服务，如接站服务、送站服务。

2. 服务周期短

散客导游服务由于服务项目少，有的比较单一，因而同团队包价旅游相比，所需服务的时间较短，人员周转较快，同一导游在同一时期内接待的游客数量也较多。

3. 服务相对复杂

由于散客导游服务的服务周期短，周转时间快，导游人员每天、每时都将面对不同面孔、不同类型、不同性格的游客，与游客的沟通、对游客的适应时间都非常短，从而使得导游人员在进行导游服务时会比团队导游服务要相对复杂。

4. 游客自由度高

散客由于自主意识强，兴趣爱好各异，在接受导游服务时，一方面不愿导游人员过多地干扰其自由，另一方面又经常向导游人员提出一些要求。并且往往根据各自的喜好，向导游人员提出一些变动的要求，如提前结束旅游活动或推迟结束游览时间等。

（二）散客导游服务的要求

1. 接待服务效率高

散客旅游由于游客自主意识强，往往要求导游人员有较强的时间观念，能够在较短的时间内为其提供快速高效的服务。

在接站、送站时，散客不仅要求导游人员要准时抵达接、送现场，而且也急于了解行程的距离和所需的时间，希望能够尽快抵达目的地，所有要求导游人员能迅速办理好各种有关手续。

2. 导游服务质量高

一般选择散客旅游的，往往旅游经验较为丰富，希望导游人员的讲解更能突出文化内涵和地方特色，能圆满回答他们提出的各种问题，以满足其个性化、多样化的需求。因此，导游人员在对散客服务时，要有充分的思想准备和知识准备，以便为游客提供高质量的导游服务。

3. 独立工作能力强

散客旅游没有领队和全陪，导游服务的各项工作均由导游人员一人承担，出现问题时，无论是哪方面的原因，导游人员都需要独自处理。所以，散客导游服务要求导游人员的独立工作能力强，能够独自处理导游活动中发生的一切问题。

4. 语言运用能力强

由于散客的情况比较复杂，他们中有不同国家或地区的、不同文化层次的、不同信仰的。在带领选择性旅游团时，导游人员进行讲解时，语言运用上需综合考虑各种情况，使所有的游客均能从中获得受益，切忌偏重某一方。

三、散客导游服务程序与内容

（一）接站准备

1. 熟悉接待计划

接到接团任务后导游员应认真阅读并熟悉接待计划，了解团队情况。如：团队抵达日期、时间、人数、下榻饭店，以及有无变更等。

2. 做好出发前的准备工作

导游员要在接团前做好充分的准备工作，携带齐全的工具、票证。如：导游证、旅游团标记、团旗、各类票证等。

3. 联系、确定交通工具

导游员接团前一天应及时和旅游车司机取得联系，通知具体出发的时间、地点，同时也要了解车况，提醒司机做好检查准备工作。

（二）接站服务

1. 提前到达迎候团队

导游员应提前到达交通集散地迎候游客到来，一般应提前20分钟到达机场；提前

30分钟进入车站站台等候。

2. **迎接游客**

客人到达后，导游员和司机要站在不同的出口，容易让客人发现的位置举接站牌迎候，以便游客认找；导游员也可以根据掌握的游客特征询问辨认游客。确认游客以后，应主动问候，并介绍所代表的旅行社和自己的情况，对游客表示欢迎。协助游客办理有关事宜，清点行李并帮助游客提取行李和引导其上车。（小包价旅游团，可将行李交付行李车（员）运送。

如未接到应接的游客，导游员应及时询问机场（车站、码头）工作人员并与司机配合寻找游客。若确实找不到，要及时与计调部门联系，报告相关情况，核实游客到达的时间有无变化。在计调部门同意后方可离开。

（三）沿途导游服务

在从机场（车站、码头）至下榻的饭店途中，导游人员对散客应像对团队一样进行沿途导游，介绍所在城市的概况，下榻饭店的地理位置和设施，以及沿途景物和有关注意事项等。对个体散客，沿途导游服务可采取对话的形式进行。

（四）入住饭店服务

1. **帮助办理入住手续**

抵达饭店后，导游员应及时帮助游客办理入住手续。向游客介绍饭店的服务项目和注意事项。核对行李，督促行李员将行李送到游客房间。记下游客的房间号码和代表的电话号码，同时告知游客自己的电话号码，以便联系。

2. **确认行程安排**

（1）散客的日程安排，导游人员应遵循“主随客便”和“合理而可能”的原则，但要当好顾问。

（2）导游人员应主动向旅游者推销旅行社的产品。

（3）散客的自由活动时间较多，导游人员要做好协助工作，特别要提醒安全注意事项，必要时陪同前往。

3. **确认机票**

若游客将乘飞机赴下一站旅游，而游客又不需要旅行社为其提供机票时，导游人员应提醒游客提前预定和确认机座；如游客需要协助确认机座时，导游可告知其确认机票的电话号码；如游客愿将机票交与导游帮助确认，而接待计划上又未注明需协助确认机票，导游员可向游客收取确认费，并开具证明。导游员在帮助游客确认机票后，应向计调部门报告核实确认的航班号和离站时间。

（五）参观游览服务

由于参加散客旅游的旅游者通常文化层次较高，而且有较丰富的旅游经验。因此他们对服务的要求高、更重视旅游产品的文化内涵，所以接待散客对导游人员的素质要求也比较高，应有高度的责任感，多倾听散客的意见，做好组织协调工作。

在游览过程中，散客旅游因无领队、全陪，因此相互之间互无约束，集合很困难，导游人员更应尽心尽力，多做提醒工作，多提合理建议，努力使散客参观游览安全、顺利。

1. 出发前的准备

出发前，导游人员应做好有关的准备工作，如携带游览券、导游小旗、宣传材料、游览图册、导游证、胸卡、名片等，并与司机联系集合的时间、地点，督促司机做好有关的准备工作。

导游人员应提前15分钟抵达集合地点，引导散客上车。如是散客小包价旅游团，散客分住不同的饭店，导游人员应偕同司机驱车按时到各饭店接散客。散客到齐后，再驱车前往游览地点。根据接待计划的安排，导游人员必须按照规定的路线和景点率团进行游览。

2. 沿途导游讲解

散客的沿途导游服务与旅游团队大同小异。如果导游人员接待的是临时组合起来的小包价旅游团，初次与散客见面时，应代表旅行社、司机向散客致以热烈的欢迎，表示愿竭诚为大家服务，希望大家予以合作，多提宝贵意见和建议，并祝大家游览愉快、顺利！

导游人员除做好沿途导游之外，应特别向散客强调在游览景点中注意安全。

3. 现场导游讲解

抵达游览景点后，导游人员应对景点的历史背景、特色等进行讲解，语言要生动，有声有色，引导旅游者参观。

如果是单个旅游者，导游人员可采用对话或问答形式进行讲解，更觉亲切自然。有些零星散客，有考察社会的兴趣，善于提出问题、讨论问题，导游人员要有所准备，多向旅游者介绍我国各方面的情况，从中了解旅游者的观点和意见。

如果是散客小包价旅游团，导游人员应陪同旅游团，边游览边讲解，随时回答旅游者的提问，并注意观察旅游者的动向和周围的情况，以防旅游者走失或发生意外事故。

游览结束后，导游人员要负责将旅游者分别送回各自下榻的饭店。

动动脑

王刚在陪同三对老年夫妇游览故宫时工作认真负责，在两个半小时内向游客详细讲解了午门、三大殿、乾清宫和珍宝馆。老人提出了一些有关故宫的问题，王小姐说："时间很紧，现在先游览，回饭店后我一定详细回答你的问题。"游客建议他休息，他都谢绝了。虽然很累，但他很高兴，认为自己出色地完成了导游讲解任务。然而，出乎他意料的是那对老年夫妇不仅不表扬他，反而写信给旅行社领导批评了他。他很委屈，但领导了解情况后说老年游客批评得对。

1. 为什么说老年游客批评得很对？

2. 应该怎样接待老年散客？

（六）送站服务

1. 服务准备

（1）熟悉送站计划。导游员接受送站计划后，应详细阅读并熟悉计划，明确游客情况（人数、姓名、下榻饭店、离站时间、航班号、车次等）；确定有无变更情况；是否与其他游客或散客小包价旅游团合乘一辆车去机场（车站、码头）。

（2）做好送站准备。导游员应于离站前一天与游客（散客小包价旅游团）确认送站时间、地点。此项工作需反复联系确认，以便落实到每一位游客。另外应准备好各类票据（机、车、船票）。确认与司机汇合的时间、地点、车型、车号、车况等。如游客乘飞机离站，导游员应掌握好到达机场的时间，国内航班提前 1 小时到达，国际航班提前 2 小时到达；如乘火车应提前 40 分钟到达车站。

2. 到饭店接运游客

导游应在约定时间前 20 分钟到达游客下榻的饭店，协助游客办理离店手续，交还房间钥匙，结清账款，清点行李，提醒游客带齐随身物品，引导游客上车，清点人数后离店。若到达游客下榻的饭店后，未找到游客，导游应到饭店前台了解游客是否已经离店，并与司机共同寻找，若超出约定时间 20 分钟仍未找到游客，要及时向旅行社有关部门报告，要求协助找寻，并保持联系。当确认确实无法找到游客时，经旅行社负责人同意后，方可离开。若需送站的游客与住在其他饭店的游客合乘一辆车去机场（车站、码头），要严格按约定时间顺序到达各饭店。

送站途中，若遇到严重交通堵塞或其他特殊突发事件，需调整原约定时间顺序和行车路线时，导游员应及时向旅行社有关部门报告，请计调人员将时间上的变化通知各饭店的游客。

3. **到站送客**

在送游客到机场（车站、码头）途中，导游员应向游客致欢送词，询问游客在本次游览过程中的意见、建议，对服务不周的地方请游客予以谅解，并代表旅行社向游客表示感谢。到达机场（车站、码头）后导游应提醒游客携带好自己的行李物品下车，并协助游客办理相关登机（车、船）手续（办理手续时应严格按照旅游计划办理）。导游员在与游客告别前，应确认航班、车次时间，并交接好票据，若有延误应向游客提供力所能及的帮助。

（七）善后工作

由于散客经常有临时增加旅游项目或其他变化的情况而需要导游人员向旅游者收取各项费用，因此，在完成接待任务后，应及时结清所有账目；并及时将有关情况反馈给散客部或计调部。

实训项目

【实训名称】

地陪服务准备

【实训内容】

项　目	说　明
项目名称	地陪服务准备
时间	实训授课 1 学时，共计 50 分钟，其中示范讲解 20 分钟，学生分组演练 30 分钟
要求	（1）熟悉服务准备阶段的具体工作要求 （2）培养实训者认真工作的态度
器具准备	接待计划、导游图、导游证、导游旗、接站牌、各种结算单
方法	（1）教师示范讲解 （2）学生分组演练
实训总结	每组实训者认真总结本次实训的心得、体会、并写出实训总结

【实训步骤】

一、实训前：准备好实训所需的物品，交代实训中的注意事项

二、实训开始

（1）领取接待计划。

（2）认真阅读接待计划。领到接待计划后实训者要认真阅读，熟悉接待计划中的每一项安排。

（3）核对日程安排表。实训者要对接待计划中的各项日程安排逐一核实、校对，如发现接待计划与实际安排有出入应立即与本社有关人员联系，问清情况并做出必要的修改。

（4）落实旅游车辆。与车队或者旅游汽车公司联系，确认为本旅游团提供交通服务车辆的类型（车型是否与旅游团人数相符）、车牌号以及司机的姓名、联系方式。

（5）落实住房。熟悉本团所住饭店的位置、概况、设施和服务项目，核实本团旅游者所住房间的数目、级别、是否含早餐等。

（6）落实用餐。实训者与有关就餐单位联系、确认本团日程表上安排的每一次用餐情况、人数、团号、用餐标准、日程、特殊要求等。

（7）落实运送行李的安排情况。实训者与本社有关人员联系，了解落实运送行李的工作是否安排妥当。

（8）了解接待计划中不熟悉景点的情况。主要是对接待计划中新的旅游景点或不太熟悉的景点，实训者要事先了解该景点情况，比如该景点的具体方位、开放时间、游览路线、厕所位置。

（9）与全陪联系。实训者应提前与全陪联系，约定具体的接团时间和地点。

（10）准备上团所需物品。在上团以前，实训者要按照该团人数领取导游图或者交通图、餐饮结算单、门票结算以及相关费用，带好接待计划、导游证、导游旗、接站牌等物品。

（11）准备上团所需的专业知识、时政要闻等。实训者要准备好相关的专业词汇、专业知识，准备好当前的热门话题、重大的国内外新闻和旅游者可能感兴趣的问题。

（12）形象准备。

（13）做好上团前的心理准备。这个主要表现在要做好面临艰苦复杂的工作和接受旅游者抱怨和投诉的准备。

三、实训结束

【实训点评】

服务准备是地陪在旅游者未到达当地之前的一系列准备性工作，是地陪做好导游服务工作的前提和保障。在旅游团尚未抵达当地时，地陪应与旅行社联系，充分做好接团前的各种工作。通过本实训项目，着实培养实训者作为地陪导游的前提服务意识、认真的工作态度。

练习题

一、单选题

1.（　　）是组团社委托地方接待社组织、落实旅游团活动的契约性安排，是导游人员了解旅游团的主要依据。

A. 接待计划　　B. 交通票证　　C. 结算单据　　D. 意见反馈表

2. 导游带领散客参观游览时，在景点时间安排上，决定权一般在（　　）。

A. 导游　　B. 游客　　C. 计划行程　　D. 司机

3. 若散客人数少，导游人员可以用（　　）方式进行讲解。

A. 聊天方式　　B. 对话形式　　C. 随机讲解　　D. 互动讲解

4. 入住饭店后，地陪应及时与（　　）沟通，确定次日叫早时间。

A. 全陪　　B. 领队　　C. 旅游者　　D. 饭店

5. “旅游服务质量评价意见表”应安排在（　　）阶段请游客填写。

A. 送团前两天　　B. 送团当天　　C. 离店期间　　D. 送行服务期间

二、多选题

1. 地陪导游人员接团服务准备阶段主要有（　　）等几项准备工作。

A. 业务准备　　B. 物质准备　　C. 身体准备

D. 语言知识准备　　E. 心理准备

2. 地陪导游人员致欢迎辞应包括（　　）几方面的内容。

A. 代表导游服务集体欢迎游客光临　　B. 介绍自己和司机

C. 表示提供服务的真挚愿望　　D. 良好祝愿

E. 介绍北京概况

3. 散客导游服务具有（　　）的特色。

A. 形式多样　　B. 随意性小　　C. 范围广

D. 订购时间短　　E. 包价旅游

4. 地陪导游人员在确认交通工具抵达时间时应做到（　　）三核实。

A. 计划时间　　B. 时刻表时间　　C. 网络查询时间

D. 电话查询时间　　E. 问讯时间

5. 地陪导游人员在送行服务阶段主要做的工作有（　　）。

A. 征求意见和建议　　B. 致欢送辞　　C. 安排叫早

D. 提前到达机场（车站） E. 办理离站手续

三、简答题

1. 地陪导游人员在接站阶段应注意哪些事项？

2. 地陪导游人员在入住饭店阶段应做哪些工作？

3. 参观游览服务阶段，地陪导游人员应做哪些工作？

项目五　游客个别要求的处理

学习目标

1. 知识目标

理解游客个别要求的含义，了解游客常见的个别要求；

熟悉处理游客个别要求的一般原则。

2. 能力目标

掌握处理游客常见个别要求的方法和技巧，包括游客在餐饮、住宿、娱乐、购物、自由活动、探视亲友、亲友随团活动、中途退团、延长旅游期限、转递物品等方面的要求。

任务导入

张晓是北京青年旅行社的一名导游员，正在作为地陪带领来自西安的旅游团一行52人参观游览，五天六晚的行程中不同的游客提出了一系列的个别要求。第一天刚抵达下榻酒店，就有老两口嫌分配给他们的房间楼层稍高又没电梯，要求调换到1层的房间；第二天，团中有一名游客提出自己有位多年不见的老友在北京，想让老友一起随团游览；第四天，在游览完毕后，有两名游客提出不随团就餐，要求自行外出品尝北京风味小吃；最后送团时，团中有名女性游客想请张晓将自己从西安带来的中药材转递给自己在北京的姐姐。

如果你是张晓，应该如何妥善处理游客提出的上述要求？实际带团工作中游客可能提出哪些个别要求？面对这些要求有无通用的处理原则和技巧？

任务一　游客个别要求的含义及处理原则

一、游客个别要求的含义

游客的个别要求是相对于旅游团集体要求而言的，是指旅游团中个别游客或少数游客所提出的计划外的特殊要求。在一个旅游团中，游客的集体要求主要体现为旅游活动计划中包含的内容，是游客在决定参加旅游团的时候就以旅游协议的方式与旅行社约定好的，但因为游客来自五湖四海，背景、性格、习惯各异，对旅游活动的期望和要求也不尽相同，再加上具体情境的变化，难免会提出一些未在旅游协议中体现的甚至与协议内容不同的个性化要求。这些个别要求往往是多种多样的，在时间上也是无法预测随机发生的。导游人员在按照旅游协议提供优质服务的同时，也需要妥善处理好这些个别要求，这既是对导游人员耐心和应变能力的考验，也是提升旅游服务质量的必然要求。为此，导游人员在处理游客个别要求时，不仅要注意处理的方式、方法和技巧，而且也要遵循一些必要的原则。当然真正要成为一名优秀的导游，妥善处理游客的各类要求，提供令游客满意的服务，还需要在遵循基本原则的基础上，在工作实践中不断地总结完善。

二、处理游客个别要求的基本原则

游客出游往往会提出多种多样的个别要求，希望得到导游的理解和支持。作为导游，既要激发客人主动表达出个人的意愿和要求，又不能随便同意或者拒绝客人的意愿，应该根据实际情况进行分析、思考，并及时请示旅行社，再给予客人明确、合理的答复。根据国际惯例和导游服务的经验，导游人员在处理游客的个别要求时，一般应遵循以下基本原则。

（一）合法合规原则

无论是哪种要求，必须要符合我国的法律规范。《导游人员管理条例》、《旅行社管理条例》、《旅行社国内旅游服务规范》、《旅行社出境旅游服务规范》等相关文件、规范规定了导游人员、游客、旅行社的权利和义务以及导游服务的规范要求，导游人员在处理游客个别要求时，必须要遵守这些要求，同时，还要考虑游客的个别要求是否符合我国法律的其他规定，如果相违背，应该断然拒绝，比如游客提出要到不健康的娱乐场所，或者提出要购买违规违禁物品等，导游必须坚决拒绝并予以制止。

（二）灵活处理原则

通常情况下游客提出的个别要求按照是否可以实现可以划分为三大类：第一种是合理的经过努力可以满足的要求，第二种是合理的但是现实难以满足的要求，第三种是不合理的要求。无论是哪种要求，导游人员必须重视，并根据情况灵活处理。对于后两种无法满足的要求，导游人员也绝不能置之不理，更不能断然拒绝，一定要认真倾听，耐心解释，仔细分析，尽量让游客理解。对于第一种合理且能够满足的要求，导游人员也应该认真倾听，并尽量努力满足游客的要求，若经过导游人员的努力仍有解决不了的困难时，导游人员也应及时向旅行社领导请示汇报，请其给予帮助，尽力让游客旅程圆满。

（三）公平对待原则

公平对待原则是指导游人员对所有客人应该一视同仁、平等对待。游客不管是哪个国家、哪个民族、哪种宗教信仰、何种肤色，不管其社会经济地位高低、年老年幼、男性女性，也不管身体状况如何、生活习惯如何、性格如何，都是导游人员服务的对象。导游人员必须要一视同仁，热情周到地为他们提供导游服务，维护他们的合法权益，满足他们的合理且可行的要求，切忌厚此薄彼、亲疏偏颇。

（四）委婉真诚原则

当游客对导游提出个别要求时，导游人员的回答一定要委婉，绝不能用“我肯定可以为您办好这件事”这样绝对的回答作为回复，毕竟处理个别要求存在一定的不确定性，万一在处理的过程中出现问题，就很容易使得导游人员失信于游客陷入尴尬的局面。建议导游人员在面对游客的请求时，最好采用相对委婉的说法，比如“我没把握，但是我可以试试看”或者“我尽力而为吧”这样的语气。面对不合理或无法实现的要求，也应该委婉拒绝。但是委婉并不等于敷衍，在委婉的表述时口气一定要真诚，在处理起来也要尽心尽力，避免游客感觉到不被重视。

（五）尽力满足原则

尽力满足游客的需要是导游服务的基本出发点，应该贯穿于导游服务的始终。很多游客本着不愿给人添麻烦的心理，往往不轻易提出个别要求，一旦开口，说明他们确实需要帮助，特别是如果提出的个别要求是合理的，并且经过努力是可以实现的，导游人员就应该努力满足。即便存在一定的困难，需要导游人员付出很大的努力，导游人员也应该站在游客角度换位思考，尽量克服困难，协调各方资源，努力满足游客的需要，使他们愉快地度过旅游生活。还有一些游客可能有个别要求但是碍于各种原因没有开口提出，导游人员若能细心观察、提前发现并主动提供所需服务，将极大的提升游客的满意度，给游客留下深刻的印象。

（六）不卑不亢原则

除了正当合理的要求之外，导游人员在提供旅游服务过程中也可能会遇到许多不合理、苛刻的个别要求，甚至是个别游客的无理取闹或者刁难。在这种情况下，导游人员应该沉着冷静、不卑不亢，首先要对游客以礼相待、保持尊重、尽量说服，切忌避免恶语相加、意气用事、正面冲突，若实在解决不了可以请领队协助出面解决，或者直接请全体游客主持公道，若实在有困难也可以请旅行社领导协助，避免因个别游客的无理取闹影响了旅游团的正常活动。对于无理取闹者，导游人员仍要继续为其热情服务，对他们的合理而可能的要求仍要尽力设法予以满足。

任务二　餐饮、住宿、娱乐、购物方面个别要求的处理

食、住、行、游、购、娱是旅游活动的主要组成部分，其中食、住是游客的基本生理需求，娱、购是游客出行主要的旅游活动。因此，导游人员在带团过程中，常常会遇到游客在生活、娱乐、购物方面的个别要求，导游人员应该高度重视游客的个别要求，认真、热情地设法予以满足。

一、餐饮方面个别要求的处理

俗话说得好："民以食为天。"游客在餐饮方面的要求比较多样，因餐饮问题引起的游客投诉屡见不鲜。下面就常见的六种情况来讲述导游人员面对此类个别要求时的处理方法。

1. 对特殊饮食要求的处理

由于宗教信仰、民族习俗、生活习惯、身体状况等原因，游客会在饮食方面存在不同的禁忌或者提出种种特殊要求。例如，素食主义者不吃荤腥食品，患有胃、肠道疾病的游客不吃辛辣、油腻食品，回族人不吃猪肉，敏感体质的游客不能吃海鲜等。导游人员一定要注意各类游客的饮食禁忌，并对游客提出的特殊要求区别对待。

（1）事先有约定。如果游客所提的要求在旅游协议书中有明文规定，接待方旅行社应早作安排，导游人员在接团前应该检查落实的情况，不折不扣地一一兑现。

（2）临时提出。如果没有在旅游协议书中说明而是在旅游团抵达后或者用餐前临时提出要求，需视具体情况进行处理。一般情况下，导游人员应该立即与餐厅联系，在可能的情况下尽量满足游客的要求；如果确实有现实困难满足不了游客的特殊要求时，导游人员应该仔细向游客说明情况，协助游客自行解决，如建议游客到零点餐厅自行点菜或者带其去附近的餐馆（最好是旅游定点餐馆）用餐，但是一定要跟游客说明餐费自理，原餐费不退。

2. 要求换餐

在旅游过程中，游客要求换餐的要求时有发生，比如要求将中餐换成西餐，将便餐换成风味餐，或更换菜品等。导游人员在处理过程中一定要考虑是否有充足的时间

换餐，以及餐厅是否能提供相应服务。如果旅游团在距离用餐前一定时间提出换餐的要求，导游人员应该与餐厅取得联系，询问餐厅是否能提供相应的服务，若餐厅能够提供且时间能够满足条件，应尽量协助游客解决，但是需事先向游客讲清楚，如能换妥，餐费差价由游客自付。如果餐厅不具备提供游客要求餐饮的能力，征求全体游客意见后可以换餐厅，但也要说明原餐费不退，费用自理。如果是在接近用餐时间或者到餐厅后提出换餐要求，时间已经不允许换餐，导游人员应向游客做好解释说明工作。如果游客仍坚持换餐，或者个别游客坚持换餐，导游人员可以建议其到零点餐厅自己点菜或者到其他餐厅单独用餐，并告知因此产生的餐饮费用自理，原餐费不退。

3. 要求单独用餐

由于旅游团的内部矛盾或者其他原因，个别游客可能会提出不同团队一起而要单独用餐。此时，导游人员要先了解情况，并根据情况区分对待。

（1）因内部矛盾要求单独用餐。这种情况下导游人员应耐心劝解，有必要的话告知领队请其出面进行内部调解。如果调解不成游客坚持要单独用餐，导游人员可以协助与餐厅联系看能否实现，若出现新增费用要告知游客自行承担。

（2）因时间问题要求单独用餐。由于游客外出自由活动、探亲访友等时间安排的原因不能随团用餐时，导游人员应该同意其要求，但是要告之游客餐费不退，自行用餐费用自理。

4. 要求在客房内用餐

有时游客会要求将饭菜送到房间在客房内用餐，此时导游人员也应根据情况区分对待。

（1）因身体不便要求在客房内用餐。若游客因生病、受伤等身体原因不能到餐厅与其他游客一起用餐时，导游人员应该联系饭店，将饭菜送入游客房间以方便其用餐，并表达关怀、问候之情，协助解决游客生活困难。

（2）无特殊理由要求在客房内用餐。此种情况下，导游人员应询问原因，并尽量说服游客同团队一起用餐，如果游客坚持，需询问饭店能否提供送餐服务。若不能提供此项服务，应该告知游客；若饭店能提供此项服务，可以联系饭店满足游客的要求，但需向饭店问清是否需收费及收费标准，并告知游客。

5. 要求增加菜肴、饮料

旅游团的团餐都是按照一定的标准统一安排菜肴和酒水饮料，在团队用餐过程中，如果个别或者少数游客提出要求增加新的菜肴、酒水或者饮料，导游人员应该尽量满足其要求，但是需要向游客说明由此产生的额外费用需游客自理。

6. 要求自费品尝风味餐

如果游客要求自费品尝风味餐，导游人员应该满足其要求并予以协助，可以由旅行社出面，也可以由导游提供信息、游客自行与餐厅联系订餐。如果导游人员受邀与游客一同品尝自费风味餐，在用餐过程中则一定要注意，游客是主人，导游是客人，席间一定要客随主便，绝不能反客为主。

7. 要求改变用餐时间

如果游客因为生活习惯不同，或者在某旅游地游兴未尽，或者安排其他活动等原因要求提前或推迟用餐时间时，导游人员应与餐厅联系，视餐厅的具体情况处理。若餐厅能够满足其要求，可以协助处理，并需告知游客是否会产生服务费。但若无特殊原因且餐厅服务时间固定，导游人员一般要劝游客入乡随俗，劝游客尽量按时就餐。

【案例5－1】

游客要求吃西餐

某国际旅行社的地陪小王带领一个来自德国的12人旅游团在山西省旅游，一路上相处十分愉快。随团每餐的中国菜肴都十分丰盛，而且菜式多样，每道菜都没有重复。但是一日晚餐过后，有一位游客对小王说："你们的中国菜很好吃，我每次都吃得很多，不过今天我的肚子有点想家了。你要是吃多了我们的黄油和面包，是不是也会想念中国的大米饭？"大家听了都笑了。

案例分析

这是导游带团过程中常见的要求换餐的情况。在上面的情况下，游客提出要将中餐换为西餐，地陪小王首先要明确是只有这一位游客的要求，还是全团游客的想法。如果是只有这位游客的要求，小王可协助其单独用餐，但案例中可以看出，绝大多数游客可能都是认可这位游客的要求的，而且也具有充分的换餐时间，因此小王应向游客说明尽量协助其换餐，并抓紧与第二天就餐的餐厅进行沟通，提出安排一顿西餐的要求，看餐厅是否能提供相应服务，以及是否存在餐费差价。经协调，餐厅表示一定予以配合，并不收取服务差价。

第二天，当游客发现晚餐吃西餐的时候，个个面露微笑，兴奋地鼓掌，对小王的细致服务给予了高度的评价和赞扬。

案例总结

遇到游客提出换餐要求时，导游人员要根据具体情况灵活分析处理应对，要明确是否全团换餐，是否具有充分的换餐时间，餐厅是否能提供相应服务，是否会产生餐费差价等，再据此向游客做出说明或安排。

二、住宿方面个别要求的处理

在旅游的过程中，饭店可以说是游客临时的家。对于游客在住房方面提出的各种要求，导游人员一定要视情况进行妥当处理，尽力协助解决，确保游客能得到良好的休息。

1. **要求调换饭店**

团体游客到一地旅游时，下榻什么星级什么标准甚至哪家饭店在旅游协议中有明确规定，如果接待社未按照协议要求安排相应的饭店，或者协议中的饭店确实存在卫生、安全等问题而致使游客提出调换饭店的要求时，导游人员应该立即与接待社联系，接待社应该负责予以调换。如果确有困难，应按照接待社提出的具体办法进行妥善解决，并且向游客提供有说服力的理由，同时做出一定的补偿。

但如果接待社严格履行了协议但个别游客仍然要求调换饭店，导游人员应予以劝说，若游客实在坚持，可以协助其代订其他饭店房间，但应说明游客需自行支付原饭店的退房费和新饭店的房费。

2. **要求调换房间**

若游客提出调换房间时，导游人员需详细询问理由，并据此选择不同的处理方法。

（1）由于客房设施或者房间卫生不达标。导游人员应该立即通知饭店进行设施维修或者客房打扫、消毒工作。如果维修、打扫过后游客仍不满意，坚持要求换房，导游人员应该与饭店有关部门联系，尽量予以满足。

（2）由于游客对房间的位置、朝向、楼层等不满意。如果不涉及房间差价并且饭店有空房，导游人员可以与饭店客房部联系，适当予以满足；如果饭店有合适空房但价格略高，游客同意自付差价，也可以与饭店联系为其调换；如果饭店没有合适空房，可请领队在团队内部进行调整；如果因现实情况，游客的换房要求无法满足时，导游人员应该向游客进行耐心解释，并向游客致歉。

（3）由于对室友不满意。此种情况下，导游人员应协同领队尽量予以调解，如果实在调解不成，可请领队出面，在团队内部进行调整，如果调整也不成，看是否可以为其安排单间，但需自付额外房费。

（4）要求住高于合同规定标准的房间。导游人员应同饭店联系，如果饭店有条件合适的空房，可以满足其要求，但是需要向游客说明新房间的收费标准，告知游客需要支付原房间的退房损失费，并补齐换房后产生的房费差价。如果饭店没有符合条件的空房而游客又坚持要求，导游人员可协助为其联系其他饭店并预订房间，但也要告知游客需要支付本饭店退房费和新饭店房费差价。

3. **要求住单间**

通常情况下，团队游客旅游过程中的住宿一般安排住标准间。若有游客提出住单间，导游人员需仔细询问原因。如果是由于生活习惯不同或者由于与同室游客之间闹矛盾而要求住单间时，导游人员应该先请领队出面调解或者进行团队内部调整，如果调解、调整不成而饭店有空房的情况下，可以满足其要求，但是导游人员必须向游客说明，原房费不退，新增房间的房费由游客自理（一般由提出方付房费）。如果游客没有特殊理由而要求住单间，且同意支付新增房间房费，导游人员可协助联系饭店，在饭店有空房的情况下予以满足，若饭店确实没有空房，应向游客做好解释工作。

4. 要求延长住店时间

如果游客因为生病、受伤、探亲访友、改变旅游日程等原因要求延长住店时间，导游人员应尽量予以满足。先与原住饭店联系，如果饭店有合适空房，可以代其预订，但是要说明延长期内的房费由游客自付。如果原住饭店没有空房，导游人员可以协助联系预订其他饭店房间，房费由游客自理。

5. 要求购买房中物品

如果游客看中客房内的某种摆设或者物品而提出购买要求时，导游人员应该与饭店有关部门联系，尽量满足游客的要求。如果因特殊理由无法实现，导游人员也应配合饭店向游客做好劝解说明工作。

【案例 5－2】

游客要求住单间

北京某旅行社的地陪小赵接待了一个18人的团队，12男6女，于是便订了9个标准间。等客人入住的第二天，却发生了一件意想不到的事。一位女游客找到小赵，提出要住单间。

案例分析

这是属于要求住单间的情况。这种情况下，导游人员首先应详细询问游客提出此要求的原因。本案例中，经小赵询问，女游客是因为与同住的游客合不来所以要求住单间。因此，小赵首先和领队商量是不是和别的女游客调换一下，但是了解后发现，这位客人性格有点怪异，其他人也不愿意和她住在一起，而她自己也坚持一个人住一间房。小赵于是先向饭店查询是否还有空房，确认有空房后向女游客讲清她提出的住单间必须自己付房费，而原房费不退。虽然这位游客不太高兴，但是最后还是答应了。于是小赵便联系饭店为其另外开了一个房间。

案例总结

游客要求住单间，导游人员首先应仔细了解其原因，并协同领队尽量进行调解或在团队内部进行调配，实在调解调配不成，应在饭店有空房的情况下为其联系新开房间，但要说明费用问题，若饭店实在没有空房，应向游客进行耐心解释，或为其联系其他饭店。

三、娱乐活动方面个别要求的处理

在旅游团的行程中，娱乐活动往往会作为自选项目由游客自行选择，由于每个人会有不同的偏好，再加上目前许多娱乐活动内容和档次参差不齐，因此导游人员应该优选优质的娱乐活动，并如实地向游客推介，让游客自由选择，绝不允许以强迫或者欺骗的方式诱导客人参与各类娱乐活动。通常情况下，游客在文娱活动方面的个别要求主要表现为下列几种方式。

1. 要求调换计划内的文娱节目

凡是在旅游协议书中明确约定有文娱节目的旅游团，导游人员应该按照接待计划准时带领游客到指定地点观赏。如果游客提出调换计划内的文娱节目，导游人员应该针对不同情况，做出不同处理。

（1）如果全团游客统一提出调换，导游人员应该与接待社联系，尽可能调换，并讲清若能调换成功，购票费自理，原票款不退，或自付票款差价。如果确实无法调换，导游人员要向游客耐心做好解释工作，并且说明票已订好，不能退换，请其谅解。

（2）如果部分或个别游客要求观看其他文娱节目，导游人员可以协助解决，具体处理方法同上。若调换成功前往观看文娱演出的时候，如果两个演出点在同一线路，导游人员应与司机商量，尽量为少数游客提供方便，送他们到目的地，如果不同路，导游人员应该协助为他们安排车辆或叫出租车，但是车费自理。导游人员应该陪同观看计划内文娱节目。

2. 要求自费观看计划外文娱节目

当旅游协议中并没有安排计划内文娱节目而游客提出要自费观看时，只要时间允许，导游人员应该积极协助游客，尽量满足其要求。导游人员可以与接待社有关部门联系，请其报价并告知游客，如果游客认可，请接待社预定并安排车辆，导游人员做好收费工作并陪同游客前往。如果游客想自行购票，导游人员应帮助游客联系购票，为游客叫出租车，通常不陪同前往，但一定要提醒游客注意安全，随身带好饭店的地址和自己的联系电话。如果游客执意要去大型娱乐场所或者情况复杂的场所，导游人员必要时还应陪同前往。

3. 要求前往不健康的娱乐场所

游客要求前往不健康的娱乐场所或者过不正常的夜生活时，导游人员应该断然拒绝，耐心说服，必要的话需上报旅行社或有关部门。

【案例 5－3】

个别游客要求调换文娱节目

某旅行社导游小邢带团到某地旅游，根据旅游行程安排，在山寨的第一天晚上观看当地风情文艺演出。当天行程结束后，旅行社已经买好了演出票，但是这天恰逢当地节日，晚上当地民众举办盛大的篝火晚会，于是有几名游客提出要去参加篝火晚会。

这两场表演开始时间差不多，而且不在一个方向。

案例分析

这是属于部分或个别游客要求调换计划内的文娱节目，但要调换的篝火晚会不涉及购票，只涉及原风情文艺演出的退票事宜。于是小邢赶紧与旅行社联系，看是否能退掉几名游客的风情文艺演出票，最终在旅行社的协助下顺利退票。在交通方面，由于两个演出不在同一个方向，无法让司机送几名游客前往观看，因此小邢为其联系了当地山民，安排客人在他们的带领下前去参加篝火晚会，自己则跟着“大部队”一起观看了当地的风情文艺表演，游客们对小邢的服务都很满意。

案例总结

对于部分游客要求调换计划内文娱节目的情况，导游人员应尽量协助调换，但要提前向游客说明可能出现的情况及费用问题。由于原文娱节目票已购妥，若无法退票，则票款不退，且游客需全额支付新调换文娱节目的购票款，若退票成功，也需负担两个文娱节目之间的票款差价，若想调换文娱节目票已售罄确实无法调换，应耐心向游客做好解释说明。在交通方面，导游人员应尽量兼顾不同游客需求，在可能的情况下尽量为其提供方便，但若确实无法兼顾，则应以计划内节目为主，协助调换节目的游客叫车，并向其讲清安全等注意事项。

四、购物方面个别要求的处理

购物是游客出门旅游的重要需求之一，游客每到一地都会希望购买一些旅游纪念品以及当地的土特产品等，这时，游客往往会有各种各样的特殊要求，导游人员绝不能强迫、诱导游客购物，并且一定要客观公正、不怕麻烦、不图私利，设法满足游客的各类要求。

1. 要求不参加计划内购物活动

通常情况下，如果游客返程途中感到饥饿、疲劳、不适或者对于购物不感兴趣，可能会提出不参加计划内的购物活动。这时，导游人员应向游客解释清楚这是旅游协议书中早就约定好的，自己必须严格履行，并向游客介绍购物点商品的特色。若游客坚持不参加，导游人员可安排其到旅游车上等候，或者自行乘坐出租车返回饭店，并提醒游客记住饭店地址，途中注意安全。

2. 要求增加购物活动

如果有游客提出在计划内的购物活动之外，再增加购物活动次数，导游人员应与全体游客商量，征得游客同意后报告旅行社，尽量予以安排，满足游客的要求。如果仅有个别游客提出要增加购物活动，导游人员可建议其利用自由活动时间进行购物，并帮助推荐购物地点、联系出租车等。

3. 要求单独外出购物

在旅游过程中，有些游客可能不愿意跟随旅游团进行购物，或者对旅游团安排的购物点不满意，因此提出想要单独外出购物的要求。如果是在自由活动时间内或者条件允许的情况下，导游人员要尽力协助，当好购物参谋，如建议去哪家商场、购买何种物品、联系出租车、提醒注意安全等。但如果是在离开本地之前或者是前往治安不好的地方，导游人员要劝阻游客单独外出购物，以防出现各类事故。

4. 要求退换商品

游客购物后发现产品存在问题或者对产品不满意，提出退换已购商品的要求，如果商品不符合退换范围要求，如已经使用过并出现了磨损，导游人员要耐心解释，请游客理解并支持。如果商品符合退换要求，导游人员应该站在游客的立场上积极予以协助，必要时陪同前往，与商店进行交涉，绝不能以“商品售出，概不退换”之类的话搪塞、推托，更不得与商店合谋拒绝退换。如果游客以假货、赝品为理由要求退货时，导游人员可以建议其到专门的鉴定机构鉴定商品的真伪，并协助游客联系。如果鉴定后印证了商品确实是假货或者赝品，导游人员应协助游客向购物商店追究责任。

5. 要求再次前往某商店购物

在游客购物的过程中，个别游客可能欲购买某一商品，出于“货比三家”的考虑或者对于商品价格、款式、颜色等犹豫不决，当时没有购买，后来经过考虑又决定购买，要求返回进行购买。对于这种情况，导游人员应该热情协助，为游客联系出租车，并说清购物地址，提醒游客注意安全，按时返回。如果有必要导游人员也可以陪同游客前往。

6. 要求代为购买和托运物品

有时游客想要购买某一件商品，但当时无货，因此向导游人员提出代为购买并托运的要求。通常情况下导游人员应该婉拒游客的此类要求。实在推托不掉时，导游人员要请示旅行社领导，若领导同意接受委托，导游人员应该认真办理委托事宜。一般情况下，具体的处理办法包括以下几个步骤：

（1）请游客写出委托购买和托运某件商品的委托书；

（2）向游客收取足够的钱款（包括购物款、托运费、手续费等）；

（3）注意供货信息，货到后及时按照游客要求购买相应货品，并办理托运手续；

（4）将购物发票、托运单、托运费及其他相关费用收据的原件寄送给委托人，购物余款退还给委托人；

（5）将上述票据复印件交旅行社保存，以备查验，必要的话导游人员自己也保存一份票据的复印件，以备不时之需。

7. **要求购买古玩或者仿古艺术品**

由于古玩或者仿古艺术品的特殊性，在游客提出希望购买时，导游人员应该予以重视，应建议游客到正规的纪念品商店或文物商店购买，劝阻游客去地摊购买此类商品，以免上当受骗。此外，对于境外游客，应及时向他们讲清中国的有关规定，提醒一些注意事项。

（1）建议保存发票和火漆印

游客在纪念品商店或者文物商店购买了古玩或仿古艺术品，导游人员应该建议他们保存好发票。如果游客所购物品上有火漆印，如果要携带出境，导游人员要说明在离境之前不要去掉火漆印，因为中国海关有明确规定，古玩和仿古艺术品出境须凭文物外销发货票和中国文化行政管理部门钤盖的鉴定标志（火漆印）或文化部指定的文化行政管理部门开具的许可出口证明放行，如果没有，就会遇到麻烦。

（2）提醒去文物部门鉴定

如果有游客购得古玩、古字画等文物并准备携带出境时，导游人员要提醒游客去文物部门对物品进行鉴定并取得鉴定证书。同时，导游人员还应该明确告诉游客，上述物品中国海关凭鉴定证书和文化部指定的文化行政管理部门开具的许可出口证明放行，若无证明，一概不准出境。

（3）阻止文物走私

导游人员如果发现个别游客有走私文物的可疑行为或者倾向，必须暗中仔细留意和观察，游客一有不法动作应该及时报告有关部门。

8. **要求购买中药材、中成药携带出境**

有些境外游客想在中国购买一些中药材、中成药并携带出境，此时导游人员应该及时告知游客中国海关的有关规定：旅客携带中药材、中成药出境，前往我国港澳地区的，总值限人民币150元，前往国外的，总值限人民币300元；麝香不准出境，犀牛角和虎骨不允许入（出）境；且旅客出境时携带用外汇购买的、数量合理的自用中药材、中成药，海关验凭盖有国家外汇管理局统一制发的“外汇购买专用章”的发货票放行。

【案例5-4】

游客要求代购地毯

北京某旅游团一行18人参观湖北某地毯厂后乘车返回饭店。途中，旅游团成员刘先生对地陪小王说：“我刚才看中一条地毯，但没拿定主意。跟太太商量后，现在决定购买。你能让司机送我们回去吗?”小王欣然应允，并立即让司机驱车返回地毯厂。在地毯厂，以1000元的价格买下地毯，但当店方包装时，刘太太发现地毯有瑕疵，而厂家目前仅有这一条，于是刘先生夫妇决定暂时放弃购买。两天后，该团离开湖北之前，刘先生夫妇委托小王代为订购同样款式的地毯一条，并留下1500元作为购买和托运费用。小王本着“宾客至上”的原则，当即允诺下来，刘太太十分感激。送走旅游团后，小王即与地毯厂联系，订购了同样的地毯，并在到货后办理了购买和托运地毯的事宜，将发票、托运单、350元托运手续费收据寄给刘先生夫妇。小王处理此事过程中有没有不妥之处？

案例分析

首先，在刘先生提出要再度返回地毯厂的时候，小王不应欣然应允让司机立即返回，正确的做法是先征求其他游客的意见，如果大家同意可返回，如果大家不同意，小王应让刘先生夫妇坐出租车去地毯厂，或先回饭店，安排好其他客人后陪同刘先生夫妇前往地毯厂。

其次，小王不应直接答应刘先生夫妇代购地毯的要求，正确的做法应是：①婉拒代购地毯的要求；②推托不了时应请示旅行社领导，如领导同意，可接受刘先生夫妇委托，请其出具委托书，并收取相应钱款；③购妥地毯并托运后，将购物发票、托运单、托运费收据原件寄给刘先生，将150元余款也退还刘先生；④将各种单据的复印件交旅行社保存，必要的话自己也留存一份复印件。

案例总结

当个别游客要求再次前往购物时，由于属游客个体行为和要求，导游绝不能让司机带领全团游客一起返回，可协助游客叫出租车前往，必要的话导游可一起陪同前往。游客提出要委托导游代购物品时，由于存在较大的风险和不确定性，导游一般应婉拒，若实在推托不了应请示领导同意后接受委托，并确保有完整的手续和各类文件，以免出现不必要的纠纷。

任务三　要求自由活动的处理

旅游团大部分时间都是集体活动，但旅游线路安排中往往有自由活动的时间，集体活动时间内也有游客要求自由活动的，导游人员应该根据不同情况妥善处理。

一、要求全天或者某一景点不随团活动

由于有些游客已经游览过某地或某一景点，或者有其他更想游览的地方而不想随团活动，要求不游览某一景点或者一天、数天离团自由活动时，如果其要求不影响整个旅游团的活动，导游人员可以满足并提供必要的帮助。

（1）提前说明如果不随团活动，无论时间长短，期间各项费用不退，需增加的各项费用由游客自理。

（2）告知游客用餐的时间和地点，以便其按时归队用餐。

（3）提醒游客注意安全，保护好自己的财物。

（4）提醒游客带上注明饭店名称、地址、电话的联系卡片。针对境外游客，可以用中英文写张便条，注明游客要去地点的名称、地址，并且可以附上一些常用的简短对话，以备不时之需。

（5）与游客交换彼此的手机号码或其他联系方式，以便联系。

二、到景点后要求自由活动

到某一景点以后，可能会有个别游客希望有充分的活动时间，因此提出不随团游览而是自由游览。如果景点规模不大，且游人不太多，秩序不乱，导游人员可以满足其要求，但要告知游客集合的时间和地点以及旅游车的车牌号码，提醒游客注意安全，看管好自己的财物，并与游客交换手机号码，以备不时之需。如果景点规模较大，道路复杂，且游人又多，秩序又乱，导游人员应奉劝游客随团活动，以免走失。

三、自由活动时间或者晚间要求单独行动

通常旅游团行程中会有一些时间不安排团队活动，或者在晚间不安排团队活动，这本来就是属于游客的自由活动时间，除非当地的社会治安状况不佳，否则导游人员一般不应该阻拦，但是一定要认真、细致地做好提醒工作，以确保游客的人身和财物安全，包括：不要走得太远，不要太晚回饭店；不要到秩序混乱的场所游玩；保管好自己的证件、财物；最好不要在小摊上购买食物；最好不要一个人外出；随身带好写有饭店名称、地址和电话的联系卡片；必要时乘出租车返回饭店；记好导游的手机号。

四、应该劝阻游客自由活动的几种情况

（1）旅游团即将离开本地去另一地游览或者返程时，导游人员要劝告游客随团活动，以免误机（车、船），影响旅游团正常行程。

（2）在治安状况不理想、情况复杂混乱的地方，导游人员要实事求是地说明情况，劝阻游客外出自由活动，更不要单独活动，以免发生事故。

（3）应劝阻游客到非游览区、不对外开放的地区或机构、禁区、有安全隐患的地方进行自由活动，但要实事求是的向游客说明原因。

任务四　要求探视亲友、亲友随团活动的处理

一、要求探视亲友

游客到达某地后，如果游客要求会见中国同行、洽谈业务、联系工作等，导游人

员可以向旅行社汇报，在领导的指示下给予积极协助；如果游客提出想会见党政部门的领导人或者社会知名人士时，导游人员在了解游客会见的目的后，应该上报旅行社，由旅行社报请有关部门决定是否同意会见。如果游客提出希望探望在当地的亲戚朋友，这可能是其到某地旅游的主要目的之一，导游员应该设法予以满足。

1. 探视有联系的亲友

如果游客知道亲友的姓名、地址，导游人员可以让其自行联系，也可以协助联系，并向游客讲明具体乘车路线。

2. 探视信息不详的亲友

如果游客只知道亲友的姓名或者某些线索，信息不详，导游人员可以通过旅行社请公安户籍部门帮助寻找，找到后及时告诉游客并帮其联系，安排见面。如果在旅游期间没有找到，可以请游客留下联系地址和电话号码，待找到其亲友后及时通知他。

3. 要求会见同行、知名人士

如果海外游客要求会见中国同行、洽谈业务、联系工作或者进行其他活动时，导游人员应该问清事由，向旅行社汇报，在领导的指示下给予积极协助；如果海外游客慕名求访党政部门的领导人或社会知名人士，导游人员应该了解游客要求会见的目的后上报旅行社，由旅行社报请有关部门决定是否同意会见，之后按规定办理。

4. 应注意的事项

导游人员在帮助游客联系会见亲友或者同行时，没有陪同会见的义务，如果是外国游客的话也没有担当翻译的义务。如果外国游客要求会见在华外国人或者驻华使、领馆人员时，导游人员不应该干预；如果游客要求协助，导游人员可以给予适当的帮助；如果外国游客盛情邀请导游人员参加使、领馆举行的活动时，导游人员应该先请示旅行社领导，经批准后方可前往。

二、要求亲友随团活动

有的游客达到某地希望会见亲友，但是时间有限又不舍得放弃旅游活动，有的游客期望与亲友有更多的相处时间，因此可能会向导游人员提出其亲友随团活动的要求，此时导游人员要做到：

（1）首先要与领队和旅游团其他成员商量，征得他们的同意。

（2）与旅行社联系，经旅行社同意后，导游人员可以带游客亲友前往旅行社或者请旅行社派人前来办理游客亲友的入团手续。在亲友出示有效证件、填写表格、签定合同、缴纳费用并获得旅行社开具的正式发票后即可入团。如因时间关系无法按上述程序办理相关手续，导游人员可以电话与旅行社联系，得到允许后代为查验证件，收取相关的费用，开具收据，并且尽快上交旅行社，开具正式发票交给游客亲友。一般情况下，游客亲友在办完随团手续后，方可随团活动。不办理手续不能随团活动，但导游人员必须认真解释，告知有关规定，请游客和亲友谅解。

（3）如果要求随团活动的游客亲友具有外交官身份，应该享受相应的外交礼遇，对他们的接待要严格按照我国政府的有关规定办理，导游人员不宜同意其随团，应婉言谢绝。如果要求随团活动的游客亲友是记者，导游应该报知旅行社请示政府相关部门，获准后方可办理其入团的手续。

（4）游客亲友入团后，导游人员应及时提醒旅行社相关人员增订宾馆床位、餐厅餐位和增购各种门票、交通票据。

【案例5-5】

游客的妹妹要随团活动

某天早上，某市大地旅行社的地陪小崔正在照顾所带旅行团的游客上车，看见一位不认识的老太太跟随旅游团的一位老先生上了旅游车，于是前去询问。老先生说老太太是他多年未见的妹妹，这次相见非常高兴，希望在能一起在游览。但是，小崔认为老先生这样做是违反旅游合同的行为，要求让老太太下车，老先生嫌小崔语气生硬、态度不友好，气愤地与之争执了起来，小崔一直不松口，坚持让老太太下车。老先生指责小崔缺乏人性，生气地带着老太太下了车，并表示将不再与旅游团一起活动。

案例分析

在此案例中，老先生希望自己的妹妹随团游览，地陪小崔没有向两位老人讲清楚游客亲友随团活动的有关规定，没说明需办理哪些手续，而是简单生硬地要求老人下车，这是闹得不愉快的症结所在。

对于这种情况，小崔应该这样处理：①问清老太太的身份后，向两位老人讲明游客亲友随团活动的有关规定并告知不办理随团手续、不缴纳费用的亲友不能随团活动，请老人谅解；②如果老人愿意办理随团手续，需先征得领队和其他游客的同意；③之后与旅行社联系，请其报价；④经旅行社批准后，代旅行社查验老太太的身份证件、代收费用、开具收据，并向老人讲清正式发票将尽快送到老人手中；⑤办理随团手续、缴纳费用后，老太太就正式成为旅游团的成员，导游人员对他们应该一视同仁，热情接待，周到服务。

案例总结

游客亲友随团活动不是绝对不行的，而是应在征得领队和旅游团成员的同意后，按规定办理好相关入团手续才可以，导游人员一定要向游客说明情况，还要注意随团亲友是否具有特殊身份，是否需要相关部门进行审批。亲友入团后，因团队人数发生变化，导游人员特别要提醒旅行社增加餐饮、住宿、门票等的预订。若游客拒绝办理相关入团手续，导游人员则应婉拒亲友随团的要求，但要注意态度，避免出现冲突。

任务五　要求中途退团、延长旅游期限的处理

一、要求中途退团

游客要求中途退团，多数是因为有特殊的客观原因，少部分是对接待服务质量不满所致，导游人员应区分不同情况，妥善处理。

1. 因客观原因要求中途退团

游客因患病、受伤、家中出事、工作急需或者其他客观原因，不得不提前离开旅游团或者中止旅游活动时，导游人员必须马上报告旅行社，经接待方旅行社与组团社协商后，应予以满足。因为非游客主观原因所致，因此游客提前离团而未享受的综合服务费，按旅游协议书的规定，或者根据旅行社之间协商的结果，可以部分退还或者不予退还。

对于中途退团的游客，导游人员应该热情有礼地报请旅行社为其安排退团后的后续事宜，包括为返程游客预订机（车、船）票，协助继续逗留游客预订酒店客房，对于持团体签证入境的境外游客，还应该为其办理分离签证手续和离团手续。但导游人员一定要说明，所产生的相关费用（包括订票、办证费用等）均由客人自理。

2. 无客观原因要求中途退团

如果游客没有客观原因要求中途退团，导游人员首先要问明原因。如果是因为个人主观原因比如某项不合理要求得不到满足而提出退团，导游人员要与领队一起做好说服工作，劝其继续随团旅游。如果是因为接待服务质量有问题或旅行社相关人员有工作失误，导游人员应向游客赔礼道歉，并及时报告旅行社，设法尽快弥补。如果劝说和采取弥补措施之后游客仍执意要求退团，导游人员可以报告旅行社，满足其要求，但是应该告知其未享受的综合服务费不予退还。退团后的后续事宜服务内容和程序同上。

【案例 5－6】

游客要求提前离团

北京某旅行社导游员小郭接待了一个来自美国的旅游团，该团原计划于 11 月 27 日飞抵西安市。11 月 26 日晚餐后不久，领队陪着一位女士找到小郭说："朱莉小姐刚刚接到家里电话，她的母亲病故了，需要立即赶回美国处理丧事。"

案例分析

该案例属于游客因客观原因要求中途退团。小郭在了解了具体情况之后，做了以下的处理：①首先表示哀悼，安慰朱莉小姐；②立即报告旅行社，由其与国外组团社联系、协调后，满足了朱莉小姐的要求；③由于旅游团持有的是团体签证，因此协助朱莉小姐办理分离签证以及其他的离团手续，为其重订返程航班、座位，产生的费用由其自理；

④朱莉小姐因提前离团未享受的综合服务费，经接待社和组团社协商后一致后，予以部分退还，以示哀悼；⑤通知接待社计调变更有关事项，包括后续的住房、餐饮、交通票据等。

案例总结

游客要求中途退团，导游人员首先应仔细了解情况，看是由于何种原因提出此项要求，再根据情况分别采取不同的应对措施，游客提前离团而未享受的综合服务费应视不同情况给予部分退还或不予退还。但无论是何种原因退团，导游人员都应为游客提供退团后的相应服务，包括为其预订交通票、分离签证等。

二、延长旅游期限的处理

1. 因伤病延长旅游期限

对于因伤、病延长在旅游地停留时间的游客，导游人员应协助其办理住院等有关手续，如有亲友前来陪同照料，需协助办理相关手续，还应该不时前往探视，并帮助游客及其陪伴家属解决生活上的困难。游客伤病治愈后离开旅游地时，可协助其预订返程机（车、船）票，必要的话安排车辆送站。

如果因伤病需延长旅游期限的是外国游客，导游人员还应该协助其办理分离签证、延长签证等手续。

上述过程中产生的费用均由游客自理。

2. 因其他原因延长旅游期限

有时旅游团旅行游览活动结束后，还有游客觉得意犹未尽或者想要探访亲友、参加活动，因此要求不随团离开，继续在当地逗留。这种情况下，导游人员应仔细询问原因，了解情况，一般可满足其要求，并且可根据游客需要协助其预订客房、餐饮、返程交通票等，但是要说明，原返程交通费用不退或部分退还，继续逗留期间的住宿餐饮费用、新返程交通票等费用需游客自理。如果逗留的游客需要旅行社继续提供导游或者其他服务，应与旅行社另签合同，缴纳相关费用。如果是外国游客需延长旅游期限，还涉及签证时限问题，如果不需要延长签证，一般可满足其要求，处理方法同上，并帮助其办理分离签证手续，但如果需要延长签证，导游人员原则上应该予以婉拒，如果确有特殊原因，导游人员应该请示旅行社领导，经领导批准后向其提供必要的帮助，产生费用由游客自理。

【案例 5－7】

游客要求多逗留两天

2007 年 7 月，正值抗日战争爆发 70 周年纪念，一对日本老年夫妇随旅游团进行了一次完美的保定四日游。行程即将结束时，老先生拉着地陪小吴的手，要求多逗留两天，并安排他们去冉庄地道战遗址。原来，老先生是名老军人，60 多年前作为侵略军入侵过冉庄，几十年来，老人一直有个心愿：回故地看看，亲口向当地民众表达自己的忏悔之心。

案例分析

老先生因自己特有的情结要求不随团离开而是增加新的游览内容，地陪小吴得知详情后，立即将此情况报告给旅行社，因不涉及签证延期问题，小吴在领导的指示下很快解决了夫妇二人的住房餐饮问题、重新确认了机票、收取了增补的费用，然后专程陪他们到冉庄“故地重游”，了却了老人的夙愿。在行程的最后，夫妇二人紧紧拉住小吴的手，热泪盈眶。

案例总结

游客想延长旅游期限，通常情况下导游人员请示领导后可以满足其要求，并协助其预订延长逗留期间的住宿、餐饮以及新返程交通票，但需要说明产生的费用由游客自理。至于游客逗留期间是否需导游人员陪同，则需要视游客要求而定。若因伤病被迫延长逗留，导游人员还应主动前往探视，协助解决生活上的各种困难。

任务六　转递物品要求的处理

有时游客会要求导游人员向有关部门或者其亲友转递物品，导游人员一般情况下应该婉拒，可以请游客自己或者陪同游客到邮局办理邮寄；如果游客确有困难，需要导游人员帮助，在请示旅行社批准后，导游人员可以应允，但是需按照规定的程序办理，且手续一定要完备。

（1）首先导游人员必须问清要转递的物品是何物。如果是食品，由于保质期和保鲜期较短，容易变质，一般应该拒绝转递，请其自行处理。如果是跨境旅游，导游人员只能接受海关允许带入带出的物品，尤其不能超出规定的限额。如果转递的是应税物品，应该让委托游客支付税款。

（2）请游客开具正式的委托书，注明转递物品的名称、数量、规格、价值等，以及收件人姓名、详细地址、联系方式等，并且由游客自己签名，附上身份证号码，留下详细的通信地址及联系电话。

（3）导游人员和游客双方当面开箱清点物品，清点无误后，当场密封并交给导游人员保管。导游人员不宜再让对方单独接触该物品，以防被中途调包。

（4）导游人员按照委托书中的联系地址和联系方式将物品转交给收件人，并请对方开具收条并签名盖章，写明接收时间。

(5) 导游人员将委托书和收条一并交由旅行社保管，以备查验。必要时，导游人员可以对相关原件进行复印，自己妥善保存。

(6) 如果游客要求将物品转递给外国驻华使、领馆及其人员的物品或者信件，原则上不能接收。在推托不了的情况下，导游人员应该详细了解情况并向旅行社领导请示，经请示同意后将物品交由旅行社有关部门，由旅行社负责转递。

(7) 如果由于游客提供的地址不详、收件人信息有误等原因无法代为转递物品，导游人员应将物品退还给游客，退还不成的应交旅行社保管。

【案例 5 -8】

游客请导游转交贵重物品

来自广东的某旅游团离开前，一位游客找到地陪小李，要求他将一个密封的盒子转交其在当地的一位朋友，并说："盒里是些贵重东西，我本来想亲手交给他的，但是他来不了饭店，我也去不了他家。现在只得请你将它转交给我的朋友了。"小李本着宾客至上的原则，接受了他的委托，按照地址找到了游客的朋友，亲自将盒子交给了他。可是，半年后游客打电话给旅行社，询问为什么导游李先生没有将盒子交给他的朋友。当旅行社调查此事时，小李说已经把盒子交给了游客的朋友了，并详细地介绍了整个过程。旅行社领导严肃地批评了小李，并要全旅行社的导游人员引以为戒。小李为什么会被领导批评？他正确的做法应该是什么？

案例分析

导游小李处理此事件的方法不符合处理客人转递物品要求的规范程序。首先，小李既然清楚游客需要转递的是贵重物品，应婉言拒绝，让游客到邮局进行邮寄或陪他去邮局邮寄。其次，如果游客确有困难又坚持请导游人员转交时，应请示旅行社领导，经批准后方可接受游客的委托，不应擅作主张。再次，接受游客委托后，小李要请游客打开盒子看清是什么物品，并让游客出具正式的委托书，注明转递物品名称和数量、收件人姓名和详细地址、游客自己的姓名和详细联系方式。将物品送交收件人后要让其写收条并签名，写明接收时间。最后，将游客出具的委托书和收件人签收的收条上交旅行社，必要的话自己保留复印件。这样就可以避免案例中发生的现象。

案例总结

游客要求导游人员代为转递物品，通常情况下导游人员应婉拒，若游客实在有困难推托不了，导游人员应请示领导，经批准后才能接受委托，但一定要确保流程的规范和各类手续的齐备，否则可能会出现案例中的情况，出力不讨好。

实训项目

【实训名称】

游客个别要求应对处理

【实训内容】

项 目	说 明
项目名称	游客个别要求应对处理
要求	（1）熟悉游客常见的个别要求及处理原则 （2）培养实训者随机应变、妥善处理游客要求的能力
器具准备	案例卡
方法	（1）教师示范讲解 （2）学生分组及抽签 （3）情境模拟演练

【实训步骤】

（一）实训前

准备好各种情境的案例卡，交代实训的要求及注意事项。

（二）实训开始

1. 学生分组。
2. 小组抽取案例卡确定实训情境及个别要求。
3. 学生分组准备，明确角色分配，拟定个别要求的处理方案。
4. 学生分组表演或陈述游客个别要求的处理。
5. 教师随机提问及点评。

【实训点评】

通过对个别突发事件的处理，结合所学的综合知识，模拟业务规范等实训，可以培养学生对紧急事件的预警能力、导游服务能力和应急处理能力。

练习题

1. 什么叫游客的个别要求？

2. 游客个别要求的处理原则有哪些？

3. 游客在餐饮方面的个别要求往往包括哪些情况？

4. 旅游团入住酒店后，有几名游客提出要调换房间，导游人员应如何处理？

5. 一名游客购物后发现物品是赝品，提出要退换商品，导游人员应如何处理？

6. 游客向导游人员提出希望自己的一名亲友随团活动时，导游人员应如何处理？

7. 在哪些情况下导游人员应劝阻游客进行自由活动？

8. 一名海外游客在游览期间因生病入院，不能随团返程，需在当地多逗留一段时间，假设你是该旅游团的地陪，你该怎么做？

9. 简述导游人员在处理为游客转递物品要求时的规范流程。

项目六　常见问题的预防和处理

学习目标

1. 知识目标

了解导游服务工作中的常见问题；

理解导游服务工作中常见问题的预防。

2. 能力目标

掌握接团、带团过程中常见问题的处理方法。

任务导入

旅游过程中的旅游故障很多，如日程变更、行李丢失、旅游者患病、误机误船等，对此导游员都应认真对待，妥善处理，严格按照程序进行。

导游员朱小姐接待了一个10多人的日本团。她将游客带到慕田峪长城后，向大家再一次宣布了集合地点和时间。接近集合时间时，游客们陆续来到缆车处。朱小姐清点人数，发现少了一位，等了十几分钟仍不见这位游客的踪影，她便返回长城去寻找，但却徒劳而返。日本随员见状，也返身去找，但仍未找到。

请思考：如你是本团导游员遇到这种情况该如何处理？

任务一　接团过程的突发事件处理

接团过程中的突发事件包括漏接、空接和错接三种情况。

一、漏接的原因、处理及预防

漏接是指旅游团（者）抵达一站后，没有导游员迎接的现象。

漏接的原因是多方面的，并不都是导游员的责任。但对旅游者来说，无论是哪方面的原因造成的漏接都是不应该的，因此旅游者见到导游员后都会抱怨、发火甚至投诉，这都是正常的，这时，导游员应设身处地为旅游者着想，尽快消除旅游者的不满情绪，做好工作，挽回影响。

1. 漏接的预防

（1）认真阅读计划。导游员接到任务后，应了解旅游团抵达的日期、时间、接站地点（具体是哪个机场、车站、码头）并亲自核对清楚。

（2）核实交通工具到达的准确时间；旅游团抵达的当天，导游员应与旅行社有关部门联系，弄清班次或车次是否有变更，并及时与机场（车站、码头）联系，核实抵达的确切时间。

（3）提前抵达接站地点。导游员应与司机商定好出发时间，保证按规定提前半小时到达接站地点。

2. 漏接的原因及处理

（1）由于导游员主观原因造成漏接。由导游员自身的原因造成漏接的情况主要有：导游员未按预定的时间抵达接站地点；导游员工作疏忽，将接站地点搞错；出于某种原因，班次变更旅游团提前到达，接待社有关部门在接到上一站旅行社通知后，已在接待计划（或电话记录、传真）上注明，但导游员没有认真阅读，仍按原计划去接团；新旧时刻表交替，导游员没有查对新时刻表，仍按旧时刻表时间去接团等。对此，导游员应实事求是地向旅游者说明情况，诚恳地赔礼道歉，用自己的实际行动，如提供更加热情周到的服务来取得旅游者的谅解。另外，还可采取弥补措施，高质量地完成计划内的全部活动内容。

（2）客观原因造成的漏接。由于交通部门的原因，原定班次或车次变更，旅游团提前到达，但因接待社有关部门没有接到上一站旅行社的通知，或接到上一站通知但没有及时通知该团导游员。对此，导游员不要认为与已无关而草率行事，应该立即与旅行社有关部门联系以查明原因。向旅游者进行耐心细致的解释，以防引起误解。此外，尽量采取弥补措施，努力完成接待计划，使旅游者的损失减少到最低程度。必要时，请旅行社领导出面赔礼道歉或酌情给旅游者一定的物质补偿。

二、空接的原因及处理

空接是指出于某种原因旅游者推迟抵达某站，导游员仍按原计划预定的班次或车次接站而没有接到旅游团。

1. 空接的原因

出于天气原因或某种故障，旅游团仍滞留在上一站或途中，上一站旅行社并不知道这种临时变化，而全陪或领队又无法及时通知地方接待社；班次变更后，旅游团推迟到达，接待旅行社的有关部门出于没有接到上一站旅行社的通知，或接到了上一站的通知而有关人员忘记通知该团导游员等原因都会造成空接问题的出现。

2. 空接的预防

为尽可能防止空接事故的发生，上一站旅行社或旅游团的全陪应及时将团队临时变更事宜通知下一站接待社；本站接待社也应主动与上一站接待社沟通团队情况；旅行社内勤人员要有高度责任心，在接到上一站变更通知后，设法立即通知导游人员；导游人员应在接团前再次落实团体接待计划，有可能的话，应亲自到旅行社查阅有关值班记录和变更通知，并按接待计划预定时间提前抵达接站点。

3. 空接的处理

导游员应立即与本社有关部门联系，查明原因。如推迟时间不长，可留在接站地点继续等候，迎接旅游团的到来；如推迟时间较长，导游员需按本社有关部门的安排，重新落实接团事宜。

三、错接的预防及处理

错接是指导游员未认真核实，接了不应由自己接的旅游团（者）。错接属于责任事故。

1. 错接的预防

（1）导游员应提前到达接站地点迎接旅游团。

（2）接团时认真核实。导游员要认真逐一核实旅游客源地派出方旅行社的名称、旅游目的地组团旅行社的名称、旅游团的代号、人数、领队姓名（无领队的团要核实旅游者的姓名）、下榻饭店等。

（3）提高警惕，严防社会其他人员非法接走旅游团（者）。

2. 错接的处理

若错接发生在同一家旅行社接待的两个旅游团时，导游员应立即向领导汇报。经领导同意，地陪可不再交换旅游团，全陪应交换旅游团并向旅游者道歉。

若错接的是另外一家旅行社的旅游团时，导游员应立即向旅行社领导汇报，设法尽快交换旅游团，并向旅游者实事求是地说明情况。

任务二　旅游活动计划和日程变更的处理

旅游计划或活动日程是按旅游合同、协议书的内容制定的。一旦确定，具有法律效应，各方应严格执行，一般不作轻易变更，有时因不可预料因素（如天气突变、自然灾害、交通问题等）迫使旅游团改变旅游活动计划及活动日程。

同时，旅游过程中，经常遇见旅游团（者）提出变更路线或日程的要求，此时导游员原则上应按合同执行，若有特殊情况应上报组团社，根据组团社的指示做好工作。

一、旅游团（者）要求变更计划行程的处理

当旅游者向导游人员提出变更旅游计划要求时，导游人员应该作出如下处理：

（1）导游人员应该向旅游者说明，旅行社方面不能违反合同规定，对旅游者的要求进行婉言拒绝。

（2）如果遇到特殊情况或者旅游者再三要求，导游人员应上报组团社，根据组团社的指示做好服务工作，导游人员无权轻易作出决定。

（3）但旅游团（者）要求变更计划行程的情况与处理应遵循下面几个原则

①合理而可能的原则。旅游者是导游员的主要工作对象，满足他们的要求，使他们愉快地度过旅游生活是导游员的主要任务。所以，旅游者提出变更旅游计划和日程时，只要是合理的，又有可能办到的，即使很困难，导游员也要设法给予满足。很多旅游者以“不打扰别人”为生活座右铭，往往不轻易求人，一旦开口，说明他们确实需要导游员的帮助，所以，对他们的要求，导游员绝不能掉以轻心。不提任何要求的旅游者并不是不需要导游员的帮助。而是不愿意开口求人。因此，导游员要细心地观察旅游者的言行举止，设法了解旅游者的心理活动，即使旅游者不开口，也要向旅游者提供需要的服务。导游员若能做到这一点，他的工作必然会得到旅游者的高度评价。

②耐心而细致的原则。旅游者提出的要求大多数是合情合理的，但总会有人提出一些苛刻的要求，给导游员的工作增加一定的难度。苛求，即过高的要求。有些要求看似合理，但旅游合同上没有规定这类服务或在中国目前还无法提供这类服务；有些要求本身就不合理，但总会有人提出来，要求导游员给予满足；还有些人出于某种心态，对导游员的工作横加指责、过分挑剔。

面对旅游者的苛求和挑剔，导游员一要认真倾听，不要没有听完就指责旅游者的要求不合理或胡乱解释；二要微笑对待，不要听到不顺耳的话就表示反感还恶语相向；三要耐心解释，对合理的但不可能办到的要求，要耐心地、实事求是地进行解释，不要以“办不到”一口拒绝。总之，对旅游者的苛求和挑剔，导游员不得意气用事。

③服务至上的原则。到中国的旅游者，不管来自哪个国家、属于哪个民族，不管其社会经济地位高低、年老年幼，都是我们的旅游者，都是导游员的服务对象。导游员要尊重旅游者的人格，热情周到地为其服务，维护其合法权益，满足其合理又可能办到的要求，切忌亲疏偏颇、厚此薄彼。旅游团中不免有无理取闹的人，对这类人的言行，导游员始终要沉着冷静，或一笑了之。处理这类问题，要坚持原则；不伤主人

之雅，不损旅游者之尊，理明则让。若个别旅游者的无理取闹影响了旅游团的正常活动，导游员可请领队协助出面解决，或直接面对全体旅游者，请他们主持公道。这就要求导游员在平时多向旅游者提供热情周到的服务，多提供超常服务，这样的导游员往往能获得大多数旅游者的赞赏和支持，可在客观上孤立一味苛求者和无理取闹者。确有困难时，导游员应向领导汇报，请其协助。

④一视同仁的原则。导游员要记住自己是主人。是主人就要有主人热情好客的态度，要有主人的度量，要对旅游者礼让三分。旅游者可能挑剔，甚至可能吵架，但作为主人的导游员却必须保持冷静，始终有礼、有理、有节，坚持不卑不亢的原则。在一般情况下，对旅游者要以礼相待，不与其争吵，更不能与其正面冲突，以免影响旅游活动，造成不良影响。对无理取闹者，导游员仍要继续为其热情服务，对他们的合理而可能办到的要求，仍需尽力设法予以满足。

二、客观原因需要变更计划和日程的处理

旅游过程中，出于客观原因、不可预料的因素（如天气、自然灾害、交通问题等）需要变更旅游团（者）的旅游计划和活动日程时，一般会出现三种情况：

（1）缩短或取消在一地的游览时间；

（2）延长在一地的游览时间；

（3）在一地的游览时间不变，但被迫取消某一活动，由另一活动代替。

1. 导游员一般应变措施

导游员这时可采取的一般应变措施有：

（1）制订应变计划并报告旅行社。导游员要认真分析形势，对问题的性质、严重性和后果做出正确判断；分析旅游者因情况变化可能出现的心理状态和情绪；迅速就以上情况制订出应变计划并报告旅行社。

（2）做好旅游者的工作。地陪、全陪应先就有关问题进行协商取得一致意见，然后找准时机向领队及团中有影响的旅游者实事求是地说明困难，诚恳地道歉，以求得谅解，并将应变计划安排向他们解释清楚，争取他们的认可和支持，最后分头做旅游者的工作。

（3）适当地给予物质补偿。必要时经领导同意可采取加菜、加酒、赠送小纪念品等物质补偿的方法，或请旅行社领导出面向旅游者表示歉意。

2. 导游员应变具体措施

导游员可采取的具体措施有：

（1）延长在一地的游览时间

旅游团提前抵达或推迟离开都会延长在一地的游览时间，地陪应采取的相应措

施有：

①与旅行社有关部门联系，重新落实该团用餐、用房、用车安排。

②调整活动日程，酌情增加游览景点；适当延长在主要景点的游览时间；晚上安排文体活动，努力使活动内容充实。

（2）缩短在一地的游览时间

旅游团提前离开或推迟抵达，都会缩短在一地的游览时间，地陪应积极做好如下工作：

①尽量抓紧时间，将计划内的参观游览安排完成；若确有困难，应有应变计划；突出本地最具代表性、最具有特色的旅游景点，以求旅游者对本地的旅游景观有基本了解。

②如系提前离开，要及时通知下一站（也可提醒旅行社有关部门与下一站联系）。

③向旅行社领导及有关部门报告，与饭店、车队联系，及时办理退餐、退房、退车等事宜。

（3）被迫改变部分旅游计划

①减少（越过半数）或取消一地的游览时间，全陪应报告组团社，由组团社做出决定并通知有关地方接待旅行社。

②被迫取消某一活动，由另一活动替代，导游员要以精彩的介绍、新奇的内容和最佳的安排激起旅游者的游兴，使新的安排得以实现。

动动脑

某地接社在接待某旅游团在青岛崂山旅游的过程中，导游员接到社内紧急通知，第三天将有十级大风。青岛港的航班全部停航不开船，全额退票。该团已经购买了第三天上午10时的船票，如遇大风必须在该地逗留三天左右，最好是在台风来前，于第二天赶回。

1. 导游员应采取何种措施，应做好哪些工作？

2. 如何向游客做好变更计划后的解释工作？

3. 有个别游客提出变更计划要求时，导游应如何处理好群体需求与个体需求的关系？

任务三　误机（车、船）事故的处理与预防

误机（车、船）事故是指由于某些原因或旅行社有关人员工作的失误，旅游团

（者）没有按原定航班（车次、船次）离开本站而导致暂时滞留。

误机（车、船）是重大事故，不仅给旅行社带来巨大的经济损失，还会使旅游者蒙受经济或其他方面的损失，严重影响旅行社的声誉。导游员要高度认识误机（车、船）的严重后果，尽量杜绝此类事故的发生。

一、误机（车、船）事故的原因

由于旅游者方面原因或由于途中遇到交通事故、严重堵车、汽车发生故障等突发情况造成延误等，属于非责任事故。

由于导游员或旅行社其他人员工作上的差错造成延误，是责任事故。如导游员安排日程不当或过紧，没有按规定提前到达机场（车站、码头）；导游员没有认真核实交通票据；班次已变更但旅行社有关人员没有及时通知导游员等。

二、误机（车、船）事故的预防

地陪、全陪要提前做好旅游团离站交通票据的落实工作，并核对日期、班次、时间、目的地等。如交通票据没落实，带团期间要随时与旅行社有关部门联系，了解班次有无变化。

临行前，不安排旅游团（者）到范围广、地域复杂的景点参观游览；不安排旅游团（者）到热闹的地方购物或自由活动。安排充裕的时间去机场（车站、码头），保证旅游团（者）在规定的时间到达离站地点。

一般情况下搭乘国内航班的旅游团队应该提前 90 分钟抵达机场，乘国际航班的旅游团队应该提前 120 分钟抵达机场，乘火车和轮船的旅游团队应该提前 60 分钟抵达车站或码头。

三、误机（车、船）事故的处理

在旅游过程中，遇到误机（车、船）事故时，一般可做如下处理：

（1）导游人员应及时向旅行社领导及有关部门报告，并请求帮助。

（2）导游人员和旅行社应尽快与机场（车站、码头）调度室或者有关部门联系，争取让全体旅游者乘当天下一班的交通工具离开本站。

（3）若无法获得当天去下一站的相应交通票据，导游人员要实事求是地向旅游者说明情况，与旅游者商量是否能换乘其他交通工具。同时导游人员还要与旅行社一起争取换乘其他交通工具的可能性。

（4）若换乘其他交通工具也不可能，导游人员则应请旅行社有关部门安排购买最近日期的交通票据或安排包机（车、船）、尽快使旅游团离开当地赶赴下一站。

（5）导游人员要努力稳定旅游者情绪，力求得到旅游者的谅解和配合；导游人员要与旅行社一起努力，安排好旅游团在当地滞留期间的食宿和游览事宜，有事多与旅游者商量并及时通报事态的发展。导游人员要向旅游团的全体旅游者赔礼道歉，必要时请旅行社领导出面致歉，同时采取相应的补偿措施，力争挽回旅行社的声誉。

（6）导游人员要督促本社及时通知下一站接待社，对日程作相应的调整。如果对日程影响较大，则应通知国内组团社。

（7）事后导游人员要写出书面报告，弄清事故的责任和原因，并提出今后改进的措施。

为了杜绝这类事故的发生，旅行社必须强化管理，制定必要的规章制度；加强各部门工作人员的工作责任心；制定严密的、切实可行的接待工作程序和岗位责任制；加强对接待工作各环节的联系、检查和审核。尤其对于乘飞机（车、船）离开的旅游团队一定要多加关注。

任务四　旅游者丢失证件、钱物、行李的预防与处理

一、丢失证件、钱物、行李的预防

旅游期间，旅游者丢失证件、钱物、行李的现象时有发生，不仅给旅游者造成诸多不便和一定的经济损失，也给导游员的工作带来不少麻烦和困难。导游员应经常关注旅游者这些方面的安全，采取各种措施预防此类问题的发生。

（1）多做提醒工作。参观游览时，导游员要提醒旅游者带好随身物品和提包；在热闹、拥挤的场所购物时，导游员要提醒旅游者保管好自己的钱包、提包和贵重物品；离开饭店时，导游员要提醒旅游者带好随身行李物品，检查是否带齐了旅行证件。

（2）导游员在工作中需要旅游者的证件时，要经由领队收取，用毕立即如数归还，不要代为保管；还要提醒旅游者保管好自己的证件。

（3）切实做好每次行李的清点、交接工作。

（4）每次旅游者下车后，导游员都要提醒司机清车、关窗并锁好车门。

二、丢失证件的处理

当旅游者丢失证件时，导游员应先请旅游者冷静地回忆，详细了解丢失情况，尽量协助寻找。如确已丢失，应马上报告组团社或接待社，根据组团社或接待社的安排，协助旅游者向有关部门报失，补办必要的手续。所需费用由旅游者自理。

1. 丢失外国护照和签证

（1）由旅行社出具证明。

(2) 请失主准备照片。

(3) 失主本人持证明去当地公安局（外国人出入境管理处报失，由公安局出具证明）。

(4) 持公安局的证明去所在国驻华使、领馆申请补办新护照。

(5) 领到新护照后，再去公安局办理签证手续。

2. 补办团队签证

须有签证副本和团队成员护照，并重新打印全体成员名单，填写有关申请表（可由一名旅游者填写，其他成员附名单），然后到公安局外国人出入境管理处进行补办。

3. 丢失中国护照和签证

(1) 华侨丢失护照和签证

①失主准备照片。

②当地接待旅行社开具证明。

③失主持遗失证明到省、市、自治区公安局（厅）或授权的公安机关报失并申请办理新护照。

④持新护照去其侨居国驻华使、领馆办理入境签证手续。

(2) 中国公民出境旅游时丢失护照、签证

①请当地陪同协助在接待社开具遗失证明，再持遗失证明到当地警察机构报案，取得警察机构开具的报案证明。

②持当地警察机构的报案证明和遗失者照片及有关护照资料到我驻该国使、领馆办理新护照。

③新护照领到后，携带必备的材料和证明到所在国移民局办理新签证。

(3) 丢失港澳同胞回乡证（港澳居民来往内地通行证）

失主持当地接待旅行社的证明向遗失地的市、县公安部门报失，经查实后由公安机关的出入境管理部门签发一次性有效的中华人民共和国出境通行证。

(4) 丢失台湾居民来往大陆通行证

失主向遗失地的中国旅行社、户口管理部门或侨办报失，核实后发给一次性有效的入出境通行证。

(5) 丢失中华人民共和同居民身份证

由当地旅行让核实后开具证明，失主持证明到当地公安局报失，经核实后开具身份证明，机场安检人员核准放行。

三、丢失钱物的处理

旅游者丢失财物，导游员要详细了解失物的形状、特征、价值，分析物品丢失的

可能时间和地点并积极帮助寻找。若丢失的是进关时登记并须复带出境的或保险的贵重物品，接待旅行社要出具证明，失主持证明到当地公安局开具遗失证明，以备出海关时查验或向保险公司索赔。

证件、财物特别是贵重物品被盗是治安事故，导游员须立即向公安部门和保险公司报案，协助有关人员查清线索，力争破案，找回被窃证件、物品，挽回不良影响。若找不回被盗物品，导游员要协助失主持旅行社的证明到当地公安局开具失窃证明书，以便出关时查验或向保险公司索赔，同时需提供热情周到的服务，安慰失主，缓解失主的不快情绪。

四、行李遗失的处理

1. 来华途中丢失行李

海外旅游者的行李在来华途中丢失，不是导游员的责任，但应帮助旅游者追回行李。

（1）带失主到机场失物登记处办理行李丢失和认领手续。

失主须出示机票及行李牌，详细说明始发站、转运站，说清楚行李件数及丢失行李的大小、形状、颜色、标记、特征等，并一一填入失物登记表；将失主下榻饭店的名称、房间号和电话号码（如果已经知道的话）告诉登记处并记下登记处的电话和联系人，记下有关航空公司办事处的地址、电活，以便联系。

（2）旅游者在当地游览期间，导游员要不时打电话询问寻找行李的情况，一时找不回行李，要协助失主购置必要的生活用品。

（3）离开本地前行李还没有找到，导游员应帮助失主将接待旅行社的名称、全程旅游线路以及各地可能下榻的饭店名称转告有关航空公司，以便行李找到后及时运往最便宜地点交还失主。

（4）如行李确系丢失，失主可向有关航空公司索赔。

2. 在中国境内丢失行李

旅游者在中国境内期间丢失行李，一般是交通部门或行李员的责任，但导游员应高度重视，负责查找。

（1）导游员要冷静分析情况，找出差错的环节。

如果旅游者在出站前领取行李时，找不到托运的行李，则有可能是在上一站行李交接或托运过程中出现了差错，导游员应采取以下措施：

①带失主到失物登记处办理行李丢失和认领手续，由失主出示机票和行李牌，填写丢失行李登记表。

②立即向旅行社领导汇报，请其安排有关部门和人员与场、上一站旅行社、民航

等单位联系，积极寻找。

如果抵达饭店后，发现旅游者没有拿到行李则问题可能出在饭店内或本地交接及运送行李过程中，此时，地陪应采取如下措施：

①和全陪、领队一起先在本团成员所住房间寻找，查看是不是饭店行李员送错了房间，还是本团客人误拿了行李。

②如找不到，就应与饭店行李科迅速取得联系，请其设法查询。

③如饭店行李科工作人员仍找不到，应向旅行社汇报。

（2）主动做好失主的工作。

对丢失行李事故向失主表示歉意，并帮助其解决因行李丢失而带来的生活方面的困难。

（3）经常与有关方面联系，询问查找进展情况。

（4）将找回的行李及时归还。

（5）如果确定行李已经遗失，则应由旅行社领导出面向失主说明情况并表示歉意。

（6）帮助失主根据规定向有关部门索赔。

（7）事后写出书面报告。

报告中写清行李丢失的经过、原因、查找过程及失主和其他团员的反映等情况。

任务五　旅游者走失的处理与预防

在参观游览或自由活动时，经常发生旅游者走失的情况。一般来说，造成旅游者走失的原因有三种：一是导游员没有向旅游者讲清停车位置域景点的游览路线；二是旅游者对某种现象和事物产生兴趣，或在某处摄影滞留时间较长而脱离团队自己走失；三是自由活动、外出购物时旅游者没有记清地址和路线而走失。无论哪种情况，都会使旅游者极度焦虑，感到恐慌，严重时会影响整个旅游计划的完成，甚至会危及旅游者的生命财产安全。一旦有旅游者走失，导游员应立即采取有效措施。

一、旅游者走失的处理

（一）游览活动中旅游者走失

1. 了解情况，迅速寻找

导游员应立即向其他旅游者、景点工作人员了解情况并迅速寻找。地陪、全陪和领队要密切配合，一般情况下是全陪、领队分头去找，地陪带领其他旅游者继续游览。

2. 向有关部门报告

在经过认真寻找仍然找不到走失者后，应立即向游览地的派出所和管理部门求助，特别是在面积大、范围广、进出口多的游览点，因寻找工作难度较大，争取当地有关部门的帮助尤其必要。

3. 与饭店联系

在寻找过程中，导游员可与饭店前台、楼层服务台联系，请他们注意该旅游者是否已经回到饭店。

4. 向旅行社报告

如采取了以上措施仍找不到走失的旅游者，地陪应向旅行社及时报告并请求帮助，必要时请示领导，向公安部门报案。

5. 做好善后工作

找到走失的旅游者后，导游员要做好善后工作，分析走失的原因。如属导游员的责任，导游员应向旅游者赔礼道歉；如果责任在旅游者，导游员也不应指责或训斥对方，而应对其进行安慰，讲清利害关系，提醒以后注意。

6. 写出事故报告

若发生严重的走失事故，导游员要写出书面报告，详细记述旅游者走失经过、寻找经过、走失原因、善后处理情况及旅游者的反映等。

（二）自由活动时旅游者走失

1. 立即报告旅行社

旅游者若在自己外出时走失，导游员得知后应立即报告旅行社，请求指示和协助，通过有关部门通报管区的公安局、派出所和交通、公安部门，提供走失者可辨认的特征，请求沿途寻找。

2. 做好善后工作

走失者回饭店，导游员应表示高兴；问清情况，必要时提出善意的批评，提醒走失者引以为戒，避免走失事故再次出现。

3. 旅游者走失后出现其他情况，应视具体情况作为治安事故或其他事故处理

二、旅游者走失的预防

旅游者走失虽然不一定是导游员的责任，但与导游员责任心不强、工作不细致有很大的关系。为防止此类事故发生，导游员应：

（1）做好提醒工作。提醒旅游者记住接待社的名称，旅行车的车号和标志，下榻饭店的名称、电话号码，带上饭店的店徽等。团体游览时，地陪要提醒旅游者不要走散；自由活动时，提醒旅游者不要走得太远；不要回饭店太晚；不要去热闹、拥挤、秩序乱的地方。

（2）做好各项安排的预报。在出发前或旅游车离开饭店后，地陪要向旅游者报告一天的行程，上午、下午游览点和吃中、晚餐餐厅的名称和地址。到游览点后，在景点示意图前，地陪要向旅游者介绍游览线路，告知旅游车的停车地点，强调集合时间和地点，再次提醒旅游者旅游车的特征和车号。

（3）时刻和旅游者在一起，经常清点人数。

（4）地陪、全陪和领队应密切配合，全陪和领队要主动负责做好旅游者的断后工作。

（5）导游员要以高超的导游技巧和丰富的讲解内容吸引旅游者。

任务六　旅游者患病、死亡问题的处理

一、旅游者患病的预防和处理

由于旅途劳累、气候变化、水土不服、起居习惯改变等原因，旅游者尤其是年老、体弱的旅游者常会感到身体不适甚至患病；在旅途中，旅游者突然患病、患重病、病危的事也会时有发生。导游员应尽力避免人为原因致使旅游者生病。如遇旅游者患病、突患重病的情况，导游员要沉着冷静地及时处理，努力使旅游活功继续进行。

1. 旅游者患病的预防

（1）接待前，导游员应认真分析、研究旅游团人员情况，根据旅游团成员的年龄、身体状况周密安排游览活动。

（2）制订计划、安排活动日程要留有余地，做到劳逸结合。同日参观的游览项目不能太多；体力消耗大的项目不要集中安排；晚间活动安排时间不宜过长。

（3）提醒旅游者注意饮食卫生，如不要买街头小贩的食品、不喝生水和不洁的水等。

（4）做好天气预报工作。提醒旅游者及时增减衣服、带雨具等；气候干燥的季节，提醒旅游者多喝水、多吃水果等。

2. 旅游者患一般疾病的处理

（1）劝其及早就医并多休息。旅游者患一般疾病时，导游员要劝其尽早去医院看病，并留在饭店内休息。如有需要，应陪同患者前往医院就医。

（2）关心旅游者的病情。如果旅游者留在饭店休息，导游员要前去询问身体状况并安排好用餐，必要时通知餐厅为其提供送餐服务。

（3）向旅游者讲清看病费用自理。

（4）严禁导游员擅自给患者用药。

3. 旅游突患重病的处理

在旅行途中旅游者突然患重病，导游员应采取措施就地抢救，请求机组人员、列车员或船员在飞机上、火车或轮船上寻找医生并通知下一站急救中心和旅行社准备抢救。若乘旅游车前往景点途中旅游者患重病，必须立即将其送往就近的医院，或拦车将其送医院，必要时暂时中止旅行，让旅行车先开到医院；还应及早通知旅行社，请求指示和派人协助。在饭店有旅游者患重病，先由饭店医务人员抢救，然后送往医院。

旅游者病危时，导游员应立即协同领队和亲友送病人去急救中心或医院抢救，或请医生前来抢救。患者如系国际急救组织的投保者，导游员还应提醒领队及时与该组织的代理机构联系。

在抢救过程中，导游员应要求领队或患者亲友在场，并详细记录患者患病前后的症状及治疗情况。导游员还应随时向当地接待社反映情况。

若患者病危而其亲属不在身边时，导游员应提醒领队及时通知患者亲属；如患者亲属系外籍人士，导游员应提醒领队通知所在国使、领馆；患者家属来到后，导游员应协助其解决生活方面的问题；若找不到亲属，一切按使、领馆的书面意见处理。

导游员这时应安排好旅游团其他旅游者的活动，全陪应继续随团旅游。

患者转危为安但仍需住院治疗，不能随团离境时，旅行社领导和导游员（主要是地陪）要不时去医院探望，帮助患者办理分离签证、延期签证以及出院、回国手续及交通票证等善后事宜。

患者住院及医疗费用自理，患者离团住院时未享受的综合服务费由旅行社之间结算，按规定退还本人；患者亲属在华期间的一切费用自理。

二、旅游者因病死亡的处理

出现旅游者死亡的情况时，导游员应立即向当地接待社报告，按当地接待社领导的指示做好善后工作。同时，导游员应稳定其他旅游者的情绪，继续做好旅游团的接待工作。

如死者的亲属不在身边，导游员必须立即通知其亲属；如死者的亲属系外籍人士，应提醒领队或经由外事部门及早通知死者所属国驻华使、领馆。

由参加抢救的医师向死者的亲属、领队及死者的好友详细报告抢救经过，并写出抢救经过报告、死亡诊断证明书，由主治医师签字后盖章并复印，分别交给死者的亲属、领队和旅行社。

对死者一般不做尸体解剖，如要求解剖尸体，应由死者的亲属或领队提出书面申请，经医院同意后方可进行。

死者的遗物由其亲属或领队、死者生前好友代表、全陪、接待社代表共同清点，列出清单，一式两份，上述人员签字后分别保存。遗物由死者的亲属或领队带回（或交使、领馆）。

如需要，请领队向全团宣布对死者的抢救经过。

遗体的处理，一般应以在当地火化为宜。遗体火化前，应由死者的亲属或领队（或代表）写出火化申请书，交我方保留。

死者的亲属要求将遗体运送回国，除需办理上述手续外，还应由医院对尸体进行防腐处理，由殡仪馆成殓，并发给装殓证明（灵柩要用铁皮密封，外廓要包装结实）。

如旅游者死亡地点不是出境口岸，应由地方检疫机关发给死亡地点至出境口岸的检疫证明“外国人运带灵柩（骨灰）许可证”，然后由出境口岸检疫机关发给中华人民共和国××检疫站“尸体/灵柩/进出境许可证”，再由死者所持护照国驻华使、领馆办理一张遗体灵柩经出国家的通行护照，此证随灵柩一起同行。

三、旅游途中经常出现的几种常见病及症状

1. 晕车、晕船、晕机

乘车、船、机常出现恶心、呕吐的症状。老人在乘坐交通工具时发生头昏、呕吐、恶心、出冷汗等征兆，切勿考虑为运动症，因为老年人前庭器官功能较迟钝，对运动反应不太敏感，一般不会发生运动症。同时，心脑血管急症（如心肌梗死、中风等）患者也有以上症状，所以，应注意区分。

2. 中暑

在高温环境中伴有口渴、头晕、胸闷、恶心、注意力不集中、面色潮红等症状。稍重者则面色苍白，神志不清，脉搏加快，甚至昏迷。

3. 急性腹泻

表现为重度失水、发热等症状。

4. 急性脑梗死和脑出血

发病时，患者出现头痛、眩晕、呕吐，继而神志不清，可见口眼歪斜，上下肢偏瘫。

5. 心脏病猝发

最典型的症状是两眼上翻、口吐白沫、抽筋、无脉搏等。

四、几种常见病的预防及处理

1. 晕车、晕船、晕机

出游前提醒晕车、晕船、晕机的游客应有足够的睡眠；乘坐前不宜过饥或过饱，只吃七八分，尤其不能吃高蛋白和高脂食品；乘坐交通工具前半小时口服晕车药或用

止痛膏贴于肚脐上。

出游时，导游人员应注意提醒这些游客在乘坐交通工具时不要紧张，要注意保持精神放松；尽量安排他们坐比较平稳且与行驶方向一致的座位，头部适当固定，避免过度摆动；同时使交通内适当通风，保持空气流通和新鲜。

当游客乘车、船、机出现恶心、呕吐等征兆时，可指导游客做深呼吸；有条件的，用热毛巾擦脸或在额头放置凉的湿毛巾。发生晕车、晕机、晕船时，最好静卧休息或尽量将座椅向后放平，闭目养神。同时提醒游客不可进食饮水。长途旅行中旅客晕机（车、船），导游员可请乘务员协助。

2. **中暑**

一旦游客中暑，应尽快将其移至阴凉通风处，平躺，解开衣领，放松裤带，不停扇风散热并用冷毛巾擦拭患者，直到其体温降到38℃以下。条件许可时让其饮用含盐饮料。若中暑者意识清醒，应让其以半坐姿势休息，头与肩部给予支撑。若中暑者已失去意识，则应让其平躺，做必要治疗后立即送往医院。

小常识

中暑的预防

★出行躲避烈日

夏日出门记得要备好防晒用具，最好不要在10点至16点时在烈日下行走，因为这个时间段的阳光最强烈，发生中暑的可能性是平时的10倍！如果此时必须外出，一定要做好防护工作，如打遮阳伞、戴遮阳帽、戴太阳镜，有条件的最好涂抹防晒霜；准备充足的水和饮料。此外，在炎热的夏季，防暑降温药品，如十滴水、龙虎人丹、风油精等一定要备在身边，以防应急之用。外出时的衣服尽量选用棉、麻、丝类的织物，应少穿化纤品类服装，以免大量出汗时不能及时散热，引起中暑。老年人、孕妇、有慢性疾病的人，特别是有心血管疾病的人，在高温季节要尽可能地减少外出活动。

★别等口渴了才喝水

不要等口渴了才喝水，因为口渴已表示身体已经缺水了。最理想的是根据气温的高低，每天喝1.5至2升水。出汗较多时可适当补充一些盐水，弥补人体因出汗而失去的盐分。另外，夏季人体容易缺钾，使人感到倦怠疲乏，含钾茶水是极好的消暑饮品。

★饮食

夏天生食的蔬菜，如生菜、黄瓜、西红柿等的含水量较高；新鲜水果，如桃子、杏、西瓜、甜瓜等水分含量为80%～90%，都可以用来补充水分。另外，乳制品既能补水，又能满足身体的营养之需。其次，不能避免在高温环境中工作的人，应适当补充含有钾、镁等元素的饮料。

★保持充足睡眠

夏天日长夜短，气温高，人体新陈代谢旺盛，消耗也大，容易感到疲劳。充足的睡眠，可使大脑和身体各系统都得到放松，既利于工作和学习，也是预防中暑的措施。最佳就寝时间是22时至23时，最佳起床时间是5时30分至6时30分。睡眠时注意不要躺在空调的出风口和电风扇下，以免患上空调病和热伤风。

3. 急性腹泻

处理办法：

(1) 休息。若频繁呕吐，暂禁食，补充开水，以开水、汤类为宜。

(2) 轻微腹泻者，可服用痢特灵等来止泻。

(3) 伴有脓血或米泔样大便者，应将患者用过的餐具、衣物等煮沸消毒，排泄物须进行处理（石灰），并迅速将患者送往医院。

4. 急性脑梗死和脑出血

遇此情况，应立即让病人平躺，上身稍垫高，保持安静，头部偏向一侧，以防止呕吐时误吸胃内食物引起窒息，出现昏迷时取出口腔内假牙，保持呼吸道通畅，并尽快送医院进行抢救。

5. 心脏病猝发

游客心脏病突发，切忌急着将游客抬着或背着去医院，而应让其就地平躺，头略高，由患者亲属或领队或游客从患者口袋中寻找备用药物，让其服用；同时，地陪应立即跑到附近医务所找医生前来救治，病情稍稳后送医院。

任务七　旅游者越轨言行的处理

越轨行为一般是指旅游者侵犯一个主权国家的法律和世界公认的国际准则的行为。外国旅游者在中国境内必须遵守中国的法律，如果犯法，也将受到中国法律的制裁。旅游者的越轨行为属个人问题，但处理不当将产生不良后果。因此，导游人员在处理这类问题时一定要慎重，事前应认真调查核实，注意掌握政策和策略，分清越轨行为与非越轨行为、有意与无意、无故与有因、言论与行为的界限。只有正确区分上述界限，才能正确处理这类问题，才能团结朋友、增进友谊，维护国家的主权。

一、越轨行为的预防

(1) 处理要慎重，事前要认真调查核实。分清越轨行为和非越轨行为的界限；分清有意和无意的界限；分清无故和有故的界限；分清言论和行为的界限。

（2）积极向旅游者介绍中国的有关法律及注意事项。多做提醒工作，以免个别旅游者无意中越轨。

（3）对有意越轨者，有针对性地给予必要的提醒和警告，迫使预谋越轨者知难而退；对顽固不化者，对其越轨言行一经发现应立即汇报、协助有关部门进行调查处理。

二、越轨行为的处理

（一）对旅游者攻击污蔑言论的处理

由于社会制度、政治信仰不同，外国旅游者可能对中国的方针政策和国情缺乏了解或存在误解，对一些问题的认识和看法有分歧，这是正常现象。

（1）导游人员应积极介绍我国的国情，认真回答旅游者提出的问题，阐明我国对某些问题的立场和观点，求同存异。

（2）对站在敌对立场上对我国进行攻击诬蔑的旅游者，导游人员应立场坚定、旗帜鲜明、理直气壮地进行驳斥，做到有理、有利、有节，必要时报告有关部门，查明以后严肃处理。

（二）对旅游者违法行为的处理

对旅游者违法行为绝不姑息，具体处理如下：

（1）不同国家的法律不完全一样。对因缺乏了解而做出违反我国法律行为的旅游者，导游人员应讲清道理，指出错误之处，并根据违法行为的性质、危害程度，确定是否报有关部门处理。

（2）对明知故犯者，导游人员要提出警告，报告有关部门严肃处理，情节严重者应绳之以法。

（3）旅游者中若有窃取国家机密和经济情报、宣传和组织邪教活动、走私、贩毒、偷盗文物、倒卖金银、套购外汇、贩卖黄色书刊和音像制品、嫖娼、卖淫等犯罪活动的，一旦发现应立即报告，并配合司法部门查明情况，严肃处理。

（4）对于已经出现的游客违法行为，如情节较为严重，有可能危害到社会或其他人员的人身财产安全时，导游人员应及时拨打110报警，以防止事态进一步扩大，给社会或他人带来更大的损失。

（三）对旅游者散发宗教宣传品行为的处理

我国宪法明文规定，公民有信仰宗教的自由。但对于外国旅游者，如果未经我国宗教团体或有关部门允许，不得在我国讲道、主持宗教活动和散发宗教宣传品。导游人员遇到此类事情，特别是旅游者擅自散发宗教宣传品的行为，应做到：

（1）予以劝阻，并向他们宣传介绍我国的宗教政策。指出不经我国宗教团体邀请和允许，不得在我国布道、主持宗教活动和在非宗教活动场合散发宗教宣传品。

（2）注意政策界限和方式方法。对不听劝阻，并有明显破坏活动者应立即报告，由司法、公安等有关部门处理。

（四）对异性越轨行为的处理

对旅游者举止不端、行为猥亵的任何行动，导游人员应令其立即改正，并严正指出其行为的严重性；如果女性导游人员遇到此类情况，为了自卫可采取断然措施；对情节严重或屡教不改者，应及时报告有关部门依法处理。

（五）违反景区、景点有关规定的处理

旅游者中总有一些人言行不检点，对景区、景点树立的醒目告示牌熟视无睹，明知故犯。导游人员在进行精彩讲解的同时，也要进行文物保护、环境保护的宣传。导游人员要讲清景区、景点的有关规定并一再提醒旅游者注意遵守。例如：有的地方禁止进入、禁止照相、禁止使用闪光灯；禁止乱涂、乱划；禁止践踏草地，禁止采摘花草、果实，禁止采挖野菜；禁止随地吐痰、乱扔废弃物，禁止攀登等。导游人员还要注意旅游者的动向，防止少数人破坏景区、景点的环境，扰乱景区、景点的秩序。若发现违规行为，导游人员应予以阻止；若有人不听劝告、一意孤行，导游人员要报告有关部门，对其进行严肃处理。

（六）对酗酒闹事者的处理

如果旅游者酗酒，导游人员应先规劝，严肃指出可能造成的严重后果，要尽力予以阻止；对不听劝阻，酒后扰乱社会秩序、侵犯他人并造成物质损失的肇事者，必须令其承担一切后果，直至追究其法律责任。

实训项目

【实训名称】

漏接、空接、错接的预防和处理

【实训内容】

项　目	说　明
项目名称	漏接、空接、错接的预防和处理
时间	实训授课 1 学时，共计 50 分钟，其中示范讲解 20 分钟，学生分组演练 30 分钟
要求	（1）熟悉服务准备阶段的具体工作要求 （2）培养实训者认真工作的态度
器具准备	接待计划、通信工具、导游图、导游证、导游旗、接站牌
方法	（1）教师示范讲解 （2）学生分组演练
实训总结	每组实训者认真总结本次实训的心得、体会、并写出实训总结

【实训步骤】

一、实训前：准备好实训所需的物品，交代实训中的注意事项

二、实训开始

1. 接站前的准备工作

（1）认真阅读接待计划。地陪接到任务后，应了解旅游团抵达的日期、时间、接站地点等事宜，逐一认真核对清楚。

（2）核实交通工具到达的准确时间。旅游团抵达当日，地陪应与接待社有关部门联系，了解是否有了新的变更通知，并及时与机场、车站或码头联系，核实抵达的确切时间。

（3）提前列达接站地点。导游人员应与司机商定好出发时间、保证按规定提前半小时到达接站地点。

（4）与上一站保持联系，确定准确到站时间。

（5）遇到天气等待殊情况要与领对联系，看是否按时到达。

2. 漏接、空接、错接事故的处理（分组模拟不同情景）

情景一：由导游人员主观原因造成漏接

模拟情景：

（1）工作不细，没有认真查阅接待计划，将接站时间、地点搞错。

（2）迟到、未按规定时间提前到达接站地点。

（3）旅游团（者）因车次、班次变更而提前到达，导游人员未看变更通知仍按原

计划接站。

（4）新旧时刻表交替时，导游人员未查对新旧时刻表，仍按旧时刻表的时间接站。

处理方法：

（1）实事求是地向旅游者说明情况，诚恳地赔礼道歉，求得谅解。

（2）用更加热情周到的服务，高质量地完成计划内全部活动内容，以消除因漏接给旅游者带来的不愉快。

（3）旅游者对因漏接而发生费用问题，导游人员应主动予以赔付。

情景二：客观原因造成的漏接

模拟情景：

（1）原定班次、车次变更使旅游团（者）提前到达，但上一站接待社漏发变更通知。

（2）本站接待计接到变更通知，但未能及时通知该团的导游人员。

（3）司机迟到，未能按时到达接站地点。

（4）由于交通堵塞或其他预料不到的情况发生，无法及时抵达接站地点。

处理方法：

（1）立即与接待社联系查明原因，不能认为与己无关而敷衍了事。

（2）耐心细致地向旅游者解释说明，以消除误解。

（3）尽量采取补救措施，使旅游者的损失降到最小。

（4）必要时请旅行社领导出面赔礼道歉，或酌情给旅游者一定的物质补偿。

情景三：空接

模拟情景：

（1）出于天气原因或某种故障，旅游团仍滞留在上一站或途中，上一站旅行社并不知道这种临时变化，而全陪或领队又无法及时通知地方接待社。

（2）班次变更后，旅游团推迟到达，接待旅行社的有关部门出于没有接到上一站旅行社的通知，或接到了上一站的通知而有关人员忘记通知该团导游员等原因都会造成空接问题的出现。

处理方法：

（1）导游员应立即与本社有关部门联系，查明原因。

（2）如推迟时间不长，可留在接站地点继续等候，迎接旅游团的到来。

（3）如推迟时间较长，导游员需按本社有关部门的安排，重新落实接团事宜。

情景四：错接

模拟情景：

（1）车站人员太多，造成错接。

（2）团队标志、人数一致或相似，造成错接。

（3）同一旅行社有好几个团队同时到达，造成错接。

处理方法：

（1）若错接发生在同一家旅行社接待的两个旅游团时，导游员应立即向领导汇报。经领导同意，地陪可不再交换旅游团，全陪应交换旅游团并向旅游者道歉。

（2）若错接的是另外一家旅行社的旅游团时，导游员应立即向旅行社领导汇报，设法尽快交换旅游团，并向旅游者实事求是地说明情况。

三、实训结束

【实训点评】

无论漏接、空接还是错接，都会造成旅游者的不愉快，有时还会造成经济损失，给旅行社的名誉带来损失。虽然漏接和空接有时是客观原因造成的，但作为导游员应充分做好接团前的准备工作，并于接到旅游团后认真核实团队情况，尽量避免接团过程中的突发事件发生。

小案例

8 月 19 日早上，某国外旅游团的全陪小宋发现卡特先生没来吃早餐，他是团里一位每天用餐非常准时的游客，集合登车时也没有看见他。由于他住单间，小宋就找领队询问是怎么回事，领队也不知道。小宋给他的房间打电话，铃响了好长时间也没人接。小宋请领队和他一起寻找，他们找遍了饭店的所有公共场所，都没有见到那位游客。他们一起来到客人的房间前，敲门也没有应答。他们试着推了推门，门是锁着的。于是他们问楼层服务员见到这位游客外出没有，服务员回答说没见他外出。最后他们决定请服务员打开门。一进门，他们发现该游客还睡在床上。领队叫了他几声，他也毫无反应，待他们走近床前，才发现他已死在床上。两人吓得跑到前厅，惊恐地告诉大家该游客死亡的消息。地陪小李当即决定取消当天的游览活动，并赶紧打电话向地接社报告，请领导前来处理问题，打完电话他就在前厅走来走去，紧张地等待领导。

请问：在上述描述中，全陪导游员小宋在哪些方面做得不对？应该怎样做？地陪导游员小李呢？

【案例分析】

1. 全陪导游员行动的不妥之处：

①发现游客死在床上，全陪和领队不应该都跑出来；②不应该惊恐地当众宣布死讯。

2. 地陪导游员的不妥之处：

①地陪不应该立即宣布取消当天的游览活动；②地陪不应只打电话向旅行社报告游客死亡的消息；③不应该在大厅焦急地等待旅行社领导而不管其他游客。

3. 导游员正确的做法是：

①全陪和领队应有一人留在原地与楼层服务员一起保护现场；②应与领队、地陪商量后再向全团宣布该游客的死讯；③应安定其他游客的情绪；④地陪（或由旅行社另派地陪）应继续带团到预定地点游览；⑤在通知旅行社的同时要通知公安局外事处及饭店保卫部门；⑥向旅行社领导作翔实报告；⑦有关部门来调查时，应积极配合。

练习题

一、单选题

1. 由于主观原因而造成了漏接事故，导游人员应妥善应对，（　　）。

A. 进行耐心细致的解释，以防引起旅游者误解

B. 不要认为与己无关而草率行事

C. 尽量采取弥补措施，努力完成接待计划

D. 及时通知下一站，对日程作相应的调整

2. 发生误机（车、船）事故，导游人员应妥善应对，（　　）。

A. 进行耐心细致的解释，以防引起旅游者误解

B. 不要认为与己无关而草率行事

C. 尽量采取弥补措施，努力完成接待计划

D. 及时通知下一站，对日程作相应的调整

3. 旅游者在中国境内旅游期间丢失行李，一般情况下是（　　）的责任，作为导游人员要高度重视，负责查找。

A. 交通部门或司机　　　　B. 交通部门或导游员

C. 交通部门或行李员　　　D. 交通部门或旅行社

4. 为防止游客走失，到游览点后，在景点示意图前，（　　）要向旅游者介绍游览线路，告知旅游车的停车地点，强调集合时间和地点，再次提示旅游车的特征和

车号。

A. 旅游团领队　　　　　　　　B. 全陪导游员

C. 地陪导游员　　　　　　　　D. 景区景点导游员

5. 如果遇到游客突患重病，导游人员应全力以赴，采取措施积极抢救，一般应(　　)。

A. 暂停旅游团游览活动，送游客到医院就医

B. 由领队负责送病人就医，地陪、全陪带领其他旅游者继续游览

C. 全陪、地陪负责送病人就医，领队带领其他旅游者继续游览

D. 全陪、领队负责送病人就医，地陪带领其他旅游者继续游览

二、多选题

1. 在核对接待计划和商定节目安排时，对提出的小的修改意见或增加新的游览项目，地陪应采取的措施是(　　)。

A. 一般应予以婉拒，并说明我方不便单方面不执行合同

B. 一般应予以满足和适当照顾

C. 及时向旅行社有关部门反映，对合理且有可能的项目应尽力予以安排

D. 需要增加费用的项目，要事先向领队和旅游者讲明，按标准收取费用

E. 对确有困难无法满足的要求，要详细解释，耐心说服

2. (　　)均属于因导游人员自身原因而造成漏接的情况。

A. 工作疏忽，将接站地点搞错

B. 未按预定的时间抵达接站地点

C. 未接到上一站旅行社的变更通知

D. 新旧时刻表交替，没有查对新时刻表，仍按旧时刻表时间去接团

E. 没有认真阅读接待社所发上一站旅行社的变更通知，仍按原计划去接团

3. 出现误机（车、船）事故，应采取以下处理措施(　　)。

A. 尽量采取弥补措施，努力完成接待计划

B. 争取尽快让游客乘最近班次的交通工具离开本站

C. 稳定旅游团（者）的情绪，安排好在当地滞留期间的食宿、游览等事宜

D. 及时通知下一站，对日程作相应的调整

E. 写出事故报告，查清事故的原因和责任，责任者应承担经济损失并受政纪处分

4. 导游人员预防游客丢失证件、钱物、行李的措施主要有(　　)。

A. 经常做提醒工作

B. 需要旅游者的证件时，要经由领队收取，用毕如数归还

C. 妥善保管旅游各的证件

D. 要切实做好行李的清点、交接工作

E. 在每次旅游者下车后，导游人员都要提醒司机清车、关窗并锁好车门

5. 导游人员应熟悉旅游者如何补办丢失的外国护照和签证（　　）。

A. 必须有签证副本和团队成员护照

B. 由旅行社出具游客丢失证件的证明，并请失主准备照片

C. 失主本人持证明去当地公安局报失，并由公安局出具丢失证明

D. 失主持公安局的证明去所在国驻华使、领馆申请补办新护照

E. 领到新护照后，再去公安局办理签证手续

三、简答题

1. 导游在接团过程中的突发事件有哪些，如何预防？

2. 在游览过程中，旅游者证件丢失如何处理？

3. 如何预防误机（车、船）事故的发生？

项目七 突发事件的预防和处理

学习目标

1. 知识目标

了解突发事件的类型、特征；

理解突发事件预防措施。

2. 能力目标

掌握突发事件的处理方法。

任务导入

导游服务工作涉及面广，经常会遇到一些突发事件，所以导游员必须掌握对一些突发事件的处理方法，才能胜任导游工作。

突发事件被分为自然灾害和意外伤害两种。自然灾害是人类依赖的自然界中所发生的异常现象，自然灾害对人类社会所造成的损失往往是触目惊心的。从旅游的角度来看它们有地震、泥石流、海啸、台风、洪水等。突发性自然灾害和意外伤害事故有许多是可以避免的，有些发生以后如果处理得当可以减少许多损失。突发事件具有突发性、急迫性、威胁性和复杂性的特征。突发性是指事件发生的突然性。旅游者根据旅行社的安排在预定计划中进行旅游活动过程中，出于人力不能抗拒的自然原因、交通工具的技术原因、社会上不安定因素、旅游服务部门工作人员的责任性不强，甚至旅游者本身的原因都会引发突发性事件。对于突发性事件导游人员一般说来既无足够的思想准备，又无法进行有效预防，它会给旅游活动的顺利进行带来克服不了的困难。紧迫性是指突发事件发生以后导游人员和旅行社及有关部门必须在尽可能短的时间内对事件做出反应，迅速对事件的后果以及事态的发展做出评估，并且马上采取一切有效的手段和方法把损失降到最低。威胁性是指事件发生以后有可能或者已经给旅游者带来重大损失，同时给事件的处理也带来了许多想象不到的困难，而且已经造成的灾难有可能继续蔓延。复杂性是指处理此类事件及消除其造或的影响需要花费许多物力和财力，而是涉及的部门和环节很多，旅行社要做的工作繁重而艰巨。特别是如果发生了外国旅游者的重大人身伤亡事件，不仅牵涉到有关国内旅行社和当地的有关部门，而且，还牵涉到旅游者的亲属和所在国家驻我国的外交机构。

由于不可抗拒的自然力及旅游服务的缺陷存在，在导游活动中，导游员常常会遇到一些出乎意料的问题，即旅游突发事件。它们可能影响到旅游活动的正常进行，引起旅游事故。旅游事故不仅会给旅游者带来烦恼或痛苦，为导游员的工作增添麻烦和困难，甚至还会影响到旅游地的形象和声誉。所以旅游事故一旦发生，导游员应采取应对的措施，及时有效地进行排除，将事故所致的各种损失及不利影响降至最小。这就需要掌握不同旅游突发事件的处理原则和方法。

国家旅游局在《旅游安全管理暂行办法实施细则》中规定：凡涉及旅游者人身、财产安全的事故均为旅游安全事故。旅行社接待过程中可能发生的旅游安全事故，主要包括交通事故、治安事故、火灾、食物中毒等。

任务一　交通事故的预防和处理

一、交通事故的概述

“交通事故”（Traffic Accident）是指车辆在道路上因过错或者意外造成人身伤亡或者财产损失的事件。交通事故不仅是由不特定的人员违反交通管理法规造成的；也可以是由于地震、台风、山洪、雷击等不可抗拒的自然灾害造成。

交通事故一般分为以下几种：

1. 轻微事故

轻微事故是指一次造成轻伤 1 ~ 2 人，或者财产损失的数额中机动车事故不足 1000 元，非机动车事故不足 200 元的事故。

2. 一般事故

一般事故是指一次造成重伤 1 ~ 2 人，或者轻伤 3 人以上，或者财产损失不足 3 万元的事故。

3. 重大事故

重大事故是指一次造成死亡 1 ~ 2 人，或者重伤 3 人以上 10 人以下，或者财产损失 3 万元以上不足 6 万元的事故。

4. 特大事故

特大事故是指一次造成死亡 3 人以上，或者重伤 11 人以上，或者死亡 1 人，同时重伤 8 人以上，或者死亡 2 人，同时重伤 5 人以上，或者财产损失 6 万元以上的事故。

二、交通事故的预防

导游员在接待工作中应该具有安全意识，协助司机做好安全行车工作。接待旅游者前，提醒司机检查车辆，发现事故隐患应及时提出更换车辆的建议。

导游员在安排活动日程的时间上要留有余地，不要催促司机为抢时间赶日程而违章行驶。遇有天气不好（如下雨、下雪或下雾）、交通拥挤、路况不好等情况，要主动提醒司机注意安全，谨慎驾驶。导游员应阻止非本车司机开车，还要提醒司机不要饮酒。如遇司机酒后开车，导游员要立即阻止，并向旅行社领导汇报、请求改派其他车辆或调换司机。

三、交通事故的处理

交通事故在旅游活动中时有发生，不是导游员所能顶料、控制的。遇有交通事故发生，只要导游员没负重伤，神智还清楚就应立即采取措施，冷静、果断地处理，并做好善后工作。由于交通事故类型不同，处理方法也很难统一，但一般情况下，导游员应采取如下措施：

1. 立即组织抢救

发生交通事故出现伤亡时，导游员应立即组织现场人员迅速抢救受伤的旅游者，特别是抢救重伤员。如不能就地抢救，应立即将伤员送往距出事地点最近的医院抢救，（医疗急救电话120）。

抢救的具体措施：

（1）如果受伤者在车内，并且无法自行下车时，应尽快将其从车内拖出。

（2）如果伤者在车行道上，应迅速将伤者拖离车行道，拖动中要注意不要触及伤者要害部位和伤口。

（3）如果伤者出于暴力刺激大脑产生昏迷或由于天气炎热、大气寒冷、缺氧及中毒等各种原因产生昏迷时，应立即进行抢救。

（4）呼吸中断受伤者的抢救：如果发现受伤者无呼吸声音和呼吸运动时，可断定已呼吸中断，这时候应立即分秒必争地进行抢救，不论你是否有救护知识，都应按下列方法进行急救，否则伤者会出于脑部缺氧而危及生命。

抢救的方法：抬起伤者下额角使呼吸畅通无阻，这种措施在很多场合下对恢复呼吸起很大作用。如果受伤者仍不能呼吸，那就要进行口对口人工呼吸，在做人工呼吸时，要使受伤者胸腔与上腹部有规律凸起，人工呼吸才起作用。如果人工呼吸不能起作用时，就要检查受伤者嘴和咽喉中是否有异物，设法排除后，继续进行人工呼吸，直到专业救护人员赶到为止。

（5）失血伤者的抢救：如果受伤者失血过多时，将会出现失血性休克等症状，严适时会危及生命。因此，迅速准确地进行止血，是有效抢救伤员的重要手段。处理失血主要是通过抬高四肢、压紧血管、扎紧绷带、扎住伤口等方法实现。

2. 保护现场，立即报案

事故发生后，不要在忙乱中破坏现场，应指定专人保护现场，并尽快通知交通、公安部门（交通事故报警台电话是122），请求派人来现场调查处理。

3. 迅速向旅行社汇报

将受伤者送往医院后，导游员应迅速向接待社领导报告交通事故的发生及旅游者伤亡的情况，听取领导对下一步工作的指示。

4. 做好全团旅游者的安抚工作

交通事故发生后，导游员应做好团内其他旅游者的安抚工作，继续组织安排好参观游览活动。事故原因查清后，要向全团旅游者说明情况。

5. 写出书面报告

交通事故处理结束后，导游员要写出事故报告。内容包括：事故的原出和经过；抢救经过、治疗情况；事故责任及对责任者的处理；旅游者的情绪及对处理的反映等。报告力求详细、准确、清楚（最好和领队联署报告）。

任务二　治安事故的预防和处理

在旅游活动过程中，遇到坏人行凶、诈骗、偷窃、抢劫，导致旅游者身心及财物受到不同程度的损害，统称治安事故。

由于一些不法分子往往看准旅游者（尤其是境外旅游者）的财物，而把他们作为作案的对象，或潜入饭店进行盗窃，或实施公开抢劫，甚至出现对旅游者进行杀害的恶性事故，对我国旅游业声誉和国家形象造成极其恶劣影响。因此，作为身处一线的导游人员应引起高度警惕，防止这类事故的发生。

一、治安事故的预防

导游员在接待工作时要时刻提高警惕，采取有效的措施防止治安事故的发生。

（1）提醒旅游者不要将房号随便告诉陌生人；不要让陌生人或自称饭店的维修人员随便进入房间；出入房间锁好门，尤其是夜间不可贸然开门，以防止意外；携带的外汇应该在下塌的饭店或者银行里进行兑换，不能与不法分子交易；告诉旅游者我国有关外汇管理的规定，不要与私人兑换外币等。

（2）进住饭店后，导游员应建议旅游者将贵重财物存入饭店保险柜，不要随身携带或放在房间内。

（3）离开游览车时，导游员要提醒旅游者不要将证件或贵重物品遗留在车内。旅游者下车后，导游员要提醒司机锁好车门、关好车窗。

（4）在旅游活动中，导游员要始终和旅游者在一起，注意观察周围的环境，经常清点人数。

（5）汽车行驶途中，不得停车让无关人员上车；若有不明身份者拦车，导游员提醒司机不要停车。

二、治安事故的处理

导游员在陪同旅游团（者）参观游览过程中遇到此类治安事故，必须挺身而出保护旅游者，绝不能置身事外，更不得临阵脱逃。

发生治安事故，导游员应做好如下工作：

1. 保护旅游者的人身、财产安全

若歹徒向旅游者行凶、抢劫财物，在场的导游员应毫不犹豫地挺身而出，勇敢地保护旅游者。立即将旅游者转移到安全地点，力争与在场群众、当地公安人员缉拿罪犯，追回钱物；如果旅游者受伤，应立即组织抢救。

2. 立即报警

治安事故发生，导游员应立即向当地公安部门报案并积极协助破案。报案时要实事求是地介绍事故发生的时间、地点、案情和经过，提供作案者的特征，受害者的姓名、性别、国籍、伤势及损失物品的名称、数量、型号、特征等。

3. 及时向领导报告

导游员要及时向旅行社领导报告治安事故发生的情况并请求指示，情况严重时请领导前来指挥、处理。

4. 安抚旅游者的情绪

治安事故发后，导游员应采取必要措施安抚旅游者的情绪，努力使旅游活动顺利地进行下去。

5. 写出书面报告

导游员应写出详细、准确的书面报告，报告除上述内容外，还应写明案件的性质、采取的应急措施、侦破情况、受害者和旅游团其他成员的情绪及有何反映、要求等。

6. 协助领导做好善后工作

导游员应在领导指示下，准备好必要的证明、资料，处理好各项善后事宜。

任务三　火灾事故的预防和处理

火灾的成因很多，雷电、火山、摩擦、化学反应、爆炸、人为因素都可能引发火灾。火灾除直接引起烧伤外，火灾引起的塌方、窒息、一氧化碳中毒等也是造成生命财产损失的因素。旅游过程中，火灾事故一般多发生在饭店内，也可能发生在交通工具上或公共活动场所。

一、火灾事故的预防

在旅游活动中，为了防止火灾事故的发生，导游员应：

（1）提醒旅游者不携带易燃、易爆物品，不乱扔烟头和火种。

（2）向旅游者讲明交通运输部门的有关规定，不得将不准作为行李运输的物品夹带在行李中。

（3）为了保证旅游者在火灾发生时能够尽快疏散，导游员应：

①熟悉饭店楼层的太平门、安全出口、安全楼梯的位置及安全转移的路线，并向旅游者介绍。

②导游员应牢记火警电话（119），掌握领队和旅游者所住房间的号码。

二、火灾事故的处理

一旦火灾事故发生，导游人员应做好如下几项工作：

（1）在场的导游人员应立即报警，拨打火警电话。

（2）导游人员迅速通知旅游团的领队和全团旅游者。导游人员迅速与现场工作人员一起通过安全通道疏散旅游者。在所下榻的饭店发生火灾，导游人员千万不要让旅游者乘电梯，应该从安全通道或楼梯逃生。

（3）导游人员要引导旅游者自救。如果只是衣服着火，可以马上脱下衣服拍打，若一时不方便脱下，可就地打滚将火压灭。如果旅游者被大火围困，即使衣服着火，也不要脱下衣服，因为衣服可以保护身体不被烧伤。遇有浓烟、一氧化碳、有毒气体时，导游人员应该注意让旅游者避免烟呛，可用湿手巾捂住口鼻，并尽量贴近地面。

（4）必须穿过浓烟时，用浸湿的衣物披裹身体，捂着口鼻贴近地面顺墙爬行。

（5）大火封门无法逃出时，可用浸湿的衣物、被褥堵塞门缝或泼水降温，等待救援。

（6）摇动色彩鲜艳的衣物呼唤救援人员。

（7）协助处理善后事宜。旅游者得救后，导游员应立即组织抢救受伤者；若有重伤员应迅速送医院，有人死亡，按有关规定处理；采取各种措施安定旅游者的情绪，解决因火灾造成的生活方面的困难，设法使旅游活动继续进行；协助领导处理好善后事宜；写出翔实的书面报告。

任务四　旅游者受伤、骨折的预防和处理

一、骨折的处理

发生旅游者骨折时，导游人员需要小心处理。

1. 初步处理

发生旅游者骨折时，导游人员首先应观察伤情，若有出血现象，则应及时止血。如果伤口流血不止，导游人员就要用消过毒的绷带或干净的衣服扎住，给受伤部位施加稳定的压力，这样就把血止住了。导游人员要注意不让受伤的腿动弹，找两个长度相同的硬木条、塑胶条，或几层叠在一起的硬纸板当夹板用，把夹板放在受伤部位的下而和上面，把腿夹住，以稳定伤势。如果腿疼得不能动，也可以把夹板放在侧面。导游人员还要想办法用绳子或带子把夹板捆好，如果没有绳子，也可以用手头上的其他东西，比方说，衣服撕成的长条。要确认夹板已经完全把受伤部位夹在中间了，夹板不要捆得太紧了，捆得太紧会影响血液循环，以能伸进一只手指为宜。如果夹板上的部位发白或发青，导游人员应将绳子松开一些，这可以让血液继续循环，也有助于防止休克。

2. 送医院

若旅游者严重摔伤而骨折，导游人员应该想办法及时送其去医院治疗，费用由伤者自理。

3. 善后工作

导游人员应将事故情况报告给旅行社领导，根据旅行社领导指示，前往医院探望伤者，必要时帮助伤者办理离团手续，帮助其按有关规定向保险公司索赔。事后，还须写出书面报告。

二、被毒蛇咬伤的处理

在旅游途中如果不幸有旅游者被毒蛇咬伤，导游人员应该马上进行紧急处理。处理得越快、越早，效果就越好。导游人员要让伤者冷静下来，千万不要走动。

毒蛇咬伤后，如果跑动或有其他激烈动作，则血液循环加快，蛇毒扩散吸收也同时加快。给伤考包扎伤口。导游人员应该马上用绳、布带或其他植物纤维在伤口

上方超过一个关节处结扎，动作必须快捷。不能结扎得过紧，以阻断静脉回流为度，而且每隔 15 分钟要放松一次，以免组织坏死。然后用手挤压伤口周围，将毒液挤出，等伤口经过清洗、排毒，再经过内服外用有效药物半小时后，方可去除包扎。帮助伤者冲洗伤口。用清水冲洗伤口的毒液，以减少吸附，有可能的话用高锰酸钾冲洗伤口，这样效果更好。扩大伤口排毒。用小刀按毒牙痕的方向切纵横各 1 厘米的十字形口，切开至皮下即可，再设法把毒素吸出或挤出，一直到流血或吸出的血为鲜红色为止，或者局部皮肤由青紫变成正常为止。在不切外伤口的前提下，可努力破坏蛇毒，使其失去毒性，比如导游人员可以用打火机对准伤口烧，烧至起水泡为止。皮肤烧伤后，还要按烧伤进行治疗。用凉水浸去毒素。帮助伤者将伤口置于流动的水或井水中，同时清洗伤口。然后送伤者去医院治疗。所有医疗费用由伤者自理。如遇到凶猛的毒蛇咬住不放时，为了保全性命，导游人员应该提醒伤者果断地割去被咬的部位。

以上的自救方法中，有些确实会很痛苦，但效果非常好。旅行是处在一种特殊的环境中，有时导游人员不得不采用一些行之有效的特殊方法。

三、被毒虫蜇伤、咬伤的处理

在旅游途中，有些毒虫如蝎子、蜈蚣、毒蜘蛛、蜂等，常常使旅游者深受其害，甚至还会给旅游者带来生命危险。导游人员对此不能掉以轻心，要用切实可行的方法处理好此类事件。

四、蝎子蜇伤的处理

蝎子伤人会引起伤者局部或者全身的中毒反应，还会出现剧痛、恶心呕吐、烦躁、腹病、发烧、气喘，重者可能出现胃出血，甚至昏迷，儿童可能因此而中毒死亡。蝎子伤人的急救方法与毒蛇咬伤的处理方法大致相同，不同之处是由于蝎子毒是酸性毒液，冲洗伤口时应该用碱性肥皂水反复冲洗，这样可以中和毒液，然后再把红汞涂在伤口上。如果旅游者中毒严重，导游人员应该马上设法送其去医院抢救。

五、蜈蚣刺伤的处理

旅游者在野外，山地旅游或露天扎营过夜时，有可能被蜈蚣刺伤。刺伤后一般有红肿热痛现象，可发生淋巴管炎和淋巴结炎，严重中毒时会有发烧、恶心、呕吐、眩晕、昏迷。一般说来出现这种情况对成人无生命危险，但儿童可能中毒而亡。蜈蚣毒性同蝎毒一样是酸性毒液，对较轻的蜈蚣刺伤，可用肥皂水或石灰水冲洗中和，然后口服蛇药片。如遇到刺伤严重，应赶紧送医院治疗。

六、毒蜘蛛咬伤

毒蜘蛛的毒性很大，可能导致肿痛、头昏、呕吐、虚脱，甚至死亡。蜘蛛咬伤的急救方法与毒蛇咬伤的急救方法相同。

七、蜂蜇伤的处理

蜂蜇受伤以后，有的几天后自愈，有的则出现生命危险。黄蜂蜇伤后，导游人员应该帮助伤者轻轻挑出蜂刺，注意千万不能挤压伤口，以免毒液扩散。因为黄蜂毒为碱性，可以用醋清洗伤口。被其他蜂，如马蜂、蜜蜂等蜇伤后，导游人员要帮助旅游者先将伤口内的刺挤出来，再用肥皂水清洗。

八、被狗咬伤的处理和预防

狗咬伤旅游者的可能性不大，但咬伤后可能有非常严重的后果——狂犬病。旅游途中万一旅游者被狗咬伤，导游人员能够做的事，就是迅速用带子扎住其伤口上下部，并将伤口用利刀稍微扩大一点，或用手掰开伤口，尽量吸吮干净伤口内的局部血液，用肥皂水、清水，有条件的用高锰酸反复冲洗伤口。然后，赶快去医院注射疫苗。

预防狗咬的措施是：如果在行进中遇到狗向旅游者迎面过来，甚至追着狂叫时，导游人员要让全体旅游者镇定自若，不要慌乱。有可能的话手里拿一根棍棒，能对狗起到一定的威慑作用。

任务五　旅游者溺水、食物中毒的预防和处理

一、旅游者溺水的预防和处理

1. 旅游者溺水的预防

（1）在河、湖边游览时，要提醒旅游者，尤其要提醒孩子、老人不要太靠边行走，以免落水。

（2）在乘船和竹筏时，要提醒旅游者不要超载、不能打闹。

（3）不让旅游者在非游泳区游泳；在游泳区游泳前，要提醒旅游者做好全身准备活动，提醒水性不好者不去深水处游泳；提醒父母监护好自己的孩子。

（4）进行水上活动时，应穿好救生衣，带好救生圈等救护设备。

（5）将码头的电话告知旅游者，以备天气突变时与之联系。

2. 在旅游的过程中旅游者溺水的处理

（1）首先将溺水者衣领打开，迅速清除口、鼻内异物，保持呼吸通畅，然后令溺水者头朝下并拍打其背部，使进入呼吸道和肺部的水流出，时间不要太长。如果溺水者已经没有呼吸，马上进行人工呼吸和心肺复苏，直到心跳恢复，等待120救护。

（2）让溺水者仰面平躺于结实平坦的地面（提醒：为其翻身时应注意是否有脊椎受伤，小心造成骨折），并查看舌头是否阻塞气道。

（3）一手轻压病人的前额，另一只手轻拍其下颚，捏着病人的鼻子，口对口吹气，每次持续吹气1~1.5秒，和平时一次深呼吸的肺活量相同，不可太多太快。

（4）吹气的同时，目测溺水者胸部有无起伏，若没有，表示通气不畅，需调整姿势。

（5）吹两次后检查病人颈部动脉是否跳动，如无脉搏马上做胸外按压。

（6）注意手势：两手掌根重叠，十指相扣，手心翘起。

（7）手臂：绷直向下按压4~5厘米，然后放松，但不要将手移开，重复15次。15次后继续两次人工呼吸，两者轮番进行。

（8）胸外按压和吹气的间隙查看呼吸心跳，直至医护人员到达才可停止。同时最好将溺水者的湿衣服换下，保持其体温。

【小案例】

某年夏天，一四川旅游团游览颐和园，乘“画舫龙舟”游湖。船至昆明湖南岸时，导游人员告诉大家：一定要在船上多拍几张照片，因为观赏万寿山全景，这里的湖面是最佳位置。一位40来岁的女士迅速站起，冲至船尾，请团友照相。但她往后退时，不小心掉到了湖里。导游小姐不识水性，但她聪明沉着，马上就跑到船头驾驶室请师傅停船并请求救人。船尾的师傅冲着落水者喊：“大姐，别慌！别乱扑，站起来就行！”原来南岸的水深只有1.4米。

从这一落水事故的处理中，可以看出，在紧急情况下，冷静、沉着、不慌乱是关键；尽可能求助当地工作人员，他们熟悉情况、经验丰富，有他们帮助，往往会化险为夷。

二、食物中毒的预防和处理

旅行中食品卫生至关重要。旅游者食用不洁或已变质的食物常常引起食物中毒，食物中毒的主要症状是饮食之后出现剧烈的呕吐、腹泻，同时伴有中上腹部疼痛。食物中毒者常会因上吐下泻而出现脱水症状，如口干、眼窝下陷、皮肤弹性消失、肢体冰凉、脉搏细弱、血压降低等，最后可致休克。

而且食物中毒潜伏期短、发病快。常常集体发病，若抢救不及时会有生命危险。因此导游员不能掉以轻心。

1. 食物中毒的预防

发现旅游者食物中毒，导游员应：设法催吐，让食物中毒者多喝水以加速排泄，缓解毒性；立即将患者送医院抢救，请医生开具诊断证明；迅速报告旅行社并追究供餐单位的责任。

为防止食物中毒事故的发生，导游员应：

（1）严格执行在旅游定点餐厅就餐的规定。

（2）提醒旅游者不要在小摊上购买食物。

（3）不饮用不洁饮料，不采摘、食用山野果。

（4）用餐时，若发现食物、饮料不卫生，或有异味变质的情况，导游员应立即要求更换，并要求餐厅负责人出面道歉，必要时向旅行社领导汇报。

（5）食用海鲜务必新鲜，并应佐以大蒜、芥末，“以酒消毒”是不可信的。

2. 食物中毒的处理

（1）催吐。发现游客食物中毒，疑为毒蘑菇、河豚或其他有毒物质中毒时要立即催吐。

（2）洗胃。先让患者饮水300～500毫升，然后用手指刺激其舌根、咽部，呕吐后再饮水，反复进行至呕吐物变清为止。

（3）疑为细菌性中毒时应禁食。出现抽搐、痉挛时，马上将病人移至周围没有危险物品的地方，并取来筷子，用手帕缠好装入病人口中，防止病人咬破舌头。

（4）以上病人应尽快送往医院，针对病因进行治疗，请医生开具诊断证明，迅速报告旅行社并追究供餐单位的责任。

任务六　天灾逃生知识

自然灾害性旅游故障在旅游行程中是不可避免的，只是概率大小和影响不同而已。比较严重的自然灾害性旅游故障极大地影响旅游团队的出行计划和人员安全，导游员必须当机立断及时处置，消除威胁，甚至取消出行计划并报告旅行社和当地行政主管机关。

一、地震

（一）地震概述

地震分为天然地震和人工地震两大类。

天然地震主要是构造地震，它是由于地下深处岩石破裂、错动把长期积累起来的能量急剧释放出来，以地震波的形式向四面八方传播出去，到地面引起的房摇地动。构造地震约占地震总数的90%以上。其次是由火山喷发引起的地震、称为火山地震，约占地震总数的7%。此外，某些特殊情况下也会产生地震、如岩洞崩塌（陷落地震）、大陨石冲击地面（陨石冲击地震）等。

人工地震是由人为活动引起的地震，如工业爆破、地下核爆炸造成的振动；在深井中进行高压注水以及大水库蓄水后增加了地壳的压力，有时也会诱发地震。

地震波发源的地方叫做震源。震源在地面上的垂直投影叫作震中。震中到震源的深度叫做震源深度。通常将震源深度小于70千米的叫浅源地震，深度在70～300千米的叫中源地震，深度大于300千米的叫深源地震。破坏性地震一般是浅源地震。如1976年的唐山地震的震源深度为12千米，2008年5月12日的四川汶川大地震，震源深度33千米。

对人类影响最大，造成破坏最严重的是天然地震，所以，以下我们所提及的地震的概念，一般指天然地震。

1. **地震灾害形成的条件**

地震以其猝不及防的突发性和巨大的破坏力而被认为是威胁人类生存安全、社会经济发展和社会稳定的最可怕的自然灾害之一。特别是1906年美国旧金山地震、1923年日本关东大地震、1976年中国唐山大地震、2008年的四川汶川大地震的相继发生，让人谈“震”色变，更加重了人们对地震的恐惧感和神秘感。

地震作为一种地质现象，并不一定会给人们的生产生活造成灾害。而地震灾害则是由地震所引起的社会性事件。地震是否对人、对社会造成灾害，取决于下述条件。

第一，地震本身的状况。如地震的强度等。较强的地震才有破坏力。一般而言，中强以上地震便可造成破坏，但破坏的轻重程度还与震源深度、地震类型、地震发生时间等多种因素有关。微小的地震对人类几乎没有什么影响。据不完全统计、全球每年大约发生大小地震500万次。其中人们能够感觉到的约占1%，即5万次左右，这当中能造成轻微破坏的约1000次，而能造成巨大破坏的强烈地震不过十几次（全球每年平均发生7级以上地震18次，8级以上地震1次）。只有强震或中强以上地震，在其他条件具备的情况下，才可能造成灾害。

第二，地震发生的地方是否有人群居住和社会文明存在。地震灾害与其他自然灾害一样，都是自然和人类社会相互作用而形成的。离开了人与社会，任何自然现象都不会构成灾害。一般说来地震发生的地方，人口越稠密，经济越发达，其人员伤亡和经济损失越大。这些只占全球15%的大陆内部地震所造成的人口死亡竟占全球地震死亡人数的85%，这是因为大陆地区是人类的主要生息地。

第三，人们对地震的警觉性和防备程度如何。如建筑物的抗震性能，城市水、电、气等生命线工程的抗震设防能力，社会对地震灾害的监测、预报及应急救助能力，人们是否且备防震知识等。即使是在人口稠密地方的发生一次强震，假如人们能有足够的警觉，能迅速知晓地震的发生，并已提前为抵御震灾做好了充分的谁备，那么灾难所造成人员伤亡和财产的损失就能大大减少。虽然人们为地震多发地带的人工建筑物及某些自然物上作了抗震处理，在地震探测方面作了不少努力，也取得了巨大的进步，但总体来说，在人们生存区内发生的强震所造成灾害仍是不可避免的，但却可以大大减轻地震灾害对人和社会的影响。

2. 地震灾害机制

地震灾害大致有四种机制：

（1）原生灾害

原生灾害是指地震原生现象直接造成的灾害，是由于地震的作用而直接产生的地表破坏、各类工程结构类的破坏，及由此而引发的人员伤亡与经济损失。如地震断层、地震时造成的大范围的地面倾斜、升降与变形等。1906年4月18日美国旧金山8.3级的大地震，就是由于圣安德烈斯断层的重新活动引起的。诊断层长约430千米，断层的最大水平位移达7米，其造成的破坏与灾害可想而知。

（2）直接灾害

直接灾害是指地震产生的弹性波引起地面震动而造成的直接后果。它大致可分为三种情形：一是人工建筑物的破坏，如房屋建筑、工程设施、水坝堤防等的破坏。这类破坏是造成人员伤亡最直接、最主要的原因，也是造成社会财产损失最重要的原因。二是地表破坏。常见的有山崩、滑坡、地裂、坍塌、喷砂、冒水等。三是地震波引起的水的激荡。由于地震波的激发，引起江河湖海中水的激荡，也能造成灾害，其中以地震海啸规模最大、破坏力最强，有时它所造成的损失甚至会超过地震本身。

（3）次生灾害

次生灾害是指既非地震本身也不是地震波或其他中介所造成，而是由于人工建筑或自然物体遭到破坏后，打乱了社会与自然原有的平衡状态或正常秩序，从而导致一系列继发性异常现象出现所形成的灾害，如地震火灾、地震水灾等。

（4）诱发灾害

诱发灾害是指由地震灾害引发的种种社会性灾害。这些灾害的发生和灾害的大小，往往与社会条件有着更为密切的关系，常见的有瘟疫和饥荒等。

（二）旅游中地震危机的应对处理

即使是在一场严重的地震灾害中，自救仍然是可能的，这已为许多震例所证实。

1976 年 7 月 28 日发生了震惊世界的唐山大地震，在震后的数小时之内，从倒塌的废墟中挣脱出来的仅市区内就有 20 万～30 万人。据事后估算，唐山市区 90 万人中约有 2/3 的人在震时被埋（压）在废城中。这被埋在废墟中的 60 多万人中，即刻死亡的 3 万～5 万人，占这部分人的 5%～8%；有不足一半即 20 万～30 万人因未受伤或受伤较轻，依靠自身力量从废城中挣脱出来；另有 30 万～40 万人，或因受伤，或因处境极其困难而不能自行脱身。之后在救援人员的帮助下，仍有 20 万～30 万人获救。

2008 年 5 月 12 日 14 时 28 分发生在四川汶川县的 8.0 级大地震，波及川陕甘肃等的几十个县。汶川大地震造成近 7 万人死亡，1.76 万多人失踪，27 万多人受伤，从废墟中救出数万人。5065 个旅游团 1 万多游客被困震区。经多方营救仍有 50 多名游客遇难。

强烈地震发生时，人们究竟应当采取什么样的行动，目前很难做出统一的、带有必然性的结论。因为地震发生的时间极其短促，顷刻之间，一切都过去了，人们选择的余地很小。加之地震时人们的处境又千差万别，彼此行动选择的比较性极低，因而很难规定出普遍适用的统一模式。尽管如此，人们在历次地震中血的教训里，仍总结出一些值得借鉴、可以参考的震时避险经验。

1. 地震发生时，求得生存为第一原则

地震发生时，每个人能逃则逃，能躲则躲，地震发生突然，瞬息之间就过去了，容不得左顾右盼，要最大限度地争取时间。

首先，一切按照震时的环境条件，抓住一切有利时机，努力扩大生存机会。这无固定模式可循，必须迅速做出选择和判断。力争险中求安，要做到一点，必须在震时的紧急情况下，保持清醒意识，迅速判明周围情况。无论采取何种避险行功，都要迅速、果断，力戒迟疑、徘徊。以往的经验表明，在震时的险境中，许多生存机会是因行动迟缓贻误的。

其次，充分发挥个人的应变能力，紧急避险。充分发挥个人的应变能力，包括个人心理、知识、体力等诸多主观因素的综合发挥和运用，这既包括个人平时有关经验的积累，也包括在震时特定条件下，个人应变能力的发挥。如日本、美国等，为了培养和训练人们震时应变反应能力，经常采取模拟震时情景的避险演习，这对提高震时人们应变的能力是十分有益的。

最后，避险行动要果断，不求万全。事实上，在震时的复杂情况下，要求万全的避险行动是不可能的。不论是采取脱离危险建筑物的行动，还是就近应急避险，都要视条件而定。

震时如能迅速脱离危险建筑物是最理想的，但能否做到这一点，则要依具体环境和条件而定。如避险者具有一定的防震知识，对临震的征兆察觉敏锐，处于平房或楼房低层，出入方便，且屋外地势开阔，则可取此对策。逃离后疏散场地的选择应本着就近、安全、便利和水源充足等原则，避开危险的易燃、易爆源、高压电力线以及高大建筑物，同时应考虑人员密度等因素，宜选择广场、学校操场、停车场、绿化草地等场所。

上述条件不完全具备，则不可强求。如果发觉地震太迟，大震已开始，尤其是处于楼房上层，下楼迂回费时、跳楼危险的情况下，则可迅速地避开墙体、砖砌烟道、门窗等薄弱易塌部位，就近在床边、炕边或家具旁或者在有支撑作用的立柱边躲避，以求处于空隙中而获生存机会。唐山大地震中，许多幸存者就是在室内借炕、箱、柜等物的隔挡，减少了梁柱、顶板坠下的伤害力量。因此得以脱险的。但不宜钻到不坚固的床、桌下面，以免一旦砸毁，人身挤压更重，活动反而更困难。震时最应避免的是盲目行动。震时慌乱，不顾环境、条件所限，盲目跳楼，慌乱拥挤等，往往会招致不应有的伤亡。总之，震时避险行动应依所处环境而定，不可一律强求、一概而论。更重要的是，平时就更具有防灾意识，主动对自身居住的环境及各种可能遇到的场合，作出防震避险环境的分析与选择。这样，一旦地震灾害发生，便可迅速地作出抉择，采取行动，从而收到较好的防灾效果。

2. 抢救生命的活动必须实行就近原则

当旅游团内人员发生不幸时，应从最近处救起，切不可舍近救远，这样极可能两头都被耽误；要先救活人；先救容易救的人。这样在短时间内便会壮大救援者队伍。同时，要注意避免对被救人员造成新的伤害，被救人员的处境往往十分复杂而危险，稍有不慎，就会引起新的伤害，如楼板、碎石等进一步塌落等。

3. 尽可能地联系当地接待社、当地救援机构和组团社，取得进一步的帮助

二、海啸

（一）海啸概述

海啸是一种灾难性的海浪，通常由震源在海底下 50 千米以内、里氏地震规模 6.5 级以上的海底地震引起的，水下或沿岸山崩或火山爆发也可能引起海啸。在一次震动之后，震动波在海面上以不断扩大的圆圈，传播到很远的距离，正像卵石掉进浅池里产生的波一样。海啸波长比海洋的最大深度还要大，在海底附近传播也没受多大阻滞，不管海样深度如何，波都可以传播过去，海啸在海洋的传播速度为每小时 500 ~ 1000 千米，而相邻两个浪头的距离也可能远达 500 ~ 650 千米。当海啸波进入大陆架后，由于深度变浅，波高突然增大，它的这种波浪运动所卷起的海涛，波高可达数十米，并形成“水墙”。由地震引起的波动与海面上的海浪不同，一般海浪只在一定深度的水层波动，而地震所引起的水体波动是从海面到海底整个水层的起伏。此外，海底火山爆发、土崩及人为的水体核爆也能造成海啸。

2004 年 12 月 26 日于印度尼西亚的苏门答腊外海发生里氏 9 级海底地震。地震及其引发的海啸波及印度尼西亚、斯里兰卡、泰国、印度、马来西亚、孟加拉国、缅甸、马尔代夫等国，造成 20 多万人丧生。泰国南部地区特别是普吉岛等旅游胜地的直接经济损失超过 5 亿美元，灾区重建费用将高达 7. 5 亿美元；印度尼西亚北苏门答腊地区的大量村镇被夷为平地、10 多万房舍被毁，灾区重建需近 1. 6 亿美元；斯里兰卡全国沿海岸线 2/3 的地区悉遭损毁，经济损大约 10 亿美元，灾民达 70 余万；马尔代夫全国受灾，整个国家陷入停滞，经济损失预计将达 10 多亿美元；印度南部近 4 个邦和 2 个中央直辖区受灾害影响，直接经济损失超过 12 亿美元；马来西亚北部的四个州受海啸波及，经济损失估计达 2630 万美元。

这是一次深刻的教训。有专家认为，印度尼西亚海啸有 90% 的死伤者是完全可以避免的、不应该有这么大的伤亡人数。因为地震的传播速度是每秒 8 千米，而海啸的传播速度是每秒 200 米。因此，当地震发生的时候，当地政府完全可以预料到可能发生的海啸，并且是大白天，逃避海啸的机会完全是有的。但是，由于这次发生海啸一带的国家经济不是很发达，科学技术也不发达，很少有人掌握海啸知识，所以产生了麻痹大意的心理、致使在海啸发生的时候逃都来不及。英国萨里郡奥克斯肖特市 10 岁小女孩蒂莉成功挽救了在普古岛的 100 多名欧洲旅游者的报道，从实例上支持了这种说法。据报道，2004 年 12 月 26 日，海啸袭击泰国普吉岛海岸，就在当天，来自英国萨里郡奥克斯肖特市的 10 岁小女孩蒂莉也正和自己的母亲潘妮在泰国海滩上游玩。圣诞节前两周，蒂莉正好在学校中上过一堂地理课，老师讲的也正好是有关诲啸的知识，因此当第一波很小的海啸波浪抵达泰国海岸的时候，蒂莉立即意识到更大的海啸波浪将在后面，会将海滩和低地上的建筑彻底淹没，于是她立即跑到母亲潘妮跟前，告诉母亲她们即将面临的危险。母亲潘妮听了后，立即向海滩上的 100 多名欧洲游客发出了警告。那些游客听了蒂莉母女的警告后，都纷纷离开海滩，撤退到了高地上，当他们刚刚抵达高地时，只见惊天海啸奔涌而来，一瞬间就淹没了他们刚才待过的地方，将那些逃生的游客看得目瞪口呆。

（二）旅游中海啸的应对处理

1. 记住海啸的征兆，即时采取行动

海啸来临前常会有一些征兆。海啸到达海岸之前，首先是海水后撤，有点类似退潮，不过海水退得更远；若是浅海，水位有可能下降到超过 800 米，甚至会在岸边留下一片深海死鱼。深海鱼大多生活在 2000 米以下的水中，骨骼和肌肉都不发达，腹部一般薄如蜡

纸却富有弹性，视觉退化后一般有长长的触须或者发光器。由于深海环境和水面有巨大差别，深海鱼绝不会自己游到海面，只可能被海啸等异常海洋活动的巨大暗流卷上浅海。一旦突然到了浅海或海滩，深海鱼会出现内部血管破裂、胃翻出、眼睛突出眼眶外等明显特征，并很快死亡。因此，深海鱼出现在海面上，是海啸等海洋异常活动的预报，这可以帮助人们避开灾难。不知道这是海啸来临前征兆的人，可能因好奇或想抓海鱼类而逗留在沿海地带，结果丧失生命。其次，海啸的排浪与通常的涨潮不同，海啸的排浪非常整齐，浪头很高。像一堵墙一样。最后，海啸到达前会发出频率很低的吼声，与通常的波涛声完全不同，在海边旅游者如果听到奇怪的低频涛声应当尽快撤离。

不是所有地震都会引起海啸。但任何一种地震都可能引发海啸。当感觉大地颤抖的时候，要抓紧时间尽决远离海滨，登上高处。不要去看海啸。如果和海岸靠得太近，危险来临的时候就会无法逃脱。如果收到海啸警报，没有感觉到震动也需要立即离开海岸，快速到高地等安全处避难。通过收音机或电视等掌握信息，在没有解除海啸警报之前，不要靠近海岸。

2. 一旦发生海啸，居住在低处的人们一定要向高处跑

否则你跑的速度再快也很难逃生。若轮船在大海中航行遇到海啸，需要以最快的速度住深海里开，开得越远，危险就越小。这是因为，波高跟水深成反比，海域越深，波浪就越弱。海啸的能量会在浅海积聚起来，形成一场几十米高的水墙，沿岸无论有多么坚固的防波堤也难以抵挡巨大的波涛。

3. 面临海啸，应该尽量牢牢抓住能够稳定自己的东西，而不要到处乱跑

海啸发生的时间往往很短，人是跑不过海浪的。在浪头袭来的时候，要屏住一口气，尽量抓牢不要被海浪卷走，等海浪退去后，再向高处转移。海啸的浪墙是一组，第一个浪墙过后，会有近 10 分钟时间的间隙，第二个浪墙才会到达。如果能够在第一个浪墙到达后生存下来，那么必须尽快抓住这宝贵的间隙时间逃生。

4. 万一不幸被海水卷入海中，需要冷静，要确信自己一定能够活下去

同时尽量用手向四处乱抓，最好能抓住漂浮物，但不要乱挣扎，以免浪费体力。人尽量放松，努力使自己漂浮在海面，因为海水的浮力较大，人一般都可以浮起来。如果在海上漂浮，要尽量使自己的鼻子露出水面或者改用嘴呼吸。能够漂浮在水面上后，要马上向岸边移动，海洋一望无际，该如何判断哪边靠近海岸呢？漂浮物越密集代表越离岸越近，漂浮物越稀疏说明离岸越远。

三、台风

（一）台风概述

台风是指发生在热带海洋面上具有暖中心结构的强烈气旋性旋涡（热带气旋）。它是一种圆形气旋，直径为100～2000千米，中心气压低，在海上一般为950百帕，最低的曾达887百帕。台风在世界不同地区有不同的名称，在美国称为飓风，在印度洋上称为热带风暴。国际上规定的热带气旋名称和等级标准是：中心最大风力小于8级称热带低压；8～9级称热带风暴；10～11级级称强热带风暴，12级以上称台风。台风的生命期一般为3～8天。最长20天以上。

台风时常伴有狂风、暴雨、巨浪和暴潮，而且活动范围很大，常常从热带侵入中纬度地区，有着强大的破坏力，常给人类带来巨大的灾难，被列为10种灾害死亡人数之首。世界气象组织（WMO））的技术报告中指出，全球每年死于热带气旋的人数为2万～3万人。我国是世界上受台风袭击次数最多的国家。在我国，台风每年发生在6～7月，其中7～8月频率最高、强度最大，平均每年登陆7个台风，每年平均约有420人死亡。

引起台风灾害的第一方面是狂风巨浪。台风附近最大风速可达12级，具有极大的破坏力，可以翻船、拔村、倒屋，造成严重破坏。1988年8月7日，8807号台风登陆浙江，风力达12级，横扫41个县市，特别是杭州市遭到建国以来最严重的洗劫，一夜之间数以万计的树木被刮倒，有的水泥电线杆被折断，造成全市停电、停水长达5天，铁路、公路和市内交通一度中断，直接经济损失达11亿元。在海上，大风巨浪可以把巨大轮船抛出，拦腰折断。

引起台风灾害的第二方面是风暴潮。如果风暴潮与天体引力所产生的天文大潮重叠，则会造成极大的损失。强大的风暴潮可以冲毁海堤、房屋和其他建筑设施，海水涌入城市，淹没田舍。

台风成灾的第三个方面是特大暴雨。

（二）旅游活动中台风灾害的危机处理

在旅游活动中，预防与处理台风的危机主要应注意以下几点：

1. 及时掌握天气预报

目前，气象卫星的应用对台风的影响、台风的时间和台风的范围能作比较准确的预报，因此，在台风盛行的时节前往台风影响地区旅游，要注意天气预报。一旦知道台风要来的消息后，最好不要外山旅游、露营、钓鱼、洗河水浴等，并且要经常注意听广播和看电视以随时掌握天气情况。

2. 台风来临时，要根据所处的环境，增强一些自我保护措施

比如在海边旅游，要立刻撤离；在城市内旅游时，尽量减少外出，不要待在危险建筑内，不要靠近大树、广告牌、电线杆、高压线和高大建筑；行走在街道上，要注意楼房阳台上坠落花盆等物品；在山区旅游时，注意暴雨带来的泥石流、滑坡、塌方等灾害。

3. 注意台风预警信号

台风预警信号根据逼近时间和强度分为四级，分别以蓝色、黄色、橙色和红色表示。

（1）台风蓝色预警信号（见图7－1）。

图7－1　台风蓝色预警信号图标

含义：24小时内可能受热带低压影响，平均风力可达6级以上，或阵风7级以上；或已经受热带低压影响，平均风力为6～7级，或阵风7～8级并可能持续。

预防指南：

首先，做好防风准备；其次，注意有关媒体报道的热带低压最新消息和有关防风知识；最后，把门窗、围板、棚架、临时搭建物等易被风吹动的搭建物固紧，妥善安置易受热带低压影响的室外物品。

（2）台风黄色预警信号（见图7－2）。

图7－2　台风黄色预警信号图标

含义：24小时内可能受热带风暴影响，平均风力可达8级以上，或阵风9级以上；或已经受热带风暴影响，平均风力为8～9级，或阵风9～10级并可能持续。

预防指南：

进入防风状态，建议幼儿园、托儿所停课；关紧门窗，处于危险地带和危房中的居民，以及船舶应到避风场所避风，通知高空、水上等户外作业人员停止作业，危险地带工作人员撤离。切断霓虹灯招牌及危险的室外电源；停止露天集体活动，立即疏散人员；其他同台风蓝色预警信号。

（3）台风橙色预警信号（见图7－3）。

图7－3　台风橙色预警信号图标

含义：12小时内可能受强热带风暴影响，平均风力可达10级以上，或阵风11级以上，或已经受强热带风暴影响，平均风力为10～11级，或阵风11～12级，并可能持续。

预防指南：

一是进入紧急防风状态，建议中小学停课；二是居民切勿随意外出，确保老人小孩留在家中最安全的地方；三是相关应急处置部门和抢险单位加强值班，密切监视灾情、落实应对措施；四是停止室内大型集会，立即疏散人员；五是加固港口设施，防止船只走锚、搁浅和碰撞。

其他同台风黄色预警信号。

（4）台风红色预警信号（见图7－4）。

图7－4　台风红色预警信号图标

含义：6 小时内可能或者已经受台风影响、平均风力可达 12 级以上，或已达 12 级以上并可能持续。

预防指南：

一是进入特别紧急防风状态，建议停业（除特殊行业）、停课。二是人员应尽可能待在防风安全的地方，相关应急处置部门和抢险单位随时准备启动抢险应急方案。三是当台风中心经过时风力会减小或静止一段时间，切记强风将会突然吹袭，应继续留在安全处避风。其他同台风橙色预警信号。

四、暴雨洪灾

（一）暴雨洪灾概述

暴雨是指在短时间内出现的大量降水。在气象上。根据 12 小时内、24 小时内的降雨量，将降雨强度分为 6 个等级：小雨、中雨、大雨、暴雨、大暴雨和特大暴雨。

产生暴雨的重要条件是空气中含有大量水气，并有较强的上升对流运动。暴雨的发生和大气环流的季节变化有密切的关系。

在山区旅游时遇到暴雨，少则十几分钟，多则半小时，就有山洪暴发的可能。在平原地带也可能因河流上游的暴雨而遭遇洪灾。缺少经验的城里人往往在大雨来临后，还在山沟里游玩、在河水中游泳，旅游车仍在危险地段行进，以致遭遇灾难。如在日本某地，就发生过这样的故事：上百万人在河滩避暑，水库当时要紧急泄洪，警报已发出，巡警车也对游人不断地广播，而避暑的人们就是漫不经心，以为洪水绝不会那么快到来，而当洪水迅速包围上来时，才慌了手脚，结果淹死 11 人。1999 年 7 月 27 日，瑞士一旅行团遇山洪暴发 19 人死亡、2 人失踪。近年，在张家界、黄山、嶂石岩、崂山等著名景点，都发生过此类伤亡事故。因此。在外旅游遭遇暴雨时，应注意山洪、泥石流、滑坡等灾害的预防和危机应对。

（二）旅游中暴雨洪灾的应对处理

1. 山区旅游遭遇暴雨洪灾

旅游中山洪暴发，危险性大，其应对处理较复杂。因此，在旅游中应注意以下方面：

（1）旅游前要了解目的地及经过路段是否经常有山洪或泥石流暴发，要避开这些地区。山洪和泥石流的发生通常有一定季节特征，在多发季节内不要到这些地区旅游。

（2）要注意天气预报，凡有暴雨或山洪暴发之可能，就不能贸然出行。

（3）山区旅游时遇到暴雨，应立即停止旅游，尽快下山。下山时要尽量避开山体容易滑落的地区。山洪暴发常有行洪道，千万不要在沟道内避雨，以免遭山洪或泥石流的袭击，而造成人身伤害。同时，山区降雨往往是上游下雨形成洪水，而下游并不知情，对这种情况尤其要警惕，要通过观察作出准确判断，并及时选择避险方式。

（4）如果山洪暴发，河水猛涨已无法前进或返回，困于山中，要选一高处的平地或山洞等离山洪暴发处远的地方等待救援。将能带的食物、火种以及必需用品带上并保管好，做好待救需 1 ~ 2 日的准备，节约粮食和熟食，注意饮用水清洁。无通信工具的，可寻找一些树枝和其他可燃物点燃，同时在火堆旁放一些湿树枝或青草，使火堆升起大量的浓烟，以引起搜救人员的注意。

（5）行车途中遇到暴雨，车辆应停止行驶躲在安全的地方。在雨中和雨后的一段时间内，特别容易发生路基塌陷，如确有急事需要行车，一定要注意观察路况和山体情况，车辆尽量在道路的外侧行驶，避免山体滑坡时砸坏车辆，遇有山石塌落在路上，不要贸然通过，更不要在情况不明时自行清理路障，以避免后续的山石滑落造成伤害。如遇山体发生滑坡，应下车探明情况，确认堆积物未全部堵截道路、车辆可以通过时再行驶；如道路已被阻断，应将车辆停放在安全地区，并向道路主管部门报告情况。

（6）车辆和行人在汛期过漫水桥时也需要特别注意。所谓漫水桥，是指平时桥面无水，汛期洪水从桥面漫过的桥梁。洪水冲击力很大，当车体与水流形成直角后，洪水依靠横向推力可迅速将车推翻。行人或车辆在汛期过漫水桥时，一定要观察水深和流速。一般情况下，水深在 20 厘米、流速在每秒 2 米时，行人禁止通行；水深在 30 厘米、流速在每秒 3 米时，小型机动车禁止通行；水深在 50 厘米、流速在每秒 3 米时，大型机动车禁止通行；洪水在上涨期间，禁止所有行人和车辆通行。

（7）在山间如因洪水将桥梁冲垮无法过河，而又必须向对岸目的地进发时，可沿山涧行走，找河岸较直、水流不急的路段试行过河。一般来说河面宽、水浅处其流速自然慢，是过河的好地方。会游泳者可游泳过河，一般斜着向上流方向游，避免水流冲向岸上。当估计无力游到对岸时可试行涉水过河。在水中行走时，水流不急、水深在膝盖以下，尚能保持平稳，能做各种动作，如果水已齐腰就不能涉水，常有倾倒之可能，必须有可扶的绳索或固定物体。过河时如有绳子则一手拉绳，无绳时可手持一竹棍、木棒，用它可以探水深以及河床情况，并有利于支撑保持平衡。迈步时要前一足踏稳后，后一足才提起，步幅不宜过大。有数人时，可 2 ~ 3 人相互挽在一起过河。一般先由会游泳者腰上系一安全绳，另一端扎在岸边大树或岩石上，并由旅伴抓住，下水探河水深度，探河床是否结实。试探可以涉水时，游到对岸，将绳牢牢扎在树上或岩石等处，其他人再抓住绳子涉水，比较安全。

2. 平原旅游遭暴雨洪灾

（1）在平原遇洪水，要向山冈、楼房等高层建筑处转移。如洪水来势很猛，就近无高地及楼房可避，也应就近抓住有浮力的物品如木盆、木椅、木板等，有船则更好。必要时爬上高树也可暂避，如洪水继续上涨，估计所待之处已不安全，要迅速找一些木板、桌椅等有浮力的物品扎成筏，准备逃生，无绳时可用布条，但要扎紧，到房已被没顶时上筏。

（2）不要爬到泥坯墙的屋顶，这些房屋水浸后很快会坍塌。平原洪水一般能较快地得到救助，只要度过紧急时刻就易获救。

五、暴风雪

对突然袭来的狂风并携带着吹雪或降雪的天气现象称为暴风雷。暴风雪的形成与暴风雨相似。在冬天，当云中的温度变得很低时，使云中的小水滴结冻。当这些结冻的小水滴撞到其他的小水滴时，这些小水滴就变成了雪。当它们变成雪之后，会继续与其他小水滴或雪相撞。当这些雪变得太大时，它们就会往下落。大多数雪是无害的，但当风速达到每小时 56 千米，温度降到 -5℃以下，并有大量的雪时，暴风雪便形成了。

暴风雪天气易发生路面结冰、冻伤、滑坠、被雪掩埋、迷路，暴风雪给游客出行、宿营等带来了极大的困难和危机。2004 年 10 月 4 日突然袭击黄龙景区的一场暴风雪，使景区内的沥青路面很快结冰，路面积雪最深达 200 毫米，将返程的近 4000 名游客围困在平均海拔 3300 米的川黄公路上。暴风雪天气下旅游，车子容易受困，游客容易迷路、冻伤。

在旅游中遭遇暴风雪，应注意以下几方面：

1. 保存体力，不要盲动

如果被围困在车上，待在车中最安全，贸然离开车辆寻求帮助十分危险。开动发动机提供热量，注意开窗透气。燃料耗尽后、尽可能裹紧所有能够防寒的东西，并在车内不停地活动。如果孤身于茫茫雪原或山野、露天受冻、过度活动会使体能迅速消耗，此时求生应减去身上一切不必要的负重，在合适的地域挖个雪洞藏身，只要食物充分，这种方式可以坚持几天时间。

2. 调整心态，适时休息

遭遇暴风雪时由于恐惧、孤独、疲劳，易造成生理、心理素质下降，此时要保持稳定的心态，判断正确的方位和路线。疲劳时要适时休息，走到筋疲力尽时才休息十分危险，许多人一睡过去就不再醒来。正确的方法是走一段，停下来休息一会儿，调整呼吸，休息时手、脚要保持活动并按摩脸部。

3. 相互激励，保持“兴奋”

思维迟钝产生头脑麻木十分危险，暴风雪中必须保持“兴奋”状态。此时团队精神特别重要，同行者相互搀扶、相互激励，才更有希望获救。

若在登山露营时突然遇到暴风雷，应加固帐篷，严禁离营下撤或进行攀登活动。保管好防寒装备，计划好燃料、食品的使用。及时清除帐篷上覆盖的积雪，以防帐篷被积雪压塌。遇到较大的暴风雪天气，高空风强烈，帐篷必须有人管理以防大风把帐篷吹跑。

六、泥石流

（一）泥石流概述

泥石流是一股泥石洪流，在瞬间暴发，多发生在峡谷地区和地震、火山多发区。它是含有大量泥沙石块的介于挟沙水流和滑坡之间的土、水、气混合流并且暴发突然、来势凶猛，具有很大的破坏力。泥石流的主要危害是冲毁城镇、矿山、乡村，造成人畜伤亡。破坏房屋及其他工程设施，破坏农作物、林木及耕地。此外，混合流有时也会淤塞河道，不但阻断航运，还可能引起水灾。

我国每年有近百座县城受到泥石流的直接威胁和危害，有20条铁路干线的走向经过1400余条泥石流分布范围内。1949年以来，我国先后发生中断铁路运行的泥石流灾害300余起，有33个车站被淤埋。在我国的公路网中，以川藏、川慎、川陕、川甘等线路的泥石流灾害最严重，仅川藏公路沿线就有泥石流沟1000余条，先后发生泥石流灾害400余起，每年因泥石流灾害阻碍车辆行驶时间长达1~6个月。泥石流还对一些河流航道造成严重危害，如金沙江中下游、雅砻江中下游和嘉陵江中下游等，泥石流活动及其堆积物是这些河段通航的最大障碍。

自然景区受泥石流的危险比较大。以北京为例，据初步统计，全市有泥石流沟584条、潜在泥石流沟232条。6个区县的七大旅游景区都有泥石流分布。如密云云蒙山景区（包括云蒙山森林公园、云蒙峡、天仙瀑、精灵峪、京都第一瀑、黑龙潭、番字牌、不老屯山庄八个旅游景点）；怀柔云蒙山景区（包括幽谷神潭、鸳鸯湖风景区、神堂峪自然风景区三个旅游景点）；延庆龙庆峡风景区和松山林场景区，平谷四座楼景区；房山十渡风景区以及门头沟百花山林场和灵山景区等。

泥石流对旅游的影响除了破坏交通外，有时甚至危及旅游者的生命安全。四川省丹巴县“7·11”特大泥石流共造成51人死亡或失踪，其中包括4名上海游客。触目惊心的灾难给忽视泥石流灾害的旅游业敲响了警钟。2003年7月11日。4名上海旅客在1名成都某旅行社工作人员陪向下来到丹巴。晚上10时，这个县巴底乡水卡子村个体经营的“休闲山庄”为他们举办歌舞晚会，有60多名村民到场。人们万万没想到，10时30分，一场泥石流从天而降，现场只有10多人侥幸逃出。

近几十年来国际上严重的泥石流灾难也屡屡发生。1970 年，秘鲁的瓦斯卡兰山暴发泥石流，500 多万立方米的雪水夹带泥石，以每小时 100 千米的速度冲向秘鲁的容加依城，造成 2.3 万人死亡，灾难景象惨不忍睹。1985 年，哥伦比亚的鲁伊斯火山泥石流，以每小时 50 千米的速度冲击了近 3 万平方千米的土地，其中包括城镇、农村、田地，哥伦比亚的阿美罗城成为废墟，造成 2.5 万人死亡，15 万家畜死亡，13 万人无家可归，经济损失高达 50 亿美元。1998 年 5 月 6 日，意大利南部那不勒斯等地突然遭遇该国建国以来非常罕见的泥石流灾难，造成 100 多人死亡，2000 多人无家可归。2005 年，雅加达西南部一个村庄遭遇泥石流袭击，造成至少 140 人死亡。

泥石流形成有如下直观性的特征条件：

（1）丰富的固体物质是泥石流形成的因素之一。泥石流中含有足够数量的泥沙石等固体碎屑物，其体积含量最少为 15%，最高可达 80% 左右，因此比洪水更具有破坏力。

（2）陡峭的地形是泥石流形成的主要原因。这类地形有利于暴雨径流汇集，造成大落差，使泥石流获得巨大的能量。

（3）足够的水源是激发泥石流暴发的主要条件。水是泥石流的组成部分和搬运介质。随着自然地理环境和气候条件的不同，泥石流触发水有暴雨（如特大暴雨、连续性降雨后的暴雨）冰雪融水、水体溃决等形式。

（4）多种人类活动在多方面加剧也会引发泥石流的暴发。比如，毁林开荒、陡峭垦植、矿山开采中乱挖乱采和不合理弃渣，以及山区修建公路、铁路时非科学地就地取料（如土石和弃渣等）。

泥石流主要是由于集中冲刷、撞击磨蚀、漫流淤积、弯道泥位超高、直进性爬起壅高、渡河阻水、侵蚀河岸、剥蚀山体等造成的。

（二）旅游中泥石流灾害危机的应对处理

旅游中如若遇到泥石流灾害，可做如下应对和处理。

（1）旅行社必须随时了解旅游线路上每一站的天气、水文和交通情况，尽量避免在峡谷河滩、山沟沟口、高山顶部和地质条件不稳定的坡地举行人员集中的活动，住宿地的选择也要多从安全角度考虑。

（2）沿山谷徒步时，一旦遭遇大雨，要迅速转移到附近安全的高地，离山谷越远越好，不要在谷底过久停留。

（3）注意观察周围环境，特别留意是否听到远处山谷传来打雷般声响，如听到要高度警惕，这很可能是泥石流将至的征兆。

（4）要选择平整的高地作为营地，尽可能避开有滚石和大量堆积物的山坡下面，不要在山谷和河沟底部礼营。

（5）当泥石流发生时，必须遵循泥石流的规律采取应急措施。发现泥石流后，要马上与泥石流成垂直方向向两边的山坡上面爬。爬得越高越好，跑得越快越好，绝对不能往泥石流的下游走。

（6）遇到因泥石流造成交通阻断，应及时与接待社联系，并向组团社汇报请示。

七、高山

在高山上，除了因其特殊的地理位置所致的服务、应急条件相对落后，当旅游者发生意外给抢险将来不便外，高山还会给旅游者带来其他方面的风险，比如高原反应、雷击、滑坠、雪崩等。

（一）高山反应

1. 高山反应概述

在海拔1800米左右，敏感的人就可能有一些轻度的高山反应，如乏力、运动量较大时气喘吁吁等；在海拔3000米以上的地区，很多人都会山现高山反应的症状；在海拔5000米以上，高山反应会更加明显。

人们生活在海平面上，大气压在一个标准大气压左右。空气是由氧气、氯气等气体组成的混合气体，其中氧气的含量足20.95%，随着地势的增高，其气压也逐渐降低，肺泡内的气体、动脉血液和组织内氧气的分压也相应降低。当人们从平原进入高原地区时，一般人需安2~3个月的时间，慢慢适应当地的低氧环境，使人们能在这种环境下生存，并能进行一般正常或接近正常的脑力及体力活动，但有一临界限度。如果人不能适应高山低氧环境则要发生高山病，如高原性心脏病、高原性细胞增多症、高原性高血压、高原性低血压。因此，在刚进入山区时，会因为海拔突然增高，人体来不及适应，而产生体内氧气供应个足的情形。高度越高，过渡时间越短，产生的反应就越剧烈，这种生理反应一般称为“高山病”。急性高山反应的主要症状是头疼、恶心呕吐、睡不着、吃不下以及呼吸困难等。另外，比较严重的高山反应表现为肺水肿、脑水肿以及由于心肌缺氧而导致的心肌梗死。严重的高山反应是导致旅游者登山死亡的重要原因之一。

2. 高山反应的应对处理

（1）由于每个人对环境改变的适应程度不同。即使是身体状况正常的人亦会受到环境突变而出现高山反应。高山反应经常发生在从水平地方飞往高海拔地方的游客，当中不少发病者都是在下机后即刻驾车或攀爬到更高的地方，可见身体对环境需时间适应的重要性。因此，去高原地区旅游之前，必须对身体进行一番认真检查，凡患有严重心血管疾病、冠心病、心绞痛、高血压、慢性肺部疾病、急性中耳炎以及怀孕的妇女，最好不要去高山旅游。

（2）登山前小心计划行程。尽量安排多些时间登山，让自己有机会于山上不同高度适应环境，千万不要勉强自己。登山上升的速度不宜太快，最好步调平稳，并配合呼吸，同时要视坡度的急缓而调整，使运动量和呼吸成正比，尤其避免急促的呼吸。

（3）行程不宜太紧迫，睡眠、饮食要充足正常，经常性地作短时间的休息，休息时以柔软操及深呼吸来加强循环功能及高度适应，上升的高度应逐渐增加，每天攀爬的高度应控制，以适应高山气压低、空气稀薄的环境。在海拔3000米以上，一般每升高500米要适应一夜；如不能适应，要暂缓继续上升，对初次登山者尤应如此。在山上，尽可能不要服食镇静剂、安眠药、含麻醉成分的消炎药或是饮酒等，因为这些会令呼吸节奏减慢，使得高山反应的病征不易被察觉，十分危险。应吃低热量、低盐分、含维生素多的食物，并且多喝水。

（4）轻度的高山反应经常类似感冒，容易被人忽视，而不能给予正确处理。在高山上找不出原因的“感冒”症状，如果没有明显发烧（高山反应可能有低烧）、流鼻涕、咳痰、鼻塞等，要更多地考虑是不是高山反应。

（5）发生高山反应后，给氧及降低高度是最有效的急救手段。一般而言，高山病患者降低至平地后，即可不治而愈。若有休克现象，应优先处理，注意失温及其他并发症。立即休息，将患者移至无风处，若疼痛严重，可服用镇痛剂止痛。如果仍不能适应，则需降低高度，直到患者感到舒服或症状明显减轻之高度为止。虽然如此，严重的高山病患者仍需送医院处理。

（6）出发前最好询问医生，评估身体状况，亦可由医生处方，开些防止高山反应的药，并于上山前一天开始服用。

（二）雷击

1. 雷击概述

雷电是发生在大气层中的一种声、光、电的气象现象，主要发生在雷雨云内部及雷雨云之间，或者在雷雨云与大地之间产生的放电现象。全球每天约发生800万次闪电，平均每分钟约有2000个地区遭遇雷暴。我国雷暴活动主要集中在每年的6～8月。雷击不一定是发生在高山旅游途中，旅游作为一种户外活动，在任何高度、任何户外景点都可能遭遇雷击。如2004年7月23日，一道闪电和紧跟着的一声巨雷让挤在居庸关长城烽火台避雨的数十人被震倒在地上，一些游客瞬时失去了知觉，至少有15人因伤住进医院，其中包括1名外国游客。

由于高山旅游景区多为群山起伏、云雾环绕、天气变幻无常的户外，在雷雨多发季节，应特别提高警惕，预防雷击。

2. 旅游中雷击的应对处理

（1）雷雨天不宜登山，更不要用手扶铁索或在树下避雨。

（2）在游览途中如果遭遇电闪雷鸣，游客就应中止游览，及时返回住地；不能及时返回的，就应找到安全的地方躲避并且必须在下雨之前迅速找到避难场所，否则等到地面被淋湿之后，再开始移动就很危险。但不应在以下地方停留：山顶、山脊、空旷田野、各种露天停车场、运动场和建筑物顶部；避雷针及其引下线附近，孤立的树下、亭榭内；铁栅栏、架空线附近。还要避免走进被淋湿或已经有水的地方。应尽量寻找下列地方掩蔽：有金属顶的各种车辆，并及时关闭车门、车窗；大型金属框架的建筑物、构筑物内；较深的山洞。但勿触及洞壁并要并拢双脚。如找不到合适的避雷场所，应采用尽量降低重心和减少人体与地面的接触面积。可蹲下，双脚并拢，手放膝上，身向前屈，千万不要躺在地上，如能披上雨衣，防雷效果就更好。

（3）遇上雷雨时不宜打伞、不可使用金属尖顶的雨具，无金属附着物的雨衣是最好的避雷工具。还要注意一点：把带在身上的所有能导电的物体拿下放在行包中，尤其金属框的眼镜一定要拿下来，千万不能拿着导电物品在旷野中奔跑，否则会成为雷击的目标。如果感到头发竖起来时应立即双脚合并、下蹲、向前弯曲、双手抱膝。在室内躲雨时，不应依着建筑物或构筑物墙站立。雷雨天气上下车时，不宜一脚在地上一脚在车上，双脚应同时离地或离车。

（4）雷雨天气时，在野外的游客应关闭手机及其他无线电通信工具，不宜手持固定电话话筒通话。

（5）还要注意的一点是大家不要集中在一起，尽量分散，以免万一受灾时造成更大灾害。

（6）预知打雷和雷击很重要。如果看到天空积雨云变大变黑，就要想办法到安全地方躲一躲。如果带小型收音机收听广播时，有刺耳的杂音，即表示附近有雷云。如果忽然下大颗雨滴，也是要打雷的表现。

（7）对于遭受雷击的旅游者，急救应分秒必争。发生呼吸、心跳停止的病人，病情都非常危重，这时应一面进行抢救，一面紧急联系，就近送病人去医院近一步治疗；在转送病人去医院途中，抢救工作不能中断。

（三）滑坠

在高山由于山路陡峭险峻，或者游客体力不支、注意力分散等，容易造成失足滑坠。滑坠是高山旅游的常见事故，也是造成山难的最主要原因，据中、英、日学者统计，其占登山死亡事故的37.3%～70%。其他造成死亡事故的原因依次为：雪崩、高山病、掉入裂缝和全身衰竭。

(1) 登山以轻装简从。以穿布鞋、胶底鞋、旅游鞋为宜，切忌穿高跟皮鞋、塑料凉鞋，防雨应备好雨衣，切忌打伞。

(2) 不宜单人游山，不宜身临其境。登山时，老、幼者应有人陪同为宜。

(3) 登山时身体宜前俯，下山尤需缓步，铭记“看景不走路，走路不看景”、“大景不放过，小景不流连”的游览原则。

(4) 发生滑坠及时请求景区管理人员援助和现场急救处理。

(四) 雪崩

到高山滑雪或到冰封的山区旅行，受到许多中青年人的欢迎。但有可能遇到雪崩。积雪的山坡上，当积雪内部的内聚力抗拒不了它所受到的重力拉引时，便向下滑动，引起大量雪体崩塌，人们把这种自然现象称作雪崩。也有的地方把它叫做“雪塌方”、“雪流沙”或“推山雪”。雪崩具有突然性、运动速度快、破坏力大等特点。它能摧毁大片森林，掩埋房舍、交通线路、通信设施和车辆，甚至能堵截河流，发生临时性的涨水。同时，它还能引起山体滑坡、山崩和泥石流等可怕的自然现象。因此，雪崩被人们列为是积雪山区的一种严重自然灾害。如1999年年初法国、意大利、瑞士连降大雪，导致雪崩频发，造成70余人死亡。旅游者应了解摆脱雪崩的自救要点：

(1) 雪崩多发生在冬春季。在雪层未稳定或有溶解时极易发生；雪崩往往有多发区，进入这些地区，危险性较大，一些国家的地方政府和旅游部门在这些地区的入口处设有值班哨卡提示，行人和旅游者应听从指挥。还有些国家对山区、滑雪旅游区发布雪崩的预报，当有危险时就应中止到这些地区的旅行。

(2) 进入积雪较厚的山区旅游，除应请向导和携带一般旅行用品外，还应带雪崩逃生绳和雪崩信号呼救器等，以备遇险后逃生呼救，不要个人单独行动。为了便于受灾后迅速被找到，登山者应该在身上系上颜色鲜明的缎带，当不幸被雪崩卷进时，雪崩产生的气浪会把缎带吹起，救护者可以根据缎带，迅速找到被埋的人。

(3) 攀登积雪山坡时，不要横穿斜坡。因为横穿斜坡，容易踩裂雪层，诱发雪崩。最好径直向山顶方向前进。当然这样做体力消耗较大，在万不得已的情况下，可以采用“之”字形的攀登路线，但“之”字的角度应尽可能放大。行走时，脚步要轻，要稳，不要另开脚印，要踏着前面人的脚印走。当到人迹罕至和积雪山区或在积雪显得较不稳定时，不要发出剧烈的震动，如打枪、放音乐、高声吼叫等，这均有可能因声波的震动而引发雪崩。还要特别注意的是，降雪以后，不能立即爬坡登山。一般来说，中等强度的降雪，必须过一天之后，才能去登山爬坡，下大雪之后，特别是连续数天高强度的大雪之后，必须停留三四天，才可在积雪上攀登。因为新雪比较疏松，内聚力较差，人在其上活动，容易触发雪崩。

（4）雪崩发生时，常有低沉的轰鸣声或冰雪破裂之声，易于觉察，此时可辨别声音来自的方向。当到高处看到云状白色尘埃，说明该处有雪崩，如若在另一个山头，则不致构成威胁。如到我国新疆的一号冰川旅游，有时就可听到远方山头雪崩传来的声响。如若旅游者处在山谷或山坡上，雪从高处大量滑下，这有很大的威胁。要尽快向雪崩下滑的横向路跑，企图同方向往前跑是错误的，雪崩下滑的速度每秒可达2500米，人是无法从同方向逃脱的。

（5）如雪崩面积很大，离得很近时，已无法摆脱、可就近找一掩体，如岩石等躲在其后；在无任何物体可依时，身体前倾，脸朝山上双手捂脸以免被雪呛，也便于雪崩停后手部的活动。

（6）若已埋在雪内、自己意识清醒时，要迅速辨识体位，让口水流出；如流向两侧为侧卧位，流向鼻子为倒立位，流向下巴为站立位，向下流为俯卧位。应设法使身体处于站立位的姿态、头顶向前，用手等全身力量尽最大努力将头冲出新积雪层表面。丢掉包裹、雪橇、手杖或者其他累赘，以免它们将在你被挖出时妨碍你抽身。

（7）如果不能从雪堆中爬出，要减少活动，放慢呼吸，保存体能，当听到有人来时大声呼救。据奥地利因斯布鲁克大学最新研究报告分析，75%的人在被雪埋后35分钟死亡，被埋130分钟后获救成功的只有3%。要尽可能自救，冲出雪层。被雪崩掩埋的遇难者，大多数不是被雪崩压死的，而是因为呼吸不到新鲜空气窒息致死的。

八、荒野

荒野地是很少或者没有人类干扰的一大片地区。这些地方大多是风光秀美且还未完全被开发的地区，无论是山水景色还是风土人情，旅游者们都可以从中找到自己梦寐以求的自然灭堂。荒野旅游地常常缺乏旅游所需的基础设施和服务条件，因此，遭遇的困难也会比较多，常见的如迷路、缺乏旅游条件的保障等。为保障荒野旅游的安全，以自驾车组团出行为例，应注意以下一些事项：

（一）要对旅游目的地及沿途情况作调查研究

调查的内容包括选择路线，了解路况、沿途景点、风土人情、气候及近期天气变化情况、社会安全状况等。如果到少数民族地区旅游，要事先了解一些民族习俗，尊重他们的生活习惯，以免惹出事端。

（二）在出行前应做好准备

（1）用到车辆的话，要对车辆进行一次全面的检查和维护保养，确保车辆处于良好状态。还要带上必备的工具的配件，以免车辆发生故障无法修理。

（2）在野外旅行时，要做好旅行计划，带好地图。不要随意离开旅行路线盲目进入荒野，更不要轻易进入无人区，防止迷路或者不能在天黑前到达能寻求后勤支援的地方。

（3）没有做好充分准备的时候，千万不要尝试在野外过夜，尽可能在天黑前完成行程。

（4）进入高原野外，一定要准备帽子，最好是有檐的帽子。一是防止高原紫外线对脸部皮肤的伤害（如果可能，最好带上防晒霜和墨镜），二是防止体温通过头部快速散失。在高原上空旷的野外，防止体温散失比低海拔地带更加重要。准备好雨衣或者防雨的衣物，高原天气变化很快，一天多变，即便是最晴朗的天气也要有所防备。

（5）在野外，居民点间的距离很长，很多地方没有通信网络覆盖，因此要随身携带一些应急的东西，在意外的情况下能够帮助自己。要准备一些不容易变质的应急食品，如方便面、听装八宝粥、饼干、巧克力、牛肉干、坚果类食品等，防止旅途耽搁时挨饿；自备饮用水，养成随身带个水壶或者矿泉水的习惯，只要能补充的时候，就保持里面至少有半壶水。随身带一个小手电，在走夜路的时候可能会使你得救，在一些偏远的地方也能使你的生活方便些。

（6）在荒野穿越或探险时，除了需配备那些专业装备外，还建议带上一个小小的野外急救盒（也可以称为“野外求生盒”）。它在关键时刻说不定会起到很大的作用。“求生盒”的内容有：

①饭盒。选择一个铝制或不锈钢制的饭盒（最好是带把手的）。因为饭盒本身可以用来加热、提水或者化雪，同时，饭盒的金属盖可以当作反光镜使用，关键时刻可以发出求救信号。

②多功能工具刀。在野外时配一把多功能的工具刀是绝对有必要的。比如瑞士军刀，它除了集成常规的小刀、起子、剪刀以外，还有锯、螺丝刀、锉刀等，甚至还带有一个放大镜。

③针线包。针线包一直是军队的野外必备品。当然，现代针线包的功能已经不仅是原来单纯的缝缝补补，针不但可以挑刺，更能在有些时候弯成鱼钩（当然你的针线包里起码得配两根钓鱼线）改善伙食，甚至是救命。

④火种。在野外，火种几乎是一切。带上防风防水的火柴是很重要的，但如果你买不到这样的火柴，也可以自己制作一些。方法很简单：先将蜡烛融化。均匀地涂在普通火柴上，使用的时候，将火柴头上的蜡除掉即可。为了能更好地发挥这些火柴“强大”的防风防水功能，可以把它们放在空的胶卷盒内。磷皮（擦火柴用的）也绝对不能忘了。

⑤蜡烛。一小截蜡烛在野外是绝对有用的。当你所带的手电、头灯等现代化照明装置没有电池了，这时，蜡烛就能派上用场了。蜡烛除了照明，还可以取暖、引火；如果把一个矿泉水瓶剪去底部能做成灯罩，就形成一盏野外使用的防风灯。

⑥哨子。一般的哨子可以充当你的求生哨。当你遇险时，可以用哨声引来救援，或者吓走一些小野兽。

⑦镀铝薄膜。一张 2 米 ×2 米的镀铝薄膜，不仅可以防风防雨，也可以支起来做成一个凉棚，防止太阳直射。在寒冷地区，可以用它裹住自己，保持体温。铝膜的最大作用是可以反光，使救援人员可以及时发现你。平时也可以把它铺在地上当地席使用。

⑧指南针。在野外，谁都无法保证先进的设备不出岔子，哪怕是先进的 GPS 或你手表上自带的电子罗盘。这时，小小的指南针可以帮你找到回家的路。

⑨医疗胶布。医疗胶布是最快的修补剂。当你外衣被划破、帐篷被吹裂时，发挥一下想象力，就能发现它能派上的用处会很多。

⑩燕尾夹。燕尾夹虽然是很普通的办公用品，但在野外缺乏资源的时候，可以用来夹断裂的背包带、开线的裤子、脱了底的鞋等。

⑪其他。还更备上几支 2B 的铅笔和一些白色的即时贴。再准备几个瓶子，分别放上食盐、水果糖、维生素 C。这些不起眼的食品在危急关头可能是救命的良药。

最后，建议急救盒外面再套上个防水的密封袋。

九、沙漠

（一）沙漠旅游故障概述

骑骆驼漫游沙漠是久居闹市的人修整身心、调整情绪、锻炼意志、体验难忘神奇经历的最佳选择。那叮铃作响的驼铃，浩瀚无垠的大漠，沙海里的日落和日出，无一不显出沙漠的浩瀚、神秘和淳朴。沙漠旅游虽然新奇刺激，但它毕竟属于探险旅游范畴。

沙漠旅游的危险首先来自沙漠气候。沙漠的气候特点很多，比如，晴天多、阳光强、干燥、夏季热、昼夜温差大、风沙多等，其中的关键是“干”。因为干，云雨少、阳光强、日照时间长，容易灼伤皮肤、视觉过度疲劳。因为干，天上没有云彩，不能挡掉部分阳光，地面没有水分，无法蒸发降温，太阳晒到地面的热量，全都用来加热大地和空气，所以昼夜温差特别大。午后最高气温和清晨最低气温之间，常常可以相差数十摄氏度。温度日差较大容易受凉，晚上甚至可能冻伤、冻死。因为干燥，地面很少有植物，一起风就刮沙，在沙漠中经常会发生沙漠风暴，沙丘移动。没有经验的人容易被沙丘活埋。

此外，沙漠中难以分辨方向，易迷路；看到沙漠中的野生动植物难以辨别有无毒害，易好奇而受伤等，都是沙漠旅游者应警惕的。

（二）沙漠旅游故障的应对处理

（1）沙漠旅游，切莫单独行动，彼此要精诚团结。准备好高精度地图，携带指南针或全球卫星定位仪（GPS），使导航、记录航线有保证。

（2）进入沙漠前，必须做好充分准备，如沙漠中光线强，准备好太阳帽、太阳镜。太阳镜最好有两副，一副是平时使用，另一副是防风沙的，可用摩托镜或滑雪镜。一个大号水壶、一筒爽身粉、手电筒、宽胶带、小圆镜、塑料袋等小物品都会在沙漠中给你带来意想不到的方便。比如爽身粉可以擦在你运动时经常被摩擦的身体部位，小圆镜用于求生时发射信号；塑料袋用于防沙尘。

（3）进入沙漠，一定要穿上大而厚的鞋，如靴子之类的。不要贪一时凉快，或者觉得穿厚鞋焐脚、难受。沙漠的温度，白天达到50多摄氏度，不穿厚鞋，如光脚，或者穿平底凉鞋，皮肤可能会被烫起泡，甚至会引起化脓感染。要学会用双杖走路。负重在沙漠中行军，在松软的沙丘上下翻越，对膝盖构成很大的压力，很容易造成损伤。用双杖行走能减轻膝盖的压力，也能节省很多体力。

（4）带足干粮和淡水。即使是乘车前往，难免有轮胎爆裂之虞，可能需要步行数小时才能得到援助。沙漠中温度高，人脱水速度很快，并不是渴了才喝水，等到真正感到口渴的时候，就难以解渴了。一进沙漠，哪怕不觉得口渴，不想喝，也要一小口一小口地喝。万一在沙漠中遇险发生缺水，要注意保存体内的水分，如赶路采取夜行晓宿。有一个英国飞行员，迫降在西撒哈拉沙漠后，在11天内步行224千米而获救，秘诀就在于“夜行晓宿”。如果在白天行走，他所带的水是绝对不够的。此外，形形色色的仙人掌也是天然的水库。另外，在炎热、缺水、干渴、焦虑的情况下，千万不要被海市蜃楼的假象迷惑。

（5）不要怕走弯路。一望无际的沙海，并不是一马平川。在沙漠中会遇到许多大的沙丘或沙山，一定要绕过去，切忌直越陡坡。要避开背风面松软的沙地，尽量在迎风面和沙脊上行走，因为迎风面受风蚀作用，沙被压得很实，比较硬，在上面行走比较容易，也省力气；而背风面主要是风积形成的，比较松散，在上面行走，陷入较深，比较消耗体力。如果有驼队的话，踏着骆驼的蹄印走，可以节省很多体力。在沙漠探险中，在前面带路的人很重要，要能找出好走的路，并且采用慢行、每小时休息10分钟的方法，一般队伍一天行走不要超过直线距离20千米。

（6）租用骆驼。骑骆驼时，要防止骆驼站起来和卧倒时将人甩下。平时不要靠近骆驼的后脚和头部，以防它踢人和用嘴喷人。骆驼虽然温顺，但受惊后却很危险，要防止突然的响声，如突然的喊叫、刺目的颜色、突然打开色彩艳丽的自动伞等刺激骆驼。长途骑骆驼不要绷着劲，要顺着骆驼的步伐自然骑坐，随时调整坐姿，并适时下来步行一段。

（7）躲避沙暴。在我国，一般不要在春季和夏季去沙漠，同时要注意当地的天气预报。从3月中下旬开始，一直到5月，沙漠的气候可谓瞬息万变，风很大，特别是沙暴，游客容易迷途并危及生命。沙暴到来得异常迅猛，当感觉到好像有种声音从很远的地方传来时，仅在几秒钟之内，天地就变成了黄色。一场沙暴过后，即使大难不死，抬头一看，所有的景观全变了，很容易迷路。当天边涌来了黑黑的云，慢慢地向所在的方向逼近，这时，就要从骆驼上下来，用毡子把自己全身包起来。最好躲在骆驼的身边，千万不要到沙漠的背风坡躲避，否则有被窒息或被沙暴埋葬的危险。骆驼比较有经验，它会随着沙子的埋伏不断地抖动，这样就不至于被沙子埋了，人也要随着动一动，这样也就不会被沙子埋了，同时，也不会被沙暴吹跑。

（8）不要随便招惹野生动物，比如野猪、狠等。平时你不去主动袭击它，它也不会攻击你，但是一旦把它惹火了，它就非得和你拼命不可。另外，沙漠里的一些小动物诸如野兔等，也不要打它，不要随便吃野味，因为这些动物身上往往有很多病菌，吃了以后，就难保安全。沙漠有时也会遇到小型湖泊水塘等，不要在很热的时候，图一时的痛快，脱了衣服就往水里跳，湖里也许有很多危险情况。

任务七　国际救援组织参与救援和善后处理

一、国际救援组织概述

国际救援组织联盟IAG，国际救援组织联盟是一个专门为商务休闲游客、涉外工人和跨国公司提供全球范围的医疗、旅行援助的单个救援公司的全球性联盟。目前，国际救援组织联盟的25个成员公司已经在46个国家设立了警报中心，拥有多语种操作人员和专业医疗人员，在全球范围内支持超过8700万人。国际救援组织联盟拥有专业的技术和资源，服务范围超过200个国家，使其区别于其他的救援服务提供者，每个成员公司带来地方特色的知识和资源，使国际救援组织联盟真正具备全球化特征，确保以其丰富的经验为客户提供最为优质和经济的服务。

国际SOS是世界领先的提供医疗救援、国际医疗保健服务、安全服务和外包服务的机构。在全球范围内拥有26个报警中心，28家国际诊所和170多个边远地区安全和医疗设施，为不同行业的客户和会员提供服务，集团客户已达7700余家，包括了财富100强的82%和财富500强的63%。5000多名员工分布在全世界70多个国家，其中有

35%是医疗专业人员。

IAG是国际救援组织联盟，SOS是一个真正意义上的救援组织。在我国设立办事处的国际救援组织有：亚洲急救中心AEA和欧洲急救中心SOS。他们在我国设有昼夜24小时多种外国语言的值班服务。

国际救援不仅是国际社会人道主义精神的体现，也是一国应急管理体系的重要组成部分。“5·12”汶川地震发生后，我国政府首次接受外国救援队参与一线救灾行动，发现国际救援组织的诸多作业流程与步骤都值得我们学习。但同时也暴露出我国应急管理中国际救援管理体制和机制的缺失，严重影响了国际救援行动的效率和效力。另外国际救援组织或接受国际救援的地方政府都应该对重大灾害事故中的国际救援行动进行事先规划，才能使灾区的救援工作及早顺利开展，以争取分秒必争的“生命存活视窗”72小时救援黄金时间，同时也能最大限度地避免救援资源的重复使用与浪费。

二、国际救援组织参与救援的意义

国际救援不仅是国际社会人道主义的体现，更是抵御灾害、减轻损失的需要。对我国来说，在灾害应急管理中引入国际救援力量具有重要的现实意义。

（一）有利于完善我国重大灾害应急管理体系

长期以来，我国重大灾害应急管理都是以政府为主体的。这种政府主导型的灾害应急管理体系固然具有较强的组织功能与资源动员能力，但是对社会力量及国际救援力量在减灾工作中的作用缺乏充分重视。现在国际救援已经成为一种国际共识，各国政府组织、各种国际志愿者团体、慈善团体机构、NGO/NPO都已经成为有效的减灾救灾力量。国际救援力量的介入能够在很大程度上减轻政府的救灾压力，同时也有助于形成以政府主导，企业、NGO/NPO、公民社会以及国际救援力量广泛参与的灾害应急治理结构，完善我国的灾害应急管理体系。

（二）有利于提高灾害救援效率，增加全球共同安全价值

研究表明，灾难救助的成败与否，很大程度上依赖救援人员的素质高低，所以专业的救援团队必不可少。在重大灾害的应急管理中，任何一国都不可能随即具备救灾所需的一切人力、物力和财力，特别是专业的救援队伍和救援设备。借助专业化的国际人道主义救援，可以最大限度地满足救灾过程中对人力、物力和财力的迫切需求，从而提高救灾的效率。此外，在经济全球化的今天，一国一地区发生的重大灾害事故不仅意味着这个国家的人民生命财产受到威胁、侵害，而且也会对相关

国家的经济社会发展产生影响，国际救援不仅有助于减少受灾国的损失，而且使其他国家特别是与受灾国经济社会联系紧密的国家间接受益，无形中增加了全球共同安全价值。

（三）有利于争取国际援助和慈善捐助

近十年来，世界范围内的灾害事故呈现出比以往更加频繁、规模巨大、破坏力强和治理成本增加的特点。面临重大灾害事故及时接受国际救援力量参与救助，就可以通过其自身宣传和外国媒体的报道使受灾国的灾情现实向世界各国扩散传递，引发国际组织和外国政府提高援助规格，促使国外慈善机构和民众增加对受灾国的捐助。同时也更能够激励受灾国的政府和相关组织作为，促进救灾捐款和物资及时、完全地发放到灾民的手中。

（四）有利于交流学习先进的救灾经验和技术

“5・12”汶川地震的考验让我们认识到我国在救灾经验和救灾技术上还不太成熟，急需向其他国家学习先进的管理方法和救灾技术。接受国际救援力量参与一线救援，为我们学习先进救援设备的使用、幸存人员的搜索、伤员的救治、传染疾病的预防、物资的配送等技术方法提供了契机，我国的国家救援队和其他救援组织就可以在与国际救援力量的救援合作中，学习掌握到更为先进的救灾经验和技术手段，最大限度地提高救援效率。

（五）有利于重塑国际形象，改善国家间关系

从国际角度来看，中国接受国际救援，借助国际力量减轻灾害对民众利益的损害，既能表明中国政府重视人民的生命财产安全，也能表明中国政府积极主动参与国际合作、融入国际社会的开放姿态，进一步树立了成熟、开放的国际形象。患难见真情，“5・12”汶川地震中各国救援力量参与灾害救援的同时，也与我国建立起了真挚的感情和深厚的友谊，充分改善了国家间关系，使得自“3・14”拉萨事件以来一直比较紧张的中西方关系得以缓和；对于日本政府在这次救灾行动中提供的帮助，无论是政府还是民间，都报以积极正面的评价。

三、国际救援组织参与救援的善后处理

（1）海外旅游者在我国境内遇意外事故时，如果该旅游者是国际救援组织的客户，国际救援组织可直接参与救援服务；即使不是客户，但得到外国保险公司的委托或外国驻华使领馆的委托，国际救援组织也可参与救援服务。

（2）国际救援中心参与救援及善后处理时，我国有关方面要允许他们介入，并在他们进入现场、救护和转运伤病员、死者遗体火化和遣返等方面给予必要的协助并提供相关证明。

（3）与有关部门协调，为国际急救组织前来参与对在国外投保的旅游者（团）的伤亡处理提供方便。

实训项目

【实训名称】

交通事故预防与处理

【实训内容】

项目	说明
项目名称	交通事故预防与处理
时间	实训授课1学时，共计50分钟，其中示范讲解20分钟，学生分组演练30分钟
要求	（1）熟悉服务准备阶段的具体工作要求 （2）培养实训者认真工作的态度
器具准备	接待计划、交通图、导游证、导游旗、绷带
方法	（1）教师示范讲解 （2）学生分组演练
实训总结	每组实训者认真总结本次实训的心得、体会，并写出实训总结

【实训步骤】

一、实训前：准备好实训所需的物品，交代实训中的注意事项

二、实训开始

1. 领取接待计划。

2. 认真阅读接待计划，安排活动日程的时间上要国有余地，不要催促司机为抢时间违章。遇到不好天气要提醒司机注意安全。

3. 联系司机，商定第二天的出发时间和地点。

4. 接待旅游者前要提醒司机检查车辆，发现隐患要及时提出更换车辆的建议。

5. 用餐时提醒司机不要饮酒，司机饮酒要告知旅行社更换司机。

6. 交通事故发生。

7. 立即组织抢救。

发生交通事故出现伤亡时，导游要立即组织抢救尤其是重伤者。如不能就地抢救，应立即送去医院。在冬季，伤者易因天气寒冷而发生休克，可用毛毯、衣服包裹御寒。同时准备应付休克，必要时，伤者采取休克处理体位。

8. 保护现场，立即报案。

事故发生后，要沉着冷静，不要在慌乱中破坏现场，为免尾随车辆撞来，再发生事故，必须采取安全措施，例如用灯照明现场或竖立警告牌之类。要指定专人保护。

9. 同时迅速通知有关部门，请求支援。

10. 迅速与旅行社联系。将受伤者送到医院后，马上与旅行社联系，听取领导的意见和指示。

11. 做好团队的安抚工作。

交通事故发生后，导游要作好团队的安抚工作，继续组织安排好下面的参观游览活动。事故原因查清后，要向全团旅游者说明情况。

12. 事后写出报告。

报告的内容包括：事故的原因和经过；抢救经过、治疗情况；事故责任的处理；旅游者的情绪和反映等。报告力求详尽、准确。

三、实训结束

【实训点评】

作为导游员，要做好一切措施防止交通事故的发生，对于司机和车辆的情况要随时注意。交通事故发生后，要沉着冷静，不要在慌乱中破坏现场，要妥善安排伤者，并使危害程度降至最低。

【案例分析题】

某旅行社的导游人员小蔡作为领队在 2004 年 12 月带领一个 27 人组成的旅游团队赴泰国旅游。到达泰国以后该团就按照计划在 12 月 26 日上午乘坐班船前住 PP 岛。整个航程中大海一直风平浪静，没有任何发生灾难的预兆。旅游者下船后，都被这迷人的海岛风光迷住了，纷纷拿出照相机和 DV 拍摄了起来。这时领队小蔡突然发现海水快速地向后退去，而当时所有停在岸边的船都一下子搁浅了，可是不到五六分钟海水又迅速回涨。小蔡马上感觉到可能会发生什么不测。因为此前当地导游来过电话，说是隔壁的珊瑚岛发生了地震。而眼前海面的异常现象，似乎不是正常的涨潮落潮。小蔡立刻大声对所有团友说："大家赶快跑！有危险！" 这时候所有的旅游者还沉浸在兴奋激动之中，根本就没有意识到危险来临。于是小蔡再次以非常严肃的口气对他们大喊："大家快和我一起往酒店的楼上跑，要不然就来不及了。"此时旅游者们才意识到情况的严重。

小蔡迅速将团员分为两部分，迅速撤往下榻的旅馆的主楼和副楼。就在这一刻，一股滔天大浪以迅雷不及掩耳之势向酒店席卷而来。当大家跑到酒店三楼的时候，二楼就已经全部被海水淹没，楼下所有家具都被海水从屋里冲击出来，相互撞击，发出恐怖的声音。大家发现四周已经躺着许多来此地度假的旅游者，有的满身是血，到处都是惊慌失措的尖叫声。面对这种从来没有遇到过场面，小蔡的脑子一片空白，不过几秒钟之后她就镇定下来，马上奔出去寻找团里失散的旅游者。小蔡把所有能找到的团友集中在一起，清点后发现还有团友遗漏。小蔡又和团里的小伙子一个一个房间去敲门寻找。他们找遍了三楼所有的过道和房间，就是没有找到任何自己团里的旅游者。于是小蔡又涉水到二楼去寻找，而当时二楼到处都被客房里冲出来的家具等物品堵塞住了，小蔡使出全身力气连续推开了几个房门，没有发现自己的团友，她又赶紧返回三楼，这时才发现另一批旅游者已经和其他的旅游者汇合了。她再一次清点人数，发现还是少了 4 个人。此时海水已经慢慢退了下去，于是小蔡让大家一起大声呼喊 4 个失踪者的名字。喊了很久终于从副楼的平台上传来了回应声，还说有人受伤了，于是小蔡找了团里几个人一起奔跑到副楼的平台上去抢救团里那些受伤的旅游者。当时的场面是伤者躺在地上，其身边有很多的呕吐物，手臂上有个很大的伤口，鲜血直流。小蔡立即按照以前培训时学到的急救知识，用毛巾绑在伤者的伤口上方，压迫血管给他止血。正在此时，突然又有人大喊第二波大浪又向大家逼近了。小蔡只好与他人扶起伤员以最快的速度向楼顶爬去。到了楼顶后小蔡赶紧用手机和国内自己旅行社的领导进行联系。但是此时此刻可以说当地所有手机都在拨号求救，小蔡连续拨了几十遍电话号码才与国内联系上。小蔡简单地把这里的情况向领导汇报了，并希望能得到指示和帮助：在楼顶上待了 3 个小时后，团里的大部分旅游者终于集中在一起了。于是大家一起把伤员安排到主楼的三楼。登上了三楼，伤员身上的血又止不住地流了出来，这时小蔡请大家分头到外面去找懂医术的人来帮助包扎。本来大家以为这个时候总算有时间坐下来休息了，哪里知道突然又有人通知说这楼里的瓦斯开始泄漏了，所有的人必须马上撤离到副楼的平台上去，大家马上拆下门板抬起伤员以最快的速度撤离。

得知已无当天乘救生船前往普吉岛的可能性，小蔡马上与旅游者沟通，最后大家一致认为如果今天晚上再待在酒店里一定有危险存在，必须立即转移到相对安全一点的地方。小蔡又努力找到了当地人当向导，把团员全部带领到离酒店不远的一座小山上。休息片刻以后，小蔡再次努力与国内联系，把这里的事态的发展和她本人的打算向旅行社的领导作了汇报。旅行社的领导肯定了小蔡的做法，并告诉她旅行社也在关心着团队的安全，一直在与有关方面保持联系，争取让大家早日安全返回祖国。同时也鼓励她要振作精神，把压力当动力，努力把灾难的影响降到最低。与自己的领导通过电话以后，小蔡再次来到旅游者中间，她一会儿看望受伤的旅游者，一会儿向年岁较大的旅游者询问身体状况，不断地与旅游者进行沟通和商讨，有时还讲个笑话取取乐，以消除大家的紧张情绪，慢慢地团里的气氛好了不少，大家暂时忘记了刚过去的灾难，有些旅游者还把仅有的水和食品拿出来让大家分享。

后来小蔡被告之当晚有可能发生第二次海啸，为避免再次遭受危险，小蔡让团员们再向高一点的地方进军。大家爬了六七十米以后找到了一块比较平缓的地方，小蔡张罗着大家集中起来，在地上铺上床单和其他物品就开始休息。当大部分团友安静下来以后，小蔡还和几个热心的旅游者想办法点起了柴火，让大家烤烤湿了的衣服和物品。过了凌晨小蔡通过自己的旅行社得知那几位失踪的团友也已经到达安全地点，她兴奋地把这个好消息告诉了大家，所有的旅游者都感动得鼓起了掌。就这样，小蔡与自己的旅游团在他乡异国度过了第一个不眠之夜。

第二天，也就是27日的早上，小蔡又匆匆带着旅游者们赶到山下的码头，想碰运气等待前来援救的船只。同时，小蔡又抓紧时间与自己的旅行社联系，争取能早点搭上航班飞回祖国。半小时后他们终于幸运地乘上了一艘救生船。不久小蔡就与团员们到达了普吉岛码头，在那里还与以前失散的两位旅游者会合。当天晚上，经过多方的努力，小蔡与全体团员终于在当地时间2：40乘机离开普吉岛而后到达上海浦东机场。

思考：请对本案例中作为领队的小蔡在面对突发事件时的应变能力进行评析。如果你是当时的领队，面对这种情况会如何反应？

练习题

一、单选题

1. 在旅游过程中如果万一发生火灾，（　　）进行自救是错误的。

A. 搭乘电梯迅速离开火场

B. 如果身上着火，可以就地打滚，或用厚重衣物压灭火苗

C. 若是必须穿过浓烟时，要用浸湿的衣物披裹身体捂着口鼻，贴近地面顺墙爬行

D. 当大火封门无法逃出时，可以用浸湿的衣物、被褥堵塞门缝或泼水降温，等待救援

2. 旅游者被蜂蜇伤时，应用（　　）冲洗伤口。

A. 生理盐水　　B. 酒精　　C. 高锰酸钾　　D. 醋

3. 泥石流灾害发生时，导游员应引导游客向（　　）逃离。

A. 与泥石流平行向低处　　B. 与泥石流平行向高处

C. 与泥石流垂直向高处　　　　　　　　D. 与泥石流垂直向低处

4. 重大交通事故是指（　　）。

A. 一次造成轻伤 1 ~ 2 人，或者财产损失的数额中机动车事故不足 1000 元，非机动车事故不足 200 元的事故。

B. 一次造成重伤 1 ~ 2 人，或者轻伤 3 人以上，或者财产损失不足 3 万元的事故。

C. 一次造成死亡 1 ~ 2 人，或者重伤 3 人以上 10 人以下，或者财产损失 3 万元以上不足 6 万元的事故。

D. 一次造成死亡 3 人以上，或者重伤 11 人以上，或者死亡 1 人，同时重伤 8 人以上，或者死亡 2 人，同时重伤 5 人以上，或者财产损失 6 万元以上的事故。

5. 发生治安事故时，导游员应（　　）。

A. 首先保护好个人和司机的财产　　　　B. 先保护好自己，然后报警

C. 首先保护旅游者安全　　　　　　　　D. 主动将财、物交予抢劫者

二、多选题

1. 为了防止发生交通事故，导游人员应做到（　　）。

A. 日程安排留有余地，不催促司机违章超车、超速行驶

B. 提醒司机，谨慎驾驶

C. 不与司机聊天，避免分散司机注意力

D. 要阻止非本车司机开车、提醒司机开车前不要饮酒

E. 导游员要提醒司机经常检查车辆，若发现隐患，要及时修理或更换车辆

2. 如果遇到交通事故发生，由于交通事故类型不同，处理方法也很难统一，但一般情况下，导游人员应采取如下措施（　　）。

A. 立即组织抢救　　　　　　　　　　B. 保护现场，立即报案

C. 迅速向旅行社汇报　　　　　　　　D. 做好全团旅游者的安抚工作

E. 写出书面报告

3. 为了防范乘车过程中可能发生的治安事故，导游人员应当做到（　　）。

A. 游客离车时，提醒他们不要将旅行证件和贵重物品遗留在车上

B. 提醒游客不要到人多杂乱的地方去

C. 关照司机在游客下车后关好车窗，锁好车门

D. 行车途中，不要让无关人员上车、搭车

E. 如果有不明身份的人拦车，导游员要提醒司机不要停车

4. 为防止火灾事故的发生，在旅游活动中，导游人员应提醒游客（　　）。

A. 不携带易燃、易爆物品

B. 不要躺在床上吸烟，不乱扔烟头

C. 托运行李不要夹带规定不准作为行李运输的物品

D. 记住饭店的安全出口和转移路线

E. 掌握火场自救的方法

5. 发现旅游者食物中毒，导游人员应立即采取的正确措施是（　　）。

A. 设法催吐

B. 让食物中毒者多喝水以加速排泄，缓解毒性

C. 立即将患者送医院抢救，请医生开具诊断证明

D. 迅速报告旅行社

E. 追究供餐单位的责任

三、简答题

1. 旅游事故包括哪些类型？

2. 什么是安全事故？常见的安全事故有哪些？

3. 在旅游过程中发生了地震，导游人员应该如何处理？

项目八　导游工作相关知识

学习目标

知识目标

了解并掌握与导游业务相关的交通知识、住宿、餐饮、娱乐方面的法规知识、出入境知识、货币相关知识、法定标识知识等。

任务导入

从美国来的 Mike 夫妇按计划 8 月 20 日乘坐 UA851 次飞机抵达北京，导游王宏在飞机场接到夫妇二人后直接送往北京饭店入住，Mike 先生晚饭后提出去潘家园转转，体验一下“淘宝”的感觉，请求王宏帮忙兑换人民币，到达潘家园后发现护照遗失在了出租车上，此时王宏应该怎么做？整个过程中可能用到了哪些导游常识？

任务一　交通知识

一、航空客运知识

（一）航班

航班指飞机由始发站按规定的航线起飞，经过经停站至终点站或不经过经停站直达终点站的运输飞行。航班分为定期航班和不定期航班，前者是指飞机定期自始发站起飞，按照规定的航线经过经停站至终点站，或直接到达终点站的飞行。在国际航线上飞行的航班称为国际航班，在国内航线上飞行的航班称为国内航班。航班又分为去程航班和回程航班。

目前国内航班的编号一般用航空公司的两个英文代码（如表 8 - 1 所示）和四个阿拉伯数字组成。其中，第一个数字表示执行该航班任务的航空公司的数字代码（由国家民航总局规定），第二个数字表示该航班终点站所属的管理局或航空公司所在地的数字代码（1 是华北，2 是西北，3 是华南，4 是西南，5 是华东，6 是东北，8 是厦门，9 是新疆）。第三和第四个数字表示该航班的序号，单数表示由所在基地向外飞的航班，双数表示从外面返回的航班。如 CZ3479 是南方航空公司自郑州飞往重庆的航班，CZ 是南航英文代码，3 代表郑州所在的华南地区，4 代表重庆所在的西南地区，79 为序号，单数代表向外飞的去程航班。

国际航班号的编排由航空公司代码加 3 位数字组成，第一位数字表示航空公司，后两位是航班序号，单数为去程，双数为回程。如 CA978 是由雅加达飞往北京的航班，CA 和 9 代表中国国际航空公司，78 为航班序号，双数代表回程航班。

表 8－1　　国内/国际各航空公司代码

国内航空公司			
中文名称	英文名称	2 位代码	3 位代码
中国国际航空公司	Air China	CA	CCA
中国北方航空公司	China Northern Airlines	CJ	CBF
中国南方航空公司	China Southern Airlines	CZ	CSN
中国西南航空公司	China Southwest Airlines	SZ	CXN
中国西北航空公司	China Northwest Airlines	WH	CWN
东方航空公司	China Eastern Airlines	MU	CES
厦门航空公司	Xiamen Airlines	MF	CXA
山东航空公司	Shandong Airlines	SC	CDG
上海航空公司	Shanghai Airlines	FM	CSF
深圳航空公司	Shenzhen Airlines	4G	CSJ
中国新华航空公司	Chinaxinhua Airlines	X2	CXH
云南航空公司	Yunnan Airlines	3Q	CYH
新疆航空公司	Xinjiang Airlines	XO	CXJ
四川航空公司	Sichuan Airlines	3U	CSC
武汉航空公司	Wuhan Airlines	WU	CWU
贵州航空公司	Guizhou Airlines	G4	CGH
海南航空公司	Hainan Airlines	HU	CHH
福建航空公司	Fujian Airlines	FJ	CFJ
长安航空公司	Chang'an Airlines	2Z	CGN

续 表

国际航空公司			
中文名称	英文名称	2位代码	3位代码
港龙航空公司	Dragon Air	KA	KDA
大韩航空公司	Korean Air	KE	AKA
韩亚航空公司	Asiana Airways	OZ	AAR
日本航空公司	Japan Airlines	JL	JAL
全日空公司	All Nippon Airways	NH	ANA
新加坡航空公司	Singapore Airlines	SQ	SIA
泰国国际航空公司	Thai Airways International	TG	THA
美国西北航空公司	Northwest Airlines	NW	NWA
加拿大国际航空公司	Canadian Airlines International	AC	
美国联合航空公司	United Airlines	UA	UAL
英国航空公司	British Airways	BA	BAW
荷兰皇家航空公司	Klm Royal Dutch Airlines	KL	
德国汉莎航空公司	Lufthansa German Airlines	LH	DLH
法国航空公司	Air France	AF	AFR
瑞士航空公司	Swissair	SR	SWR
奥地利航空公司	Austrian Airlines	OS	AUA
俄罗斯国际航空公司	Aeroflot Russian International	SU	AFL
澳洲航空公司	Qantas Airways	QF	QFA
芬兰航空公司	Finnair Airlines	AY	FIN
意大利航空公司	Italia Airlines	AZ	AZA
斯堪的纳维亚（北欧）航空公司	Scandinavian Airlines	SK	SAS
文莱皇家航空公司	Royal Brunei Airlines	BI	RBA
印度尼西亚鹰航空公司	Garuda Indonesia Airlines	GA	GIA
新加坡胜安航空公司	Singapore Silk Air	MI	MMP
马来西亚航空公司	Malaysian Airlines	MH	MAS
埃塞俄比亚航空公司	Ethiopian Airlines	ET	RTH
美国长青国际航空公司	Evergeen Int Airlines	EZ	EIA
波兰航空公司	Lot - Polish Airlines	LO	LOT
罗马尼亚航空公司	Torom Romanian Air Transport	RO	ROT
乌兹别克斯坦航空公司	Uzbekstan Airlines	HY	UZB

续 表

国际航空公司			
中文名称	英文名称	2位代码	3位代码
伏尔加第聂伯航空公司	Volga - Dnepr Airlines	VI	VDA
乌克兰航空公司	Air Ukraine		UKR
哈萨克斯坦航空公司	Kazakhstan Airlines	K4	KXA
蒙古航空公司	Miat Mongolian Airlines	OM	MGL
巴基斯坦国际航空公司	Pakistan International Airlines	PK	PIA
菲利宾航空公司	Philippine Airlines	PR	PAL
尼泊尔王家航空公司	Royal Nepal Airlines	RA	RNA
伊朗航空公司	Iran Air - The Airlines Of Isamic	IR	IRA
日本航空系统株氏会航空公司	Japan Air System	JD	JAS
朝鲜航空公司	Air Koryo	JS	KOR
以色列航空公司	Ei Ai Israel Airlines	LY	ELY
澳门航空公司	Air Macau	NX	AMU
缅甸国际航空公司	Myanmar Airways	UB	UBA
越南航空公司	Vientnam Airlines	VN	HVN

（二）机票

1. 购票

旅客购买机票须出示有效身份证件并填写旅客定座单，中国人要出示本人的居民身份证，外国人须出示护照，台湾同胞要持台湾同胞旅行证明或公安机关出具的其他有效身份证件购买机票。

飞机舱位分为头等舱（F）、公务舱（C）、普通舱（Y）和经济舱（K），不同舱位的机票价格不同，免费托运的行李额也不同。

机票只限票上所列姓名的旅客使用，不得转让和涂改，否则客票无效，机票费不退。中国国内机票和国际机票的有效期为一年。

已满2周岁和未满12周岁的儿童按成人全票价的50%付费。不满2周岁的婴儿按成人全票价的10%付费，不单独占座位。每一成人旅客只能有一个婴儿享受这种票价。

2. 座位再证实

持有联程或回程票的旅客若在该联程或回程站停留72小时以上，国内机票须在联程或回程航班飞机起飞前两天中午12时以前，国际机票须在72小时前办理座位再证实手续。否则，原定座位不予保留。

3. 乘机

乘坐国内航班的旅客应在班机起飞前90分钟到达机场，乘坐国际航班或去沿海城市的旅客须在120分钟前抵达机场，凭机票和个人有效证件办理登机手续。班机起飞前30分钟机场停止办理登机手续。

乘坐民航班机的旅客及携带的行李物品，除经特别准许者外，在登机前都必须接受安全技术检查；旅客须通过安全检查门。行李物品须经仪器检查，也可进行人身检查和开箱检查，拒绝检查者不准登机。

4. 退票

中国国内机票持有者若想退票，须按规定视退票时间的早晚支付一定比例的退票费；国际机票持有者要退票应按规定办理，并只限在原购票地点或经航空公司同意的地点办理。误机的旅客要求退票，需支付自误机地至目的地的票款50%的误机费。

（三）行李

1. 免费托运行李额

乘坐中国民航的国内、国际班机，持有成人票或儿童票的旅客每人可免费托运的行李额为：头等舱票40千克，公务客票70千克，经济客票20千克；中美、中加航线上的旅客可免费托运行李2件，每件不超过32千克。

按成人票价10%付费的婴儿无免费行李额。

旅客交运的行李必须封装完整、锁扣完善、捆扎牢固并能承受一定压力；对包装不合格的行李，民航可拒运或不负损坏责任。

2. 随身携带的行李

持成人票或半价票的旅客可随身携带的行李不超过5千克，其体积不得超过20厘米×40厘米×55厘米。

3. 不准托运的物品

严禁旅客携带易燃、易爆、剧毒、放射性物品及其他危害民用航空安全的危险品进入机场、乘坐飞机或作为行李托运；旅客乘坐飞机不得携带武器或随身携带利器和凶器；托运的行李内不得装有货币、珠宝、金银制品、票证、有价证券和其他贵重物品。

（四）机场建设费

每一位从中华人民共和国机场乘坐国内、国际航班的旅客都应交纳机场建设费：

乘坐国内干线航班旅客50元；支线航班旅客10元；乘坐国际航班旅客90元。

下列旅客可免交机场建设费：

在国内机场中转未出隔离厅的国际旅客；乘坐国际航班出境和乘坐香港、澳门地区航班出港持外交护照的旅客；持半票的12周岁以下的儿童；乘坐国内航班在当日（与机票所到的下一航班起飞时间间隔8小时以内）中转的旅客。

二、铁路客运知识

（一）国内主要客运列车类别

1. 高速动车组旅客列车

高速动车组旅客列车指运行于时速250公里及以上客运专线上的动车组列车，列车开行最高速度达到250公里/小时至350公里/小时，简称“高铁”，车次前冠以“G”。

2. 城际动车组旅客列车

城际动车组旅客列车指在城际客运专线上运行，以“公交化”模式组织的短途旅客列车，列车开行最高速达到250公里/小时至350公里/小时，车次前冠以“C”。2008年8月1日，中国第一条城际铁路——京津城际铁路正式开通运营。

3. 动车组旅客列车

动车组旅客列车是指运行于既有铁路线的动车组列车，列车开行最高速度达到200公里/小时至250公里/小时，车次前冠以“D”。中国现在使用的动车组名称是“和谐号”，英文缩写“CRH”，全称China Rails High-speed。

4. 直达特快旅客列车

列车由始发站开出后，沿途不设停车站，即（一站）直达终点站的超特快旅客列车，列车运行速度一般可达160公里/小时，车次前冠以“Z”。

5. 特快旅客列车

特快旅客列车是目前我国铁路运营线上运行速度较快的旅客列车，区间运行速度常达到140公里/小时，车次前冠以“T”。特快旅客列车有跨局运行和管内运行之分。

6. 快速旅客列车

快速旅客列车的运行速度仅次于“直达”和“特快”旅客列车，一般区间运行速度为120公里/小时，车次前冠以“K”。快速旅客列车也分跨局运行及局管内运行之分。

7. 普通旅客列车

普通旅客列车可分为普通旅客快车和普通旅客慢车，又可分为直通的和管内的普通旅客列车，列车的运行速度一般在 120 公里/小时以下。车次前无字母，一般为 4 位阿拉伯数字。

8. 短途动车

人称小动车，车次前冠以“S”，如北京北站至延庆的 S202 车。

9. 临时旅客列车

依据客流的需求或特殊需求（救灾），临时增开的旅客列车，车次前冠以“L”。

10. 旅游列车

依据旅游客流的需求，在大中城市和旅游点之间不定期开行的旅客列车，其车次前冠以“Y”。

（二）车票

1. 车票的种类

车票的基本种类有客票和附加票两种。

（1）客票：包括软座、硬座。

（2）附加票：包括加快票（特别加快、普通加快）、卧铺票（高级软卧、软卧、包房硬卧、硬卧）、空调票。附加票是客票的补充部分，除儿童外，不能单独使用。

车票票面主要应载明以下内容：发站和到站站名；座别、卧别、径路；票价；车次；乘车日期和有效期。

2. 加快票

旅客购买加快票必须有软座或硬座客票。发售加快票的车站，必须是所乘快车或特别快车的停车站。发售需要中转换车的加快票的中转站还必须是有同等级快车始发的车站。

3. 卧铺票

旅客购买卧铺票必须有软座或硬座客票，乘坐快车时还应有加快票。卧铺票的到站、座别必须与客票的到站、座别相同。中转换车时，卧铺票只发售到旅客换车站。购买卧铺票的旅客在中途站上车时，应在买票时说明，售票员应在车票背面注明 × × 站上车。乘坐其他列车到中途站时，应另行购买发站至中途站的车票。

4. 站台票

到站台上迎送旅客的人员应买站台票。站台票当日使用一次有效。对经常进站接送旅客的单位，车站可根据需要发售定期站台票。随同成人进站身高不足 1.1 米的儿童及特殊情况经车站同意进站人员，可不买站台票。未经车站同意无站台票进站时，加倍补收站台票款，遇特殊情况，站长可决定暂停发售站台票。

5. **儿童票**

随同成人旅行身高 1.1～1.4 米的儿童，享受半价客票、加快票和空调票（以下简称儿童票），超过 1.4 米时应买全价票。每一成人旅客可免费携带一名身高不足 1.1 米的儿童。超过一名时，超过的人数应买儿童票。儿童票的座别应与成人车票相同，其到站不得远于成人车票的到站。免费乘车的儿童单独使用卧铺时，应购买全价卧铺票，有空调时还应购买半价空调票。

6. **学生票**

在普通大、专院校，军事院校，中、小学和中等专业学校、技工学校就读，没有工资收人的学生、研究生，家庭居住地和学校不在同一城市时，凭附有加盖院校公章的减价优待证的学生证（小学生凭书面证明），每年可享受四次家庭至院校（实习地点）之间的半价硬座客票、加快票和空调票（以下简称学生票）。新生凭录取通知书、毕业生凭学校书面证明可买一次学生票。华侨学生和港澳台学生按照上述规定同样办理。

下列情况不能享受学生票：学校所在地有学生父或母其中一方时；学生因休学、复学、转学、退学时；学生往返于学校与实习地点时；学生参加夏令营或其他社会实践活动。

（三）车票有效期

车票票面上印有“限乘当日当次车，×日内有效”的字样。“限乘当日当次车”，就是要按票面指定的日期，乘坐指定的列车。“×日内有效”，指的就是车票有效期。广州到北京车票的有效期是 6 天，广州到上海的有效期是 5 天，武汉到北京车票的有效期是 4 天。铁路规定，各种车票的有效期以指定乘车日起至有效期最后一日的 24 时止计算。

根据《铁路旅客运输规程》规定，客票和加快票的有效期是按乘车里程计算的：500 千米以内，车票的有效期是 2 天，超过 500 千米时，每增加 500 千米增加一日，不足 500 千米的尾数也按一日计算。500 千米以内定为 2 天，主要是考虑个别区段车次衔接不好，有的区段列车隔日运行，加上车票时间的计算是从零点起至 24 点止为一天，如有的列车开车时间较晚有效期规定过短就不能在有效期内到站。

各种车票有效期，从指定乘车日起到有效期最后一天的 24 点止计算。以武汉到北京的车票为例，如果车票上指定的乘车日期是 2 月 4 日，票面上注明“4 日内到有效”，就是说持有这张车票的旅客，必须在 2 月 7 日的点以前到达北京。如果车票改签后提前乘车，有效期就要从实际乘车日起计算。比如 2 月 4 日的车票改签在 2 月 2 日上车，那就必须在 2 月 5 日 24 点以前到达北京。如果改晚乘车，有效期仍然按原票指定的乘车日起计算，也就是说，2 月 4 日的车票改签为 2 月 5 日时，旅客仍必须在 2 月 7 日的 24 点以前到达北京。

因列车满员、晚点、停运等铁路责任不能按客票有效期到站时，车站可适当延长客票的有效期，延长天数从客票有效期终了的次日起计算。旅客因病，在客票有效期内出具医疗证明或经车站证实，可以延长实际医疗天数，但最多不能超过 10 天。卧铺票不能延长，但可以办理退票手续。同行人同样可以办理。卧辅票则必须按照指定的乘车日期和车次使用，另外，空调票、加快票、变径票、补价票随同原票使用有效。

（四）退票

旅客要求退票时，按下列规定办理，并核收退票费：

（1）在发站开车前，特殊情况也可在开车后 2 小时内退还全部票价。团体旅客必须在开车 48 小时以前办理。

（2）在购票地退还联程票和往返票时，必须于折返地或换乘地的列车开车前 5 天办理。在折返地或换乘地退还未使用部分票时，按第 1 条办理。

（3）旅客开始旅行后不能退票。但如因伤、病不能继续旅行时，经站、车证实可退还已收票价与已乘区间票价差额。已乘区间不足起码里程时，按起码程计算；同行人同样办理。

（4）退还带有“行”字戳迹的车票时，应先办理行李变更手续。

（5）站台票售出不退。

（五）旅客携带品的有关规定

1. 旅客携带品由自己负责看管

每人免费携带品的重和体积是：儿童（含免费儿童）10 千克，外交人员 35 千克，其他旅客 20 千克。每件物品外部尺寸长、宽、高之和不超过 160 厘米。柱状物品不超过 200 厘米；重不超过 20 千克。

残疾人旅行时代步的折叠式轮椅可免费携带并不计入上述范围。

2. 下列物品不得带入车内

（1）国家禁止或限制运输的物品；

（2）法律法规、规章中规定的危险品、弹药和承运人不能判明性质的化工产品；

（3）动物及妨碍公共卫生（包括有恶臭等异味）的物品；

（4）能够损坏或污染车辆的物品；

（5）规格或重量超过规定的物品。

3. 为方便旅客的旅行生活，限量携带下列物品

（1）气体打火机5个，安全火柴20小盒。

（2）不超过20毫升指甲油、去光剂、染发剂。不超过100毫升的酒精、冷烫精。不超过600毫升的摩丝、发胶、卫生杀虫剂、空气清新剂。

（3）军人、武警、公安人员、民兵、猎人凭法规规定的持枪证明佩带的枪支、子弹。

（4）初生雏20只。

4. 对旅客违章携带物品按下列规定处理

（1）在发站禁止进站上车；

（2）在车内或下车站，对超过免费重的物品，其超重部分应补收四类包裹运费。对不可分拆的整件超重、超大物品、动物，按该件全部重补收上车站至下车站四类包裹运费。

（3）发现危险品或国家禁止、限制运输的物品，妨碍公共卫生的物品，按该件全部重加倍补收乘车站至下车站四类包裹运费。危险物品交前方停车站处理，必要时移交公安部门处理。对有必要就地销毁的危险品应就地销毁，使之不能为害并不承担任何赔偿责任。

（六）对旅客要求变更的规定

（1）旅客不能按票面指定的日期、车次乘车时，在不延长客票有效期的前提下，可以办理一次提前或改晚乘车签证手续，办理改晚乘车签证手续时，最迟不超过开车后2小时，团体旅客必须在开车48小时以前办理。往返票、联程票、卧铺票不办理改签。

（2）旅客可要求变更高于原票等级的列车或铺位、座席。办理时核收变更票价差额，核收手续费，不足起码里程按起码里程计算。变更低于原票等级的列车、铺位、座席时不予办理。旅客中途自行变更低一等级的列车、铺位、座席时，票价差额部分不予退还。

（3）因承运人责任使旅客不能按票面记载的日期、车次、座别、铺别乘时，站、车应重新妥善安排，重新安排的列车、座席、铺位高于原票等级时，超过部分票价不予补收。低于原票等级时，应退还票价差额，不收退票费。

（4）旅客在车站和列车内可要求变更一次路径，但须在客票有效期内能够到站时方可办理。办理时，原票价低于变径后的票价时，应补收新旧径路里程票价差额，核收手续费。原票价高于或相等于变更的径路票价时，持原票乘车有效，差额部分（包括列车等级不符的差额不予退还）。

（5）旅客在车票到站前要求越过到站继续乘车时，在有运输能力的情况下列车应予以办理。核收越站部分的票价和手续费。

（七）旅客误购车票、误乘列车的处理

旅客发生车票误购时，在发站应换发新票，在中途站、原票到站或列车内应收票价时，换发代用票，补收票价差额。应退还票价时，站、车应编制客运记录交旅客，作为乘车至正当到站要求退还票价差额的凭证，并应以最方便的列车将旅客运送至正当到站，均不收取手续费或退票费。对旅客因误购或误乘需送回时，承运人应免费将旅客送回。在免费送回时，旅客不得中途下车。如中途下车，对往返乘车部分补收票价，核收手续费。

旅客由于误购、误乘坐过了站时，应根据折返站至正当到站间的里程，重新计算车票有效期。

（八）不符合乘车条件的处理

1. 有下列行为时，除按规定补票，核收手续费以外，还必须加收应补票价 50% 的票款

（1）无票乘车时，补收自乘车站（不能判明时自始发站）起至到站止车票票价。持失效车票乘车按无票处理。

（2）持用伪造涂改的车票乘车时，除按无票处理外并送交公安部门处理。

（3）持站台票上车并在开车 20 分钟后仍不声明时，按无票处理。

（4）持用低等级的车票乘坐高等级列车、铺位、座席时，补收所乘区间的票价差额。

（5）旅客持半价票没有规定的减价凭证或不符合减价条件时，补收全价票与半价票的差额。

2. 有下列情况时只补收票价，核收手续费

（1）应买票而未买票的儿童只补收儿童票。身高超过 1.4 米的儿童使用儿童票乘车时，应补收儿童票价与全价票价的差额。

（2）持站台票上车送客未下车但及时声明时，只补收至前方停车站的票款。

（3）经站车同意上车补票的。

3. 下列情况只核收手续费

（1）旅客未按票面指定的日期、车次乘车（含错后乘车 2 小时以内的）但乘坐票价相同的列车时，列车换发代用票；超过 2 小时均按失效处理。

（2）旅客所持车票日期、车次相符但未经车站剪口的应补剪；中转换乘或中途下车应签证的而未签证的应补签。补剪、补签只核收手续费，但已使用至到站的车票不用补剪、补签。

三、水路客运知识

（一）乘船旅行常识

中国的水路客运分为沿海航运和内河航运两大类。按照运营形式又可分为水路游览运输和水路旅客运输两种形式。

以旅客运输为主要功能的近海、内河客运，多利用天然水道和载运量大的客船，因而降低了运输成本，价格较为低廉。中国内河航运以长江、漓江和大运河最为发达。沿海航运主要以大连、天津、烟台、青岛、上海、厦门、广州、海口等沿海城市以及香港地区最为活跃。长江三峡地区以及香港、广州、海口之间的近距离客运已向高速化发展，如水翼船等快速客船。航行在沿海和内河的客轮大小不等，设备、设施和服务也有差别，但大都将舱室分为不同的等级。如大型客轮的舱室一般分为二等舱（2人）、三等舱（48 人）、四等舱（8 ~ 12 人）、五等舱（1224 人），还有散席（无床位）。随着水路客运向旅游方向的发展，客轮在设备方面有了较大的改进，如有些客轮的舱室已分为一等舱（1 人，套间）、二等舱（2 人，带卫浴、彩电）、三等甲（24 人，带卫浴）、三等乙（46 人，带卫浴）、四等舱（612 人）。

以水路游览运输的现代远洋游船和内河豪华游船在很大程度上超越了传统意义上的单一客运功能，成为集运输、食宿、游览、娱乐、购物等为一体的豪华旅游项目。游船一般定期或不定期沿一定的水上线路航行，在数个观光地停泊，以方便游客登岸参观游览。游船的种类很多，按照内部设施和装修档次、服务的不同，我国内河游船采取不同的星级予以区别。按照航行水域的不同又可分为远洋游船、近洋游船、沿海游船和内河游船。

远洋、近洋、沿海游船一般吨位较大、性能优越、内部设施豪华、造价昂贵。如目前亚洲最大的游轮处女星号（丽星游轮公司），造价 3 亿 5 千万美元，拥有各类客房 1000 间，载客量 2019 名。拥有的服务设施有歌剧院、电影院、卡拉 OK 酒廊、图书馆、棋牌室、夜总会、游戏室、健身中心、美容美发室、露天泳池、日光浴场、网球场、会议室、购物廊、商务中心等，仅在饮食方面便有十几种风格的餐厅。

内河游船在内陆天然河道或运河以及湖泊中航行，一般吃水浅，吨位小。游客既可以观赏沿途风光，也可以在停泊地登岸游览。我国长江、漓江、太湖、西湖等开设有水上旅游专线。其中，长江三峡以其雄、奇、秀的自然风光，吸引着成千上万的中外宾客慕名而来，而观赏这奇特风光的最好工具目前只有豪华旅游船。长江豪华旅游船自长江海外旅游总公司 1977 年“昆仑号”开创三峡旅游之先河算起，发展到现在已近 60 多艘。根据 1995 年《内河涉外游船星级的划分及评定》中的有关规定，豪华游船的等级有三星、四星和五星。三星级的标准与三星级饭店的标准相同，即：两人一间的标准间，房间内有彩电、闭路电视、有独立卫生间、24 小时供应热水、中央空调（冷气或暖气）；有中餐厅、西餐厅、镭射放映厅、舞厅、酒吧、卡拉 OK、洗衣房、美容美发室、医务室和商品部等。而四星、五星级豪华游船的差别只是在船的整体设计上的新颖程度、家具的新颖、房间的大小、公共娱乐设施的齐备程度等方面。

（二）船票

普通客轮的船票分成人票，儿童票和优待票（学生票、残疾军人票），且分为一等、二等、三等、四等、五等和散席几个级别。旅客可到当地港口所设航运售票处购票。目前，长江上的船票已采取长江沿线电脑联网售票。游客在购买船票时，须认清船票，并按船票票面所注明的“船名”、“日期”、“开航时间”和“码头编号”，提前 40 分钟检票上船（旅客应提前到码头候船，特别是在中途站候船，更要注意，因为船舶在航行时受到风向、水流的影响，到港时间没有把握）。上船时，一定要等船完全靠稳，待工作人员安置好上下船的跳板后再上船，上船后，旅客可根据指示牌寻找票面上规定的等级舱位。持船票到服务台换取对等的铺位卡，找好铺位，以避免上错船或漏乘船，造成不必要的经济损失和延误旅程。旅客购买了船票后，因故改变行程或行期，需要退票时，应在开船时间前 2 小时，团体票应在规定开船前 24 小时办理退票，超过规定时限不能退票。退票时，按票面价的 20% 收取退票费。

我国长江游船的船票现多采取预定，船票有淡季和旺季、上水和下水、标准房间和总统套间等区别。船票费用包括船上餐费和长江沿岸游览费，不包括在船期间的酒吧饮料、洗衣、理发、邮电、医疗、按摩、购物等用于私人目的之费用。行业内多称为一票制。

（三）行李

乘坐沿海和长江客船，每一成人随身携带物品不得超过 30 千克，儿童不超过 15 千克；每件物品体积不得超过 0.2 立方米，长度不超过 1.5 米，重量不超过 30 千克。行李包裹托运应凭船票提前一天或开船前两小时向上船码头行李房办理手续。船舶托运行李的计算办法按品种不同而定。所以在托运时，行李、包裹最好不要将不同性质的物品混合包装，以免增加托运费用。其每件行李、包裹的重量不能大于 50 千克，长度不能超过 2.5 米，体积不能超过 0.5 立方米。托运的行李中不得夹带违禁物品，以及有价证券、贵重物品等。

下列物品不准携带上船：法令限制运输的物品；有臭味、恶腥味的物品；能损坏、污染船舶和妨碍其他旅客的物品；爆炸品、易燃品、自燃品、腐蚀性物品、杀伤性物品以及放射性物质。

四、公路客运知识

（一）我国的高速公路布局、名称、编号

我国的高速公路规划简称为“7918网”，由7条首都放射线、9条纵线、18条横线共34条主线，以及5条地区环线、2条并行线、37条联络线组成。

路线的名称使用本路线起点终点县级以上行政区地名。

首都放射线编号为1位数，由正北方向按顺时针方向升序编排，编号区间为1～9。G1为京哈高速、G2为京沪高速、G3为京台高速、G4为京港澳高速、G5为京昆高速、G6为京藏高速、G7为京新高速。

纵向路线编号为2位奇数，由东向西升序编排，编号区间为11～89。

横向路线编号为2位偶数，由北向南升序编排，编号区间为10～90。

（二）国道

国道是国家干线公路的简称，国道的编号根据国道的地理走向分为三类：一类是以北京为中心的放射线国道，其编号为1；另一类是南北向国道（纵线国道），其编号为2；第三类是东西走向的国道（横线国道），编号为3。

任务二　住宿、餐饮、娱乐方面的法规知识

一、住宿方面的法规知识

（一）住宿业的概念

“住宿”是旅游的构成要素之一。实践中，通过旅行社安排旅游者的住宿，通常是在以饭店为代表的住宿设施中，例如饭店、酒店、宾馆、旅馆、度假村、招待所、青年旅社、农家旅社等。

在我国，按照饭店的建筑、装潢、设备、设施条件和维修保养状况、管理水平和服务质量高低、服务项目多寡，进行全面考察，综合平衡后确定饭店的相应星级级别：一星级、二星级、三星级、四星级和五星级（含白金五星级）。

（二）住宿业经营者的权利和义务

1. 住宿业经营者的权利

住宿业经营者的权利，主要体现在经营权、人身权、知识产权和申诉权四个方面。

住宿业经营者的权利是保证其正常经营活动开展所必需的。在经营活动中，上述权利体体现在：在核准的经营范围内开展宣传促销活动；与相关部门在自愿的基础上建立业务关系、签订合同；向提供服务的对象收取合理的费用，向损害其饭店设施的客人要求赔偿；在合理的范围内行使不接待旅客的权利：包括因客满或者客房维修的、饭店存在不安全隐患的、旅客患有法定不准住店传染性疾病的、旅客拒绝支付合理费用的、旅客住店期间违法犯罪寻衅滋事的等。

2. 住宿业经营者的义务

经营者的义务主要体现在：开展经营活动遵守国家法律、法规和相关的政策，遵守行业自律规范，遵守商业道德，接受相关管理部门的监督检查；保障住店旅客的人身、财产安全；向旅客提供热情、规范、周到的服务；依法照章纳税。

（三）旅游者在住宿中的权利和义务

1. 权利

依据合同约定得到符合标准的食、宿等规范服务；其人身权、财产权受到保护，享有住宿业经营者应当提供的安全环境，尽到合理照顾义务的权利；在合法权利受到侵害时，通过行使申诉权维护合法权益的权利。

2. 义务

出示合法身份证件，如实填写住宿登记表；缴纳住宿费和其他合法费用；不得将易燃、易爆、剧毒、腐蚀性和放射性等危险物品带入住宿地；不得进行卖淫、嫖娼、赌博、吸毒、传播淫秽物品等违法犯罪活动；不得酗酒滋事、大声喧哗、影响他人休息，不得私自留客住宿或转让床位；爱护饭店设施和财产，因其过错造成经营者损失的，应当承担赔偿责任；遵守其他有关法律法规的规定。

（四）住宿业的治安管理

对住宿业的治安管理，由公安部门担当。

住宿业经营者，应当遵守国家法律法规规定，建立各项安全管理制度。

为了保障旅客的财产安全，减少失窃、被盗事件发生，住宿业经营者应当依法设置财物保管箱、保管柜或者保管室、保险柜，并指定专人负责保管工作。对旅客寄存的财物，要建立严格、完备的登记、领取和交接制度。

对旅客遗留的物品，应当加以妥善保管，并根据旅客登记所留下的地址设法将遗留物归还失主。

住宿业经营者在经营中，发现旅客将违禁的易燃、易爆、剧毒、腐蚀性、放射性等危险物品带入住宿设施中，必须加以制止并及时报告公安机关处理，以避免安全事故的发生。公安机关对违禁将上述危险物品带入住宿设施中的旅客，可以依照治安管理条例的有关规定，给予行政处罚；如果因此造成重大事故，造成严重后果并构成犯罪的，由司法机关依法追究其刑事责任。

住宿设施中，严禁卖淫、嫖娼、赌博、吸毒、传播淫秽物品等违法犯罪活动。住宿业经营管理人员，如果发现违法犯罪分子、行迹可疑的人员或公安机关通缉的罪犯，不得知情不报或者隐瞒包庇，应当立即向公安机关报告。

二、餐饮方面的法规知识

“餐饮”是构成旅游的要素之一。为旅游者提供餐饮服务的经营者，应当提供健康、卫生的饮食，保障旅游者的身心健康。

（一）食品卫生

食品卫生，是指食品应当无毒、无害，符合应有的营养要求，具有相应的色、香、味等感官性状。

（二）食品卫生的许可管理和标识管理

1. 卫生许可证

我国对生产经营食品的企业和食品摊贩实行卫生许可证制度。未取得卫生许可证的，不得从事食品生产经营活动，食品生产经营者不得涂改、伪造、出借卫生许可证。

2. 健康证明

食品生产经营人员每年必须进行健康检查，新参加工作或者临时参加工作的食品生产经营人员必须进行健康检查，取得健康证明后方可从事食品生产经营活动；凡患有痢疾、伤寒、病毒性肝炎等消化道传染病（包括病原携带者）、活动性肺结核、化脓性或者渗出性皮肤病以及其他有碍食品卫生疾病的人不得参加直接入口食品工作。

3. 食品标识

我国要求定型包装食品和食品添加剂等食品标识清楚，须具有下列内容的食品表示：品名、产地、厂名、生产日期、批量、规格、配方或主要成分、保质期限、食用方法，国内市场销售的要有中文标识。

（三）食品中毒及报告义务

餐饮部门向旅游者提供餐食，应当切实注意卫生安全。发生食物中毒单位和接收病人进行治疗的单位，除采取抢救措施外，应当根据国家有关规定，及时向所在地卫生行政部门报告。

三、娱乐方面的法规知识

（一）娱乐场所的经营管理

“娱乐”是旅游的构成要素之一。健康、丰富多彩的娱乐活动，可以使旅游者得到完美的享受。

在娱乐场所开展活动，文明、健康是核心。为此，严禁从事含有下列内容的活动：违反宪法确定的基本原则的，危害国家的统一、主权或者领土完整的，危害国家安全、利益或社会稳定的，煽动民族分裂、侵害少数民族风俗习惯、破坏民族团结的，宣扬淫秽、色情迷信或者渲染暴力、有害消费者身心健康的，违背社会公德或者诽谤、侮辱他人的。

（二）娱乐场所的治安管理

娱乐场所经营单位应当建立、健全各项安全制度。

严禁娱乐场所经营单位及其人员组织、强迫、引诱、容留、介绍他人卖淫，开设赌场、赌局，引诱、教唆、欺骗、强迫他人吸食、注射毒品，进行封建迷信活动，贩卖、传播淫秽书刊、影片、录像带、录音带、图片及其他淫秽物品。禁止在娱乐场所内以陪酒、陪舞、陪唱等形式从事有偿陪侍活动，或者为进入娱乐场所的人员从事上述活动提供方便条件。

严禁进入娱乐场所的人员在娱乐场所卖淫、嫖娼、赌博、吸毒，贩卖、传播淫秽书刊、影片、录像带、录音带、图片及其他淫秽物品，从事淫秽、色情或者违背社会公德的活动和封建迷信活动，或者从事以营利为目的的陪侍。

任何人不得在娱乐场所内打架、斗殴、酗酒、滋事，不得调戏、侮辱妇女，不得进行扰乱娱乐场所正常经营秩序的活动；不得携带枪支、弹药、管制刀具或爆炸性、易燃性、放射性、毒害性、腐蚀性物品进入娱乐场所。

任务三　出入境知识

一、常规入出境手续

出于国家（地区）安全和利益的考虑，各国（地区）对入出境均实行严格的检查手续，办理手续的部门一般设在口岸和旅客入出境地点，如机场、车站、码头等地方。

（一）边防检查

入出境者要填写入出境登记卡片，交验护照和签证。卡片的内容有姓名、性别、出生年月、国籍、民族、婚否、护照种类和号码、签证种类和号码、有效期限、入境口岸、日期、逗留期限等。护照、签证验毕加盖入出境验讫章。

（二）海关检查

海关检查一般询问是否有需申报的物品，有的国家要求出入境者填写携带物品申报单。海关有权检查入出境者所携带的物品，对持有外交护照者可免检。各国对出入境物品管理规定不一，烟、酒、香水等物品常常限量放行，文物、武器、毒品、当地货币、动植物等为违禁品，非经允许，不得入境。有的国家还要求填写外币申报单，出境时还要核查。

（三）安全检查

现在，出入境登机旅客普遍须接受安全检查，检查手续日趋严格。检查方式包括过安全门、用磁性探测器近身检查、检查行李包、搜身等。

（四）卫生检疫

国家卫生检疫部门有权要求入境者，填写健康申明卡，出示某种传染病的预防接种证书（黄皮书）、健康证明或者其他有关证件，并且采取必要的预防、控制措施。

二、入出境应持有的证件

世界上每个主权国家（地区），对出入境旅客均实行严格的检查制度。只有具备合法身份的人员，才能出入国境。外国人、华侨、港澳台同胞及中国公民入出中国国境均须在指定的口岸向边防检查站（由公安、海关、卫生检疫三方组成）交验有效证件，填写入出境卡，经边防检查站查验核准加盖验讫章后方可入、出境。

有效证件指各国政府为其公民颁发的出国证件。其种类很多，不同类型的人员使用的有效证件名称也不同。

（一）护照

护照是一国主管机关发给本国公民或在国外居留的证件，证明其国籍和身份。

1. 护照的种类

按照颁发对象和用途的不同，世界各国护照一般分为三种：外交护照、公务护照和普通护照。此外，有的国家为团体出国人员（旅游团、体育代表队、文艺团体等）发给团体护照。

（1）外交护照。颁发对象：前往国外进行国事活动的国家元首、政府首脑、议员和出访的政府代表团成员；外交和领事官员以及上述人员的配偶及未成年子女。

特征：护照封面上一般标有“外交”字样。

特殊功能：一般享有外交特权和豁免。在各类护照中，受到尊敬和礼遇程度最高。

（2）公务护照。颁发对象：一般性出访的官员；在驻外使、领馆和其他外交代表机关中，从事技术和辅助工作的人员；因公务派往国外执行文化、经济等任务的一些临时出境人员。

特征：护照封面一般标有“公务”字样。

（3）普通护照。颁发对象：前往国外或旅居外国的普通公民。

特征：护照封面不作特别标识。

2. 中国护照

（1）中国护照的种类。中国现行护照分外交护照、公务护照和普通护照三种。其中公务护照包括多次有效和一次有效两种；普通护照，包括因公务普通护照和普通护照两种。

此外，中国还为出境旅游的公民发给一次性有效的旅游护照。

（2）中国护照式样。中国护照封面中央印有烫金国徽，国徽上方印有“中华人民共和国”烫金字样，国徽下方分别印有“外交护照”、“公务护照”、“因公务普通护照”、“普通护照”字样。

中国外交护照为大红封面、烫金字，因而也叫作“红色护照”；中国公务护照的封面为墨绿色；因公务普通护照和普通护照的封面颜色则分别为深棕色和紫色。

（3）中国护照的有效期。中国外交、公务护照、因公务普通护照由外事部门颁发，因私普通护照由公安部门颁发。

中国护照，除一次有效公务护照和一次有效因公务普通护照的有效期为两年外，其他各种护照的有效期均为五年。护照有效期满，可以延期，每次延期最长不得超过五年，每本护照最多可延期两次。一次有效的护照在国内不予延期，在境外需要延期时，可在护照有效期内延期一次，最长不得超过两年。华侨可在有效期满前向中国驻外使、领馆或外交部授权的驻外机关提出延期申请。

中国护照的有效地区是世界各国。

（二）签证

签证是主权国家颁发给申请者，进入或经过本国国境的许可证明，是附签于申请人所持入出境通行证件上的文字证明，也是一个国家检查进入或经过这个国家的人员身份和目的的合法性证明。在中国，华侨回国探亲、旅游无须办理签证。

1. 签证的种类

按照颁发对象和由此引发签证颁发国对持证人待遇的不同，可将签证分为外交、公务、普通签证三类。

（1）外交签证。签发对象：入境或过境的应给予外交官员待遇的外国人（一般持外交护照）。

特征：签证上标明“外交”字样。

待遇：按照国际惯例，世界各国对持有本国外交签证的外国官员，一般都给予过境或停留期间外交豁免。

（2）公务签证。签发对象：入境或过境的外国公务人员（一般持公务护照）。

特征：签证上注明“公务”字样。

（3）普通签证。签发对象：入境或过境的普通人员（一般持普通护照）。

特征：签证上一般只有“签证”字样。

旅游签证属于普通签证，在中国为L字签证（发给来中国旅游、探亲或其他私人事务入境的人员）。签证上规定持证者在中国停留的起止日期。签证的有效期不等。

另外，按照签发国许可持证人的出入境行为，可将签证分为入境、出境、入出境、出入境、过境五种签证。

在特殊情况下，前往或途径未建交的国家，签证通常做在另一张纸上，称为另纸签证，与护照同时使用。

9人以上的旅游团可发给团体签证。团体签证一式三份，签发机关留一份，来华旅游团两份，一份用于入境，一份用于出境。

外国人来中国旅游，需向中国驻外国的使、领馆办理旅游签证，9人以上组团来中国旅游的可申请办理团体旅游签证。去深圳、珠海、厦门经济特区的外国人，可直接向上述口岸签证机关申请“特区旅游签证”。到海南省洽谈商务、旅游、探亲，停留不超过十五天，可以临时在海口或三亚口岸办理入境签证。

为方便外国人进入珠江三角洲地区旅游，经国务院批准，对已到香港、澳门特别行政区持普通护照的建交国家的外国人组团进入广州、深圳、珠海、佛山、东莞、中山、江门、肇庆、惠州等地区旅游，实行简化手续，提供入境便利的政策。上述人员须参加经在香港和澳门合法在册的旅行社组织的旅游团，入境后仅限在上述地区内旅游，停留时间为入境之日起不超过第6天（144小时）出境。旅游团需持团队名单出入境，可从设在上述地区的对外国人开放的口岸入出境。入境时，边防检查站查验护照。核查旅游团名单后放行，旅游团成员免填“入、出境登记卡”。

持联程客票搭乘国际航班直接过境，在中国停留时间不超过24小时不出机场的外国人免办签证；要求临时离开机场的，需要经过边防检查机关的批准。

随着国际关系的改善和旅游事业的发展，许多国家间采取签订协议的方式互免签证。目前，中国已同五十多个国家签订了双边性质的互免签证协议。

2. 外国人申请签证须履行的手续

外国人申请签证须回答被询问的有关情况并履行下列手续：

（1）供有效护照或者能够代替护照的证件；

（2）写签证申请表，交近期2寸半身正面免冠照片；

（3）交验与申请入境、过境事由有关的证明。

（三）港澳居民来往内地通行证

港澳同胞回内地旅游、探亲，原可凭港澳同胞回乡证入境、出境。为加快口岸验放速度，方便港澳居民来往内地，公安部决定将港澳同胞回乡证改为港澳居民来往内地通行证，自1999年1月15日起正式起用。新证件为卡式证件，设置机读码，出入境边防检查机关用机器查验证件，持卡人可免填出入境登记卡。成年人持有新证有效期为10年，在有效期内可多次使用。申请新证的港澳居民必须符合五项优先资格：

（1）首次申请回乡证件；

（2）旧回乡证已到期；

（3）旧证有效期2月内期满；

（4）旧证使用次数剩15次以内；

（5）旧证已遗失。

（四）台湾同胞旅行证明

台湾同胞旅行证是台湾同胞回大陆探亲、旅游的证件。所需证件在香港地区，由中国外交部驻香港签证办事处办理，或由香港中国旅行社代办；在美国、日本或其他国家，由中国驻外使、领馆办理旅行证件。该证件经口岸边防检查站查验并加盖验讫章后，即可作为入出境及在大陆旅行的身份证明。

（五）外国游客来华旅游的有关规定

（1）持旅游签证的外国人，必须从中国对外国人开放的口岸或是指定的口岸通行，接受边防检查机关的检查，向边防检查机关缴验有效护照和中国的签证，填写入境卡，经边防检查机关查验核准加盖入境验讫章后入境。

（2）外国人在中国境内可凭本人的有效护照和旅游签证前往对外国人开放的地区

旅行。目前，我国对外国人开放的地区包括了大中城市和绝大多数的旅游胜地。截至2001年8月3日，对外国人开放的市、县已达1440个。外国人在中国境内前往开放地区旅行，应乘飞机或火车，未经批准不得乘坐自备交通工具旅行，需入境前经主管机关批准。自备交通工具包括自行车、摩托车、汽车、船舶、飞机等。

（3）外国游客不得进入不对外国人开放的地区，违者将依法受到处罚。外国人因公务需前往不对外国人开放地区，须事先向所在地公安机关出入境管理部门申请外国人旅行证，申请外国人旅行证时应出示本人护照及有效签证，提供接待部门出具的说明必须前往的理由的公函，填写“外国人旅行申请表”，获准后方能前往。外国人旅行证与本人护照同时使用。

（4）持旅游签证来中国的外国人不得在中国从事与其身份不符的活动，如就业、宗教宣传、非法采访等。违者将受到处罚。中国政府保护在中国境内的外国人的合法权益。外国人在中国境内，必须遵守中国法律，尊重中国的风俗习惯。

（5）外国游客可在签证准予在华停留的期限内在中国旅行。停留期限到期，如需继续旅行，可向当地公安机关申请延长在中国的停留期限。旅行结束后，须在签证有效期内，填写出境卡，从对外国人开放的国际口岸经边防检查机关查验证件，加盖出境验讫章后出境。

（6）外国人如在中国境内丢失了护照，应及时向当地公安机关出入境部门报失，陈述丢失经过，并持公安机关出具的报失证明到本国驻中国使、领馆申请出境证件，然后再到出入境管理部门办理相应手续，方能出境。

表8－2　我国对外开放一类口岸地区一览表

地　区	空港	陆港	水港
北京	北京		
天津			天津、塘沽
河北	石家庄		秦皇岛、唐山
山西	太原		
内蒙	呼和浩特、海拉尔	二连浩特、满洲里	
辽宁	沈阳、大连	丹东	营口、锦州、大连、丹东
吉林	长春	集安、珲春、图门	大安
黑龙江	哈尔滨、佳木斯、齐齐哈尔、牡丹江	逊克、抚远、密山、漠河、绥芬河	哈尔滨、佳木斯
上海	上海		上海

续 表

地 区	空港	陆港	水港
江苏	南京		连云港、南通、镇江、张家港、南京、扬州、江阴、常熟
浙江	杭州、宁波、温州		宁波、镇海、舟山、温州
安徽	合肥、黄山		芜湖、铜陵
福建	福州、武夷山、厦门		福州、厦门、漳州、泉州、莆田
江西	南昌		九江
山东	济南、青岛、烟台		威海、青岛、烟台
河南	郑州、洛阳		
湖北	武汉		汉口、黄石
湖南	长沙		岳阳
广东	广州、深圳、湛江、梅州	广州、皇岗、佛山、文锦渡、罗湖、沙头角、笋岗、拱北、常平、端州、三水	广州、黄浦、惠州、茂名、南海、番禺、潮州、汕头、深圳蛇口、湛江、肇庆、中山
广西	南宁、桂林、北海	友谊关、凭祥、东兴、水口	北海、防城、福州、钦州
海南	海口、三亚		海口、三亚
重庆	重庆		
四川	成都		
贵州	贵阳		
云南	昆明、西双版纳	畹町、瑞丽	思茅、景洪
西藏	拉萨	聂拉木、普兰、吉隆、日屋、亚东	
陕西	西安		
甘肃	兰州		
新疆	乌鲁木齐，喀什	巴克图、阿拉山口、红其拉甫、霍而果斯、红山嘴、老爷庙	

三、海关手续

（一）入出境旅客通关

“通关”系指入出境旅客向海关申报，海关依法查验行李物品并办理入出境物品征税或免税验放手续，或其他有关监管手续之总称。

“申报”，系指入出境旅客为履行中华人民共和国海关法规规定的义务，对其携带入出境的行李物品实际情况依法向海关所作的书面申明。

（1）须通过设有海关的地点入出境，接受海关监管。

根据《中华人民共和国海关法》和《中华人民共和国海关对进出境旅客行李物品监管办法》的规定，入出境行李物品必须通过设有海关的地点入境或出境，接受海关监管。旅客应按规定向海关申报。

（2）携带物品以自用合理数量为原则。

除依法免验者外，入出境旅客行李物品，应交由海关按规定查验放行。海关验放入出境旅客行李物品，以自用合理数量为原则，对不同类型的旅客行李物品，规定了不同的范围和征免税限量或限值。

（3）依法向海关申报。

旅客入出境，携带须向海关申报的物品，应在申报台前，向海关递交“中华人民共和国海关入出境旅客行李物品申报单”或海关规定的其他申报单证，按规定如实申报其行李物品，报请海关办理物品入境或出境手续。其中，携带中国法律规定管制的物品，还须向海关交验国家行政主管部门出具的批准文件或证明。旅客行李物品，经海关查验征免税放行后，才能携离海关监管现场。

（4）依法选择合适通关方式。

在实施双通道制的海关现场，旅客携带有须向海关申报的物品时，应选择“申报”通道（亦称“红色通道”）通关；携带无须向海关申报物品的旅客，则可选择“无申报”通道（亦称“绿色通道”）通关。

（5）妥善保管有关单证。

经海关验核签章的申报单证，应妥善保管，以便回程时或者入境后，凭以办理有关手续。海关加封的行李物品，不得擅自拆开或者损毁海关施加的封志。

（二）部分限制进出境物品

1. 烟、酒

表 8－3　不同类别旅客进出境物品限量表

旅客类别	免税烟草制品限量	免税 12 度以上酒精饮料限量
来往港澳地区的旅客（包括港澳旅客和内地因私前往港澳地区探亲和旅游等旅客）	香烟 200 支或雪茄 50 支或烟丝 250 克	酒 1 瓶（不超过 0.75 升）

续 表

旅客类别	免税烟草制品限量	免税 12 度以上酒精饮料限量
当天往返或短期内多次来往港澳地区的旅客	香烟 40 支或雪茄 5 支或烟丝 40 克	不准免税带进
其他进境旅客	香烟 400 支或雪茄 100 支或烟丝 500 克	酒 2 瓶（不超过 1.5 升）

2. **旅行自用物品**

入出境旅客旅行自用物品限照相机、便携式收录音机、小型摄影机、手提式摄录机、手提式文字处理机各一件，还含经海关审核批准的其他物品。经海关放行的旅行自用物品，旅客应在回程时复带出境。

3. **金、银及其制品**

旅客携带金、银及其制品入境应以自用合理数量为限，超过 50 克应填写申报单证；复带出境时，海关凭本次入境申报的数量核放。我国公民出境所携带金、银及其制品除有一定的限额外，回程时还须将原物带回。携带或托运出境在中国境内购买的金、银及其制品（包括镶嵌饰品、器皿等新工艺品），海关验凭中国人民银行制发的“特种发货票”查核放行。

4. **人民币**

旅客携带人民币出入境，应当按照国家规定向海关如实申报。中国公民出入境、外国人入出境，每人每次携带的人民币限额为 6000 元。携带上述限额内的人民币出入境，在实行“红绿通道”制度的海关现场，可选择“绿色通道”通关；超出限额的，应选择“红色通道”向海关办理有关手续，海关予以退运，不按规定申报的，另予以处罚。

5. **文物、字画、中成药**

文物指遗存在社会上或埋藏在地下的历史文化遗物。字画亦称书画，系书法和绘画的合称。旅客携带文物、字画出境，必须向海关申报。对旅客购自有权经营文物的商店（文物商店或友谊商店）的文物、字画，海关凭“文物古籍外销统一发货票”和中国文物管理部门加盖的鉴定标志查验放行。旅客在中国国内通过其他途径得到的文物、字画，如家传旧存文物和亲友赠送的文物、字画，凡需要携带出境，必须事先报经中国文物管理部门鉴定。目前，在北京、上海、天津、广州等八个口岸设有鉴定机构。经过鉴定准许出口的，由文物管理部门开具出口许可证明。文物、字画出境时，海关凭文物管理部门的出口许可证明放行。

我国禁止出境的文物、字画有国家馆藏一级、二级、三级文物；公元 1795 年（乾隆六十年）以前各时期文物；1949 年以前生产、制作的具有科学、历史、艺术价值的我国少数民族文物；列入文物保护范围的近现代文献资料、图书资料、纪念物等；徐悲鸿、傅抱石、潘天寿等近百名书画家的作品。

旅客携带中药材、中成药出境，前往港澳，限值人民币 150 元；前往国外，限值人民币 300 元。个人邮寄中药材、中成药出境，寄往港澳，限值人民币 100 元；寄往国外，限值人民币 200 元。

麝香、犀牛角和虎骨（包括其任何可辨认部分和含其成分的药品、工艺品）严禁出境；入境药用羚羊角限 50 克免税放行，超出部分，征税放行；携带、邮寄羚羊角出境，海关凭国家濒危物种进出口管理办公室核发的《允许出口证明书》放行。

入境旅客出境时携带用外汇购买的、数量合理的自用中药材、中成药，海关凭有关发货票和外汇兑换水单放行。

6. 旅游商品

入境旅客出境时携带用外汇在我国境内购买的旅游纪念品、工艺品，除国家规定应申领出口许可证或者应征出口税的品种外，海关凭有关发货票和外汇兑换水单放行。

（三）行李物品和邮寄物品征税办法

为了简化计税手续和方便纳税人，中国海关对进境旅客行李物品和个人邮递物品实施了专用税制、税率。现行税率共有五个税级：免税、10%、30%、80%、100%。物品进口税从价计征；其完税价格，由海关参照国际市场零售价格统一审定，并对外公布实施。

（四）禁止进出境物品

1. 禁止进境物品

（1）各种武器、仿真武器、弹药及爆炸物品；

（2）伪造的货币及伪造的有价证券；

（3）对中国政治、经济、文化、道德有害的印刷品、胶卷、照片、唱片、影片、录音带、录像带、激光视盘、计算机存储介质及其物品；

（4）各种烈性毒药；

（5）鸦片、吗啡、海洛因、大麻以及其他能使人成瘾的麻醉品、精神药物；

（6）带有危险性病菌、害虫及其他有害生物的动物、植物及其产品；

（7）有碍人畜健康的、来自疫区的以及其他能传播疾病的食品、药物或其他物品。

2. 禁止出境物品

（1）列入禁止进境范围的所有物品；

（2）内容涉及国家秘密的手稿、印刷品、胶卷、照片、唱片、影片、录音带、录像带、激光视盘、计算机存储介质及其物品；

（3）珍贵文物及其他禁止出境的文物；

（4）濒危的和珍贵的动物、植物（均含标本）及其种子和繁殖材料。

【小案例】

一外国旅客在免费托运的行李中带了10多条香烟和两盘黄色录像带，在C城海关交验有效证件并提取托运行李后；试图从绿色通道通关时，被海关人员截住。检查其行李后，海关人员问他为什么走绿色通道，他说他不认识中文，看见有人从那里走他也就跟着走了，还说他要在中国工作两个多月，所以多带了香烟，录像带是消遣时自己看的。海关人员还是让旅客补交了税，并没收了录像带。请问：

（1）海关人员这样做符合政策吗？

（2）旅客说他不识中文，所以走错了海关通道，这是不是一个理由？

（3）什么人才能经绿色通道通关？

四、边防检查、安全检查和卫生检疫

（一）边防检查和安全检查

边防检查站是国家设在口岸的入出境检查管理机关，是国家的门户。它的任务是维护国家主权、安全和社会秩序，发展国际交往，对一切入出境人员的护照、证件和交通运输工具实施检查和管理。

1. 入境检查

外国人来中国，应向中国的外交代表机关、领事机关或外交部授权的驻外机关申请办理签证（互免签证的除外）。除签证上注明入、出境的口岸外，所有入出境人员，可在全国开放口岸入出境。

外国人到达中国口岸后，要接受边防检查站的检查。填好入（出）境登记卡，连同护照一起交入境检查员检验，经核准后加盖入境验讫章，收缴入境登记卡后即可入境。

下列外国人不准入境：

（1）被中国政府驱逐出境，未满不准入境年限的；

（2）被认为入境后可能进行恐怖、暴力、颠覆活动的；

（3）被认为入境后可能进行走私、贩毒、卖淫活动的；

（4）患有精神病和麻风病、性病、开放性肺结核等传染病的；

（5）不能保障其在中国所需费用的；

（6）被认为入境后可能进行危害我国国家安全和利益的其他活动的。

下列外国人，边防检查站有权阻止其入境：

（1）未持有效护照、证件或签证的；

（2）持伪造、涂改或他人护照、证件的；

（3）拒绝接受查验证件的；

（4）公安部或者国家安全部通知不准入境的。

2. 出境检查

外国人入境后应在签证有效期内从指定口岸离开中国。出境时，应向出境检查员交验护照证件和出境登记卡；持中国政府签发的居留证者，如出境后不再返回，应交出居留证件。出境检查员核准后，加盖出境验讫章，收缴出境登记卡后放行。

中国人出境必须向主管部门申领护照，除有特殊规定外，不论因公因私必须办好前往国签证，才能放行。

下列不准出境的几种人：

（1）刑事案件的被告人和公安机关、人民检察院或人民法院认定的犯罪嫌疑人；

（2）人民法院通知有未了结民事案件不能离境的；

（3）有其他违反中国法律的行为尚未处理，经有关主管机关认定需追究的。

下列人士，边防检查机关有权限制出境：

（1）持无效出境证件的；

（2）持伪造、涂改或他人护照、证件的；

（3）拒绝接受查验证件的。

3. 交通运输工具的检查

出入中国国境的交通国际运输工具，包括中、外籍的国际航空器、国际航行船舶、国际列车和入出境汽车及其他机动车辆。国际交通运输工具入出或过境，须从对外开放的口岸通行，并在入出境口岸接受我国边防检查机关的检查和监护。

边防交通运输工具检查的内容有：

（1）办理交通运输工具入出境手续。国际交通运输工具抵离我国口岸，其负责人应当向边防检查机关，申报服务员工及旅客名单，提供其他的情况，经审核、查验无误后放行；

（2）查验服务员工及旅客的护照、证件，为旅客办理入、出、过境手续，为服务员工办理准予停留或登陆、住宿手续，查封或启封交通运输工具；

（3）必要时，对服务员工及旅客行李物品进行检查；

（4）需要时，对交通运输工具实施机体、船体、车体检查。

4. **安全检查**

根据我国政府规定，为确保航空器及旅客的安全，严禁旅客携带枪支、弹药、易爆、腐蚀、有毒、放射形等危险品。旅客在登机前必须接受安全人员的检查，拒绝接受检查者不准登机，损失自负。

（二）卫生检疫

中华人民共和国卫生检疫局是中华人民共和国国务院授权的卫生检疫涉外执法机关，它及其下属的各地国境卫生检疫机关在对外开放的国境口岸，对入出境人员依法实施如下主要卫生检疫内容：

（1）入境、出境的微生物、人体组织、生物制品、血液及其制品等特殊物品的携带人、托运人或者邮递人必须向卫生检疫机关申报并接受卫生检疫，未经卫生检疫机关许可，不准入境、出境。海关凭卫生检疫机关签发的特殊物品审批单放行。

（2）入境、出境的旅客、员工个人携带或者托运可能传播传染病的行李和物品应当接受卫生检查。卫生检疫机关对来自疫区或者被传染病污染的各种食品、饮料、水产品等应当实施卫生处理或者销毁，并签发卫生处理证明。海关凭卫生检疫机关签发的卫生处理证明放行。

（3）来自黄热病疫区的人员，在入境时，必须向卫生检疫机关出示有效的黄热病预防接种证书。对无有效的黄热病预防接种证书的人员，卫生检疫机关可以从该人员离开感染环境的时候算起，实施六日的留验，或者实施预防接种并留验到黄热病预防接种证书生效时为止。

（4）入境、出境的交通工具、人员、食品、饮用水和其他物品以及病媒昆虫、动物均为传染病监测对象。

（5）卫生检疫机关阻止患有艾滋病、性病、麻风病、精神病、开放性肺结核的外国人入境。来中国定居或居留一年以上的外国人，在申请入境签证时，需交验艾滋病血清学检查证明和健康证明书，在入境后30天内到卫生检疫机关接受检查或查验。

任务四　货币常识及其他

一、货币知识

（一）外汇知识

1. **外汇概念**

外汇，是指以外币表示的用于国际结算的一种支付手段，我国外汇管理条例规定的外汇有：外国货币（钞票、铸币等）、外币有价证券（政府债券、公司债券、公司股票等）、外币支付凭证（票据、银行存款凭证、邮政储蓄凭证等）、特别提款权以及其他外汇资产。

外汇并不等于外国钞票，在我国境内收兑的外钞或存入银行外钞，只有在我国银行把这些外钞运到国际金融市场上卖掉，存入外国银行的存款账户上，才能在国际间进行支付，形成外汇。

我国外汇管理的方针是国家统一管理、集中经营。

2. 在我国境内可兑换的外币

世界各国或地区发行的货币大约有150种，在我国境内能收兑的外币现有22种：

欧元（EURO）、美元（USD）、英镑（GBP）、法国法郎（FRF）、德国马克（DEM）、日本圆（JPY）、澳大利亚元（AUD）、奥地利先利（ATS）、比利时法郎（BEF）、加拿大元（CAD）、意大利里拉（ITL）、瑞士法郎（CHF）、丹麦克朗（DKK）、荷兰盾（NLG）、挪威克朗（NOK）、瑞典克朗（SEK）、芬兰马克（FIM）、新加坡元（SGD）、马来西亚林吉特（MYR）、港币（HKD）、澳门币（MOP）、泰国铢（THB）、菲律宾比索（PHP）。我国台湾地区发行的新台币，可按内部牌价收兑。

3. 外汇兑换

我国境内居民通过旅行社组团出境旅游，都有资格在银行兑换外汇。原来采取的方式是由旅行社集体办理兑换外汇手续，2002年9月国家外汇管理局在全国范围内正式启动了境内居民个人购汇管理信息系统，将出境游个人零用费由旅行社代购调整为由游客自行购买。游客可在出境前持相因私护照及有效签证、身份证或户口簿即可到开办居民个人售汇业务的银行办理个人零用费的购汇手续，也可以委托他人代为办理。如由他人代办，除需提供原规定证明材料外，还应当提供代办人的身份证或户口簿。其兑换标准为：赴香港、澳门地区可兑换1000美元的等值外汇；赴香港、澳门地区以外的国家和地区可兑换2000美元的等值外汇。

外国游客来华携入的外币和票据金额没有限制，但入境时必须如实申报。根据我国现行的外汇管理法令规定，在中华人民共和国境内，禁止外币流通，并不得以外币计价结算。为了方便来华旅游的外宾和港澳台同胞用款，中国银行及其他外汇指定银行除受理外币旅行支票、外国信用卡兑换人民币的业务外，还受理22种外币现钞和台湾新台币的兑换业务。另外，为了尽量对持兑人给予方便，除了银行以外，一些机场、饭店或商店也可办理外币兑换人民币的业务。兑换时要填写“外汇兑换水单”（俗称水单，有效期为半年），导游人员应提醒游客妥善保存该单。兑换后未用完的人民币在离境前可凭本人护照和六个月内有效期的外汇水单兑换成外币（其兑换金额不得超过水单上注明的金额），携带出境。不同情况兑换时使用不同的牌价即货币兑换率，由中国银行决定，全国统一。兑换旅行支票、信用卡、汇款使用买入价；兑出外汇，包括兑出外币现钞，使用卖出汇价；兑入外币现钞，使用现钞买入价。

（二）信用卡知识

1. 信用卡概念

信用卡是消费信用的一种形式，是由银行或其他专门机构向客户提供小额消费信贷的一种信用凭证。持卡人可依据发卡机构给予的消费信贷额度，凭卡在特约商户直接消费或在指定的银行存取款或转帐，然后及时向其发卡机构偿还消费信贷本息。信用卡一般采取特殊塑料制作，上面凸印有持卡人的卡号、账号、姓名、有效期等，背面有持卡人的预留签字、防伪磁条和银行简单声明。

由于信用卡携带方便，又可赊购，因而自 1915 年在美国问世以来，很快风行全世界。对旅游业的发展，贸易、金融业的活跃均起到了促进作用。为了适应经济发展的需求，我国的银行业已大多发行信用卡，并办理信用卡国际间的兑付业务。国内已有很多饭店、酒楼及商店接受信用卡的使用，但有些机构会加收 2% 的附加费。

2. 信用卡种类

信用卡的种类很多，按发卡机构的性质分为信用卡（银行或金融机构发行）和旅游卡（由旅游公司、商业部门等发行）；按持卡人的资信程度分为普通卡和金卡（白金卡）；按清偿方式的不同分为贷记卡和借记卡；按流通范围不同分为国际卡（如外汇长城万事达卡、维萨卡）和地区卡（牡丹卡、人民币长城万事达卡）。为避免经营风险，发卡机构往往对其发行的信用卡规定 1 ~ 3 年的使用期限和每次取现及消费的最高限额。

贷记卡是指持卡人无须事先在发卡机构存款就可享有一定信贷额度的使用权，即“先消费，后还款”。境外发行的信用卡一般属于贷记卡。借记卡是持卡人必须在发卡机构存有一定的款项，用卡时需以存款余额为依据，一般不允许透支，即“先存款，后消费”。中国银行发行的人民币长城卡及国内其他各行发行的人民币信用卡均属借记卡。

3. 我国目前受理的外国信用卡

（1）万事达卡（Master Card）。主由美国的加利福尼亚银行、克罗克国家银行、香港的汇丰银行、东亚银行等发行。总部设在美国的纽约。

（2）维萨卡（Vise Card）。世界上有 13000 多家银行发行这种信用卡，总部设在美国的旧金山。

（3）运通卡（American Express Card）。由美国运通公司及其世界各地的分公司发行，分为金卡和绿卡两种。

（4）JCB卡。1981年由日本最大的JCB信用卡公司发行，每年发行额达几十亿美元。

（5）大莱卡（Diners Card）。该卡是世界上最早发行的信用卡，由大莱卡国际有限公司统一管理，世界各地均有其分公司办理发行。

（6）发达卡（Federal Card）。由香港南洋商业银行发行。

（7）百万卡（Million Card）。由日本东海银行发行。

（三）旅行支票知识

旅行支票是由银行或旅行支票公司为方便游客，在游客交存一定金额货币后签发的一种定额票据。购买旅行支票后，旅客可随身携带，在预先约定的银行或旅行社的分支机构或代理机构凭票取款；若丢失，可在遗失所在地的银行办理挂失手续，即可免受损失。

世界上流通的旅行支票和票面内容各不相同，各自有自己的标记，但都具有初签和复签两项内容及相应的空白位置。初签是持票人购买支票时，当着旅行支票或代售机构经办人员的面签的名。复签是持票人在兑付或使用旅行支票时，当着兑付机构经办人员的面签的名。付款机构将两个签名核对无误后方予付款，以防假冒。

购买旅行支票时，购买人除向银行交纳票面金额款外，还要交纳票面金额1%的手续费。中国银行在兑付旅行支票时收取7.5‰的贴息。

二、时差

英国格林威治天文台每天所报的时间，被称为国际标准时间，即“格林威治时间”。人们在日常生活中所用的时间，是以太阳通过天体子午线的时刻——“中午”作为标准来划分的。每个地点根据太阳和子午线的相对位置确定的本地时间，称“地方时”。

地球每24小时自转一周（360度），每小时自转15度自1884年起，国际上将全球划分为24个时区，每个时区的范围为15个经度，即经度相隔15度，时间差1小时。以经过格林威治天文台的零度经线为标准线，从西经7度半到东经7度半为中区（称为0时区）。然后从中区的边界线分别向东、西每隔15度各划一个时区，东、西各有12个时区，而东、西12区都是半时区，合称为12区。各时区都以该区的中央经线的“地方时”为该区共同的标准时间。

我国是以位于东八区的北京时间作为全国标准时间。

北京与世界主要城市时差如表8-4所示。

表 8－4　　北京与世界主要城市时差表　　单位：小时

城 市 名 称	时差数	城 市 名 称	时差数
香港、马尼拉	0	赫尔辛基、布加勒斯特、开罗、开普敦、索非亚	－6
汉城、东京	＋1		
悉尼、堪培拉	＋3	斯德哥尔摩、柏林、巴黎、日内瓦、华沙、布达佩斯、罗马、维也纳、雅温得	－7
惠灵顿	＋4		
新加坡、雅加达	－0.5		
河内、金边、曼谷、	－1	伦敦、阿尔及尔、达喀尔	－8
仰光	－1.5	纽约、华盛顿、渥太华、哈瓦那、巴拿马城	－13
达卡	－2		
新德里、科伦坡、孟买	－2.5	里约热内卢	－11
卡拉奇	－3	芝加哥、墨西哥城	－14
迪拜	－4	洛杉矶、温哥华	－16
德黑兰	－4.5	安克雷奇	－17
莫斯科、巴格达、内罗毕	－5	夏威夷（檀香山）	－18

注：北京零点时与世界主要城市相比。“＋”表示比北京时间早，“－”表示比北京时间晚

三、摄氏、华氏换算

世界上温度的测量标准有两种：摄氏（℃）、华氏（℉）。我国采用摄氏测量温度。导游人员应掌握摄氏与华氏之间的换算公式：

℃＝5/9×（℉－32）；℉＝℃×9/5＋32

例如，将华氏 90 度换算成摄氏度数

5/9×（90－32）＝5/9×58＝32.2（℃）

即：华氏 90 度等于摄氏 32.2 度

例如，将摄氏 90 度换算成华氏度数

90×9/5＋32＝162＋32＝194（℉）

即：摄氏 90 度等于华氏 194 度

四、常用度量衡换算

（一）长度

1 千米（公里）＝2 市里＝0.6214 英里

1 米＝1 公尺＝3 市尺＝3.2808 英尺＝1.0936 码

1 海里（n mile） =3. 7040 市里 =1. 15 英里

1 市里 =0. 5 公里 =0. 3107 英里

1 英里（mi. ） =1760 码 =5280 英尺 =1. 6093 公里 =3. 2187 市里

1 市尺 =0. 3333 米 =1. 0936 英尺 =10 市寸

1 英尺 =0. 3048 米 =0. 9144 市尺 =12 英寸

1 码（yd. ） =3 英尺 =0. 9144 米 =2. 7432 市尺

（二） 面积

1 平方千米（平方公里） =1000000 平方米 =0. 3681 平方英里 =100 公顷 =4 平方市里

1 平方英里 =640 英亩 =2. 5900 平方公里 =10. 3600 平方市里

1 公顷（ha） =10000 平方米 =100 公亩 =15 市亩 =2. 4711 英亩

（三） 容积

1 升（L） =1 公升 =1 立升 =1 市升 =1. 7598 品脱（英） =0. 2200 加仑（英）

1 加仑（英） =4 夸脱 =4. 5461 升 =4. 5461 市升

1 市斗 =10 市升 =10 升

（四） 重量

1 吨（t） =1 公吨 =1000 千克 =0. 9842 英吨 =1. 1023 美吨

1 千克（kg） =2 市斤 =2. 2046 磅（常衡）

1 磅（lb） =16 盎司 =0. 4536 千克 =0. 9072 市升

1 盎司（oz） =16 打兰 =28. 3495 克 =0. 5670 市两

1 克拉（宝石） =0. 2 克

任务五 法定标识

一、国旗、国徽和国歌

（一） 国旗

宪法和国旗法规定，中华人民共和国国旗是五星红旗。国旗是国家的象征和标志，体现着一个国家的独立、主权和尊严。

1949 年 9 月 27 日，全国政协第一届全体会议的全体代表通过决议，选定了由曾联松设计的五星红旗为中华人民共和国国旗。

国旗的旗面是红色，表示热烈，象征革命；旗面左上方缀着一大四小五颗黄色的五角星，大五角星代表中国共产党，四颗小五角星代表广大人民，大五角星在前引导，小五角星紧紧相随，彼此环绕（团结）在一起，每颗小星又各有一角正对大星中心，形成“众星拱辰”格局，显示出中国共产党是全国人民的领导核心。象征着在中国共产党领导下的各族人民大团结和人民对党的衷心拥护。

（二）国徽

1950 年 9 月 18 日由中央人民政府委员会第八次会议通过国徽图案。国徽形状呈圆形，“中间是五星照耀下的天安门，周围是谷穗和齿轮”。这表示，中心部分是五星照耀下的天安门城楼；城楼正上方的四颗金色小五角星呈半弧形状，环拱一颗大五角星；国徽四周由两把金色的麦稻穗组成正圆形齿轮，齿轮中心交结着红色绶带，绶带向左右绾住麦稻穗下垂，并将齿轮分成上下两部分。

国徽的图案表明了中国的性质，象征着中国人民自五四运动以来新民主主义的革命斗争和工人阶级领导的、以工农联盟为基础的人民民主专政的新中国的诞生。

（三）国歌

宪法规定了中华人民共和国的国歌是《义勇军进行曲》。

1949 年 9 月 27 日，中国人民政治协商会议第一届全体会议通过决议，以《义勇军进行曲》为代国歌。

《义勇军进行曲》诞生于民族危亡关头的 1935 年，由剧作家田汉作词、聂耳作曲，是以抗日救亡为题材的电影《风云儿女》的主题歌。自诞生以来，在人民中广为传唱。不仅是 30 年代中国人民英勇奋斗、不怕流血牺牲的形象的概括，更是中华民族勇敢、坚毅、团结和充满必胜信心的斗争精神的体现。这首被称为中华民族解放号角的战斗歌曲，对激励中国人民的爱国主义精神起了巨大作用。

1982 年 12 月 4 日，第五届全国人大第五次会议决定《义勇军进行曲》为中华人民共和国国歌。

二、中国共产党党旗、党徽

（一）党旗

1942 年 4 月 28 日，中共中央政治局对中国共产党的党旗样式作出决定：“中国共产党党旗样式宽阔为三与二之比，左角上有斧头镰刀，无五角星。”党旗的旗面为红色，象征革命；旗面左上角为黄色的锤子和镰刀，是工人和农民的标志。党旗的寓意为：中国共产党不仅代表工人阶级的利益，而且代表着中国广大人民群众的利益。

（二）党徽

中国共产党党徽底色为红色，为锤子和镰刀交叉组成的图案，图案为金黄色。红色象征革命，黄色的锤子、镰刀代表工人和农民的劳动工具，象征着中国共产党是中国工人阶级的先锋队，代表着工人阶级和广大人民群众的根本利益。

三、中国人民政治协商会议会徽

中国人民政治协商会议的会徽，象征着全国各族人民的大团结。整个图案庄严富丽，它以一颗红光闪闪的五角星、四面迎风飘扬的红旗和白色地球衬托的红色中国地图为中心，以光芒四射的蔚蓝色天幕作背景，周围是红色缎带连接起来的瓦蓝色齿轮和金黄色麦穗。

政协会徽在 1949 年 7 月由新政协筹备会制定、通过，设计者是张仃、周令钊。

四、中国人民解放军军旗、军徽

（一）中国人民解放军军旗

军旗，是指象征军队或建制的旗帜。中国人民解放军军旗为红色，上缀金黄色的五角星及“八一”两字，表示中国人民解放军自 1927 年 8 月 1 日南昌起义以来经过艰苦卓绝的长期斗争，终于在党的领导下取得了中国革命的伟大胜利。

陆军、海军、空军军旗旗幅的上半部分均保持中国人民解放军军旗基本样式，下半部分区分军种：

陆军为草绿色，象征绿色的大地，表示陆军是中国人民解放军的组成部分，为保卫社会主义祖国领土安全而英勇战斗、所向无敌；

海军为蓝白条相间，象征大海与海浪，表示人民海军是中国人民解放军的组成部分，为保卫社会主义祖国的万里海疆而乘风破浪；

空军为天蓝色，象征辽阔的天空，表示人民空军是中国人民解放军的组成部分，为保卫社会主义祖国领空神圣不可侵犯而展翅翱翔。

（二）军徽

军徽，是指军队的标志。中国人民解放军军徽，1949 年 6 月 15 日由中国人民革命军事委员会颁布命令启用。镶有金黄色边的五角红星，中嵌金黄色“八一”两字，亦称“八一”军徽。红星象征中国人民获得解放；红色为革命的颜色；“八一”表示1927年8月1日中国人民解放军诞生之日。

陆军军徽亦即中国人民解放军军徽。海、空军的军徽以“八一”为主体，表示海、空军是中国人民解放军的一部分，是在陆军的基础上发展壮大起来的。海军军徽为藏蓝色底，衬以银灰色铁锚，蓝色衬底象征广阔的海洋，铁锚代表舰艇，象征海军。空军军徽衬以金黄色飞鹰两翼，象征人民空军英勇果敢、飞行无阻，并坚决负起捍卫祖国的光荣任务。

五、中国旅游徽志

中国旅游业的图形标志为1985年确定的“马超龙雀”。

“马超龙雀”（曾被称为“马踏飞燕”），是1969年在甘肃武威出土的东汉时期的一件青铜制品。

选择“马超龙雀”作为中国旅游业的图形标志，其含义是：天马行空，逸兴腾飞，无所羁缚，象征前程似锦的中国旅游业；马是古今旅游的重要工具，是奋进的象征，旅游者可以在中国尽兴旅游；“马超龙雀”青铜制品，象征着中国数千年光辉灿烂的文化历史，显示文明古国的伟大形象，吸引全世界的旅游者。

六、中国部分航空公司徽志

（一）中国航空运输企业

2002年1月23日，国务院第121次总理办公会议正式通过了民航体制改革和直属航空公司重组的有关方案。重组后，国航、东航、南航的标识保留，形成了以国航为主体，联合中国航空总公司和中国西南航空公司组建的中国国际航空集团公司；以东航为主体，兼并西北航空公司、联合云南航空公司，组建的中国东方航空公司；以南航为主体，联合北方航空公司和新疆航空公司组建的中国南方航空集团公司。三大航空集团公司与国家民航总局脱钩，实行政企分开，归属国资委管理。经过市场重组和兼并，以海南航空公司为主体，联合新华航空公司、山西航空公司、长安航空公司成立了海南航空集团公司。上述四大航空集团公司成为我国航空运输业的主力军。

（二）中国部分航空公司标志（见图8－1）

1. 中国国际航空股份公司

中国国际航空股份公司以凤作为航徽。凤是一只美丽吉祥的神鸟，以此作为航徽，是希望这种神圣的生灵及其有关它的美丽的传说给天下带来安宁，带给朋友们吉祥和幸福，带来幸运和欢欣。

2. **中国东方航空股份公司**

中国东方航空股份公司的航徽标志：春雨和小燕子。

3. **中国南方航空股份公司**

中国南方航空股份公司航徽标志：由一朵抽象化的大红色木棉花衬托在宝蓝色的飞机垂直尾翼图案上组成。航徽色彩鲜艳，丰满大方。在南方人的心目中，木棉象征高尚的人格，人们赞美它、热爱它，广州市民把它推举为自己的市花，视为图腾。

4. **中国海南航空股份有限公司**

海南航空股份有限公司航徽标志：在蓝天背景下，一只向空中飞翔的金色翅膀，取庄子《逍遥游》之意，喻为“鲲鹏展翅”，下方是红色如意形的云水纹。

图 8－1　中国部分航空公司标志

练习题

一、单选题

1. 航班号 MU5401，其中的“4”代表（　　）。

A. 执行该航班的航空公司代码　　B. 该航班终点站所属地数字代码

C. 该航班的具体编号　　D. 航空公司的代码

2. 英文字母“CZ”是（　　）航空公司的代码。

A. 中国国际航空公司　　B. 中国东方航空公司

C. 中国南方航空公司　　D. 中国海南航空公司

3. 火车车次前冠以“Z”的，表示该列车为（　　）。

A. 动力列车　　B. 直达特快列车

C. 特快旅游列车　　D. 快速旅客列车

4. 我国的公路中北南走向的公路，编号为（　　）。

A. 1 × ×　　B. 2 × ×　　C. 3 × ×　　D. 4 × ×

5. 以下物品中，属于我国海关规定禁止出境的物品有（　　）。

A. 烟草　　B. 麝香　　C. 照相机　　D. 现代艺术品

二、多选题

1. 住宿业经营者的权利主要体现在（　　）等几个方面。

A. 人身权　　B. 经营权　　C. 公平交易权

D. 知识产权　　E. 申诉权

2. 以下城市中由中国公安部授权设立口岸签证机关的有（　　）。

A. 北京　　B. 包头　　C. 上海　　D. 太原　　E. 广州

3. 签证可以分为（　　）几种。

A. 外交签证　　B. 礼遇签证　　C. 普通签证　　D. 公务签证　　E. 商务签证

4. 信用卡按照清偿方式可以分为（　　）等几种。

A. 普通卡　　B. 贷记卡　　C. 借记卡　　D. 国际卡　　E. 银行卡

5. 中国人民政治协商会议会徽的设计者是（　　）。

A. 梁思成　　B. 罗哲文　　C. 张汀　　D. 林徽因　　E. 周令钊

三、简答题

1. 简介航空客运常识。

2. 介绍护照及签证常识。

3. 介绍信用卡常识。

参考文献

[1] 王红宝，等．导游业务［M］．杭州：浙江大学出版社，2010.

[2] 易伟新，刘娟，等．导游实务［M］．北京：清华大学出版社，2009.

[3] 陶汉军，黄松山．导游业务［M］．2 版．北京：旅游教育出版社，2007.